U0518634

ZHONGGUO ZHIZAOYE
JISHU MIJIXING QIYE
FUWU CHUANGXIN YANJIU

中国制造业
技术密集型企业
服务创新研究

葛 梅 曹君瑞 著

知识产权出版社
全国百佳图书出版单位
—北京—

图书在版编目（CIP）数据

中国制造业技术密集型企业服务创新研究 / 葛梅，曹君瑞著 .—北京：知识产权出版社，
2023.5
ISBN 978-7-5130-8468-0

Ⅰ.①中… Ⅱ.①葛…②曹… Ⅲ.①制造工业—劳动密集型产业—企业创新—研究—
中国 Ⅳ.① F426.4

中国版本图书馆 CIP 数据核字（2022）第 218053 号

内容提要

本书借助对比分析法，对英国、美国、德国、日本四国的战略制定背景、制造业转型战略
及创新转型战略成果进行了比较研究。同时，本书还利用案例分析法，以陕西鼓风机集团有限
公司、华为技术有限公司及三一集团有限公司为例，系统研究了服务创新与企业绩效之间的关
系及影响机制。最后，本书运用文献研究、深度访谈及问卷调查等方法，借助 SPSS26.0 统计软
件，进行定量分析，检查研究假设，得出研究结论，并提出管理研究建议。

本书对从事企业管理、服务创新的研究人员，以及企业管理人士，均具有指导与参考作用。

责任编辑：张 珑　　　　　　　　　责任印制：孙婷婷

执行编辑：苑 菲　　　　　　　　　封面设计：乾达文化

中国制造业技术密集型企业服务创新研究

葛 梅 曹君瑞 著

出版发行：知识产权出版社 有限责任公司		网　 址：http://www.ipph.cn	
		http://www.laichushu.com	
电　 话：010-82004826		邮　 编：100081	
社　 址：北京市海淀区气象路50号院		责编邮箱：laichushu@cnipr.com	
责编电话：010-82000860转8574			
发行电话：010-82000860转8101/8102		发行传真：010-82000893	
印　 刷：北京中献拓方科技发展有限公司		经　 销：新华书店、各大网上书店及相关专业书店	
开　 本：787mm×1092mm　1/16		印　 张：16.25	
版　 次：2023年5月第1版		印　 次：2023年5月第1次印刷	
字　 数：260千字		定　 价：68.00元	

ISBN 978-7-5130-8468-0

目　　录

① 绪 论

1.1 选题背景

2020 年国家统计局数据显示，中国制造业 GDP 数值在各大产业中居第 2 名，仅次于服务业。2017 年至 2019 年期间，中国制造业 GDP 的增速连续 3 年低于当年全国 GDP 增速。2019 年，中国制造业 GDP 占全国 GDP 比重的 39%。由此可以看出，制造业增长放缓是中国经济放缓的主要原因之一。中国制造业不仅面临日益激烈的竞争，而且还面临不断升级的客户需求。同时，还承担着产能过剩、环保、能源及资源的多重压力。

从供给角度看，单纯的产品创新不但成本较高、缺乏可持续发展优势，而且更易遭受知识产权方面的挑战；另外，从需求角度看，通过服务来增强企业竞争力已成为市场趋势（Zhou et al., 2020）。借鉴发达国家百年工业发展的成功经验，服务创新既是经济发展的关键驱动力，又是助推制造产业升级与绩效提升的新趋势（Chae, 2012）。中国企业如果还沿用扩规模、降成本的传统思维模式来解决目前困境，其结果不容乐观。

近年来，中国制造业一直在进行服务创新。这不仅是服务业与制造业有机协同升级，而且还是将产业价值链由产品为中心转型为以服务为中心，企业从生产型制造转型为服务型制造。本书将从国家战略的宏观层面，行业战略的中观层面及企业战略的微观层面，来论证中国制造业服务创新的必要性。

1.1.1 国家战略层面的宏观分析

中国制造业的服务创新在国家战略实施、要素投入及成果产出等方面均落后于发达国家，追赶势在必行。

首先，从国家战略实施角度看。1960年以来，发达国家逐渐步入以服务为导向的后工业化阶段。生产性服务业发展迅猛，成为就业、利润和产值增速最快的部门。近二十年来，在信息化和全球化浪潮下，一些发达国家将战略聚焦在服务与制造的融合上，导致服务主导型竞争范式的诞生。全球产业结构由工业型向服务型加速转型（Chen et al.，2016）。服务主导型竞争范式打破了传统战略与竞争逻辑，不再以技术为核心，而是主张以顾客感知的价值创造为核心（Adner，Zemsky，2006）。随后，学者们将制造业服务创新与技术创新置于同等重要的战略地位。制造业也将业务和创新的重心从产品转型为服务。跨国制造企业纷纷探寻新的竞争手段，逐步向服务密集型、技术密集型的方向发展。

中国2015年才确立了制造业服务创新的战略地位。2015年5月，国务院颁发《中国制造2025》，强调"加快制造与服务的协同发展""促进生产型制造向服务型制造转变"。2016年7月，国家发展和改革委员会、工业和信息化部、中国工程院联合颁布《发展服务型制造专项行动指南》，指出应促进"制造与服务全方位、宽领域、深层次融合""基本实现与制造强国战略进程相适应的服务型制造发展格局"。随后，2019年，国务院在《政府工作报告》中重申应"促进先进制造业和现代服务业融合发展，加快建设制造强国"。

目前，中国制造业正处于内忧外患之际。从国内供需看，人口红利期已终结，劳动力成本日益攀升，环保压力日益升级；从外部环境看，地缘政治环境日趋复杂，发达国家制造业回流战略的实施，以及中美贸易摩擦加剧等因素，均为中国制造业发展增添了许多不确定因素。

其次，从要素投入角度看。制造业服务创新是发达国家实现可持续发展的关键，也是分工专业化的必然结果，以及社会演进的必然趋势。一方面，制造业服务创新是贯彻可持续发展观，缓解资源和环境压力的必然选择。传统制造业高度依赖原材料、能源等基本生产要素的投入。随着资源与能源的日渐减少，环境被严重破坏，世界各国都在不断提高对环保的要求，并迫使一些高污染、高能耗的传统制造企业实施服务创新战略。为此，科技型制造业可以借助服务要素的投入，降低对原材料的依赖度，提升产品附加值，优化出口商品结构，摆脱仅靠低价获得竞争优势的局面。另一方面，服务创新是现代制造业重要的生产要素。现代制造业的生产日趋专业化、社会化及信息化。生产信息化使得人们对服务生产数据的需求，超越了对产品生产的需求（李江帆，2004）。而生产的专业化分工和社会化协作必然促进企业内外联系。这种企业间生产协作的联系与相互依赖度也逐渐加深。这就刺激了企业对服务型生产数据的需求上升，如金融、物流、设计、咨询、技术输出等。因此，中国制造业在要素投入方面加大服务创新力度势在必行。

最后，从成果产出角度看。服务创新是发达国家制造业获取竞争优势的重要手段。在广度方面，发达国家有 80% 的制造企业已开展服务业务，尤其是欧美国家，它们有超过一半的制造企业已将服务与产品有效结合（肖挺，2020）。从深度看，在发达国家制造企业收入中，服务占比高于 30%（黄鑫，2017）。在世界 500 强制造企业收入中，服务占比高于 70%（龙飞扬，2019）。如美国通用电气的总产值中，来源于"服务 + 管理 + 技术"模式的产值占比超过 67%（李强，2017）。

总之，中国制造业转型的关键在于服务创新。服务创新战略的实施将有助于实现产品与服务的有机融合，盘活生产要素，破除低效率与高能耗的传统模式，以及提升制造业新的增长点。

1.1.2 行业战略层面的中观分析

服务创新不仅是促进国家战略转型，缩小中国与发达国家差距的要点，也是中国制造业满足市场需求的升级，实现价值链提升的关键。

从市场需求升级角度看。服务创新不仅是满足新时期市场需求的客观要求，也是缩小中国制造业与发达国家差距，提升绩效的有效途径。20 世纪以来，伴随服务经济的发展，各国产业结构呈现出向服务型转型的趋势。制造业市场需求则由传统工业品升级为"产品 + 服务"的综合解决方案。客户不满足于对产品本身的需求，而是倾向于选择涵盖服务在内的综合解决方案，如设计、咨询及培训等。发达国家制造业整合了产业链上下游服务与生产资源，通过服务构建了面向客户的产品供应模式。服务创新刺激了用户参与度，令生产者更清晰地了解客户需求，以及如何满足其需求，帮助生产者提供更有针对性的服务，进而提升客户满意度与忠诚度，打造良性循环。服务利润链理论也指出客户忠诚度是企业利润及其增长的主要驱动力（Heskett，2002）。由此可知，发达国家的服务创新促进了企业绩效的提升。然而，中国制造业主流需求模式仍是以产品为主导，服务多局限在物流、售后、维修等环节，较少涉及咨询、设计等高附加值环节。众所周知，价值链地位的提升离不开从制造环节向服务环节的转型。因此，从需求的角度来看，服务创新是中国制造业价值链提升的关键。

从供给侧角度看。制造业服务创新方案为中国制造业跃出"微笑曲线"谷底，提升企业绩效提供了新的路径。在服务创新的广度方面，服务创新已渗透入发达国家制造业的方方面面，包括汽车、家电、制药、机械制造及信息技术等。在不同类型和不同知识含量的产品制造部门中，都能观察到服务创新现象（Gann，Salter，2002）。同时，发达国家制造业借助服务覆盖了产品生命的全周期，涵盖市场调研、研发、生产、销售、售后及回收等。在服务创新的深度方面，一方面，发达国家制造业具备核心技术，服务与产品性能稳定、质量优质；另一方面，市场成熟度、客户需求层次较高。从服务创新的示范效应看，发达国家制造业"聚焦管理、研发、营销，外包或放弃制造"的模式已广泛推广。例如，耐克已转型为服务型制造企业，专注于研发设计和营销，而其他制造环节均外包给欠发达国家的代工厂。

改革开放后，中国制造业依托人口红利与成本优势发展迅猛，制造能力和研发水平稳步提升，在管理和生产领域获得了大量经验。然而，面临消费升级和信息技术革命，中国制造业由于长期粗放式增长，产能过剩、结构滞后等问题凸显，众多企业仍陷入"微笑曲线"低谷，困于以成本优势、规模效应换取微利的恶性循环中。在服务创新的广度方面，中国服务业与制造业仍处于分离态势，不能进行深度互动与融合。在服务创新的深度方面，受制于技术实力、市场成熟度和生产要素条件等，中国制造业的服务水平仍处于初级阶段，仅能实施低端服务增强策略，如运用大量售后服务来弥补质量上的不足。从服务创新的示范效应看，制造业通过服务创新提升竞争优势与企业绩效的案例，仅局限于部分领军企业。

通过上述分析，鉴于目前中国国情，发达国家制造业产业升级经验不能生搬硬套，我们必须探寻出具有中国特色的发展道路。因此，服务创新战略有助于中国制造业实现价值链升级，激发差异化竞争优势，最终实现中国制造业的振兴。

1.1.3 企业战略层面的微观分析

服务创新在国家和行业层面能有效地促进中国制造业转型升级，缩小与发达国家的客观差距，也能帮助中国制造企业在竞争中实施差异化战术，应对动态环境、稳步提升竞争优势与企业绩效。目前，激烈的竞争已渗透到各环节，如何应对产品同质化、需求个性化吸引客户重复购买？如何实现技术突破并获得竞争优势？这些已成为中国制造企业面临的难题。

王等（Wang et al., 2018）认为不同领域的制造企业均聚焦同一个关键的战略问题，即在特定环境下，服务创新在企业的竞争优势与绩效间究竟具备什么作用。发达国家制造业借助服务创新，提供"服务＋产品"的综合方案。这不仅让客户感知到差异化，而且可以伴随客户要求的变动不断拓展和更新，扩大市场份额、创造新的盈利增长点。发达国家的发展历程显示，制造业服务创新是竞争加剧的必然结果。许多先进制造企业通过践行与动态环境相契合的服务创新，获得了竞争力的显著提升与长期领先同行业的绩效水平，如福特汽车公司、劳斯莱斯、通用电气公司、卡特彼勒公司、国际商业机器公司（IBM）等公司。

改革开放后，中国制造业借助规模效应获取了标准化工业品的成本优势。但是，随着劳动力成本攀升、低端产能过剩，供给侧结构性改革接踵而至，标准化工业品的竞争优势难以持续，边际利润持续下滑。因此，以知识、技术为基础的服务成为制造业实现差异化、重铸优势的重要路径。

总之，在当下以科技创新为导向的环境中，传统制造企业应改变服务理念，加强服务意识，提升服务水平和产品附加值，从生产型向服务型转变。通过服务创新为客户提供综合解决方案，将服务视为实现差异化的手段，延长产品生命周期，增强企业竞争力。

本书选取智能家居龙头企业 G 公司作为技术密集型制造企业的范例进行实证分析。

G 公司在 2021 年《财富》世界 500 强榜单中位列第 288 位，连续 6 年蝉联国内同行业第一。G 公司是一家全产业链、全产品线的智能家居龙头企业，从产品制造商起家，向"高质量家庭生活服务方案提供商"和"工业互联网平台服务供货商"转型。在家庭生活服务方面，全面推进"服务 + 互联网"平台化建设。在工业互联网平台服务方面，将供应协同、客户定制（Customer-to-Manufacturer，C2M）、解决方案等服务标准化及云化，为超过 200 家不同行业的企业客户提供服务。

从盈利结构角度看，G 公司的服务收入的比重仍很低。世界 500 强制造商的服务收入比重普遍超过 70%，而国内领军的服务型制造商 G 公司 2020 年上半年来自制造业的收入占比 91.03%，来自服务的收入占比则不足 9%。从业务独立性角度看，G 公司尚未攻克许多关键技术。在关键技术领域，发达国家仍有较强的垄断性与排他性，G 公司部分高端产品和服务所需的配套软件及硬件不得不依赖进口，尤其是以可编程人工智能芯片为代表的高端硬件，以及以工业软件为代表的核心软件。从解决方案稀缺性角度看，G 公司较少提供稀缺的中高端服务。发达国家的领军企业侧重向客户提供技术咨询或顶层设计方案，而 G 公司目前仍以硬件产品为主要载体切入市场，在设计、咨询等高端服务领域的竞争力尚有欠缺。从市场议价能力角度看，G 公司的国际市场话语权尚待加强。目前，主流的国际标准、行业标准及产品标准大部分由发达国家制定，而 G 公司虽参与了部分行业标准和产品标准的制定，但较少参与国际标准的制定。因此，国际业务仍受到一定程度的束缚。

综上所述，中国制造企业绩效焕发新活力的关键，在于合理地实施与动态环境相匹配的服务创新。这是因为服务具备无形性，不易被竞争对手复制，优势更持久。因而，服务创新是中国制造企业进行结构调整和产业升级，获得可持续竞争优势的有效途径。同时，服务创新助力企业由产品制造商向综合方案商转型，通过提供覆盖产品全生命周期的增值服务，拓宽产品服务组合，实现高需求黏性，延长产品生命周期，这有助于企业整合上下游，构建多赢的良性生态，促进绩效的稳步提升。因此，深入探究环境要素的影响作用，有助于中国制造企业从困境中突围。

为此，本书一方面考虑到随着经济全球化与信息技术的快速发展，企业所处的外部环境越来越具有不确定性，例如，如何获取持续竞争优势已成为企业战略管理的重要议题。因此，本书引入竞争优势作为中介变量，探讨竞争优势作为企业服务创新与企业绩效关系的中间作用，为中国制造企业竞争优势研究提供更为深入的理论认知；另一方面，还引入环境动态性作为调节变量，借鉴权变理论、动态能力理论，尝试实现企业战略与市场竞争环境动态匹配，填补服务创新与企业绩效关系的理论空缺。本书通过 G 公司实地考察，以制造业服务创新为切入点，探讨服务创新、竞争优势、环境动态性之间的关系，旨在为中国制造企业绩效提升提出建议与指导。

1.1.4 中国制造业发展历程与现状分析

中华人民共和国成立后，制造业的主要历程可划分为三个阶段。

第一阶段，主要从 1949 年至 1977 年，为起步时期。

从 1949 年中华人民共和国成立起，中国制定了过渡时期总路线，进行了社会主义改造，实施了计划经济体制。1953 年时，中国工业在较为薄弱的基础上开始实行第一个五年计划，明确了"以重工业优先发展为主导的中华人民共和国工业化发展的主要方向"。该五年计划的核心内容为工业建设领域的 156 个重大项目，这批项目有效地填补了中国工业空白，构筑了中国的工业体系。1952 年，工业仅占国民生产总值的 30%，而农业产值占 64%。1975 年，工业与农业在国民经济中的比重较 1952 年发生了重大变化，工业占国民生产总值的 72%，而农业仅占 28%。1949 年至 1977 年期间，中国创造了多项世界奇迹，中国从一个 1950 年时钢铁产量仅为 61 万吨的国家，到制造出自己的汽车、坦克、飞机、军舰、大炮、原子弹、氢弹及人造卫星（胡迟，2019）。

第二阶段，主要从 1978 年至 2000 年，为转型时期。

1978 年，中国开始积极推进改革进程。早期从苏联引进的工业设备不仅低效而且老化，在市场竞争中不具备优势，中国通过引入西方技术加以替换，逐步建立起了现代化工业。20 世纪 80 年代中期，中国开始高度重视科技的作用。这帮助中国工业在不少领域取得了实质性的突破。1981 年 6 月，《中国共产党中央委员会关于建国以来党的若干历史问题的决议》指出，中华人民共和国成立 32 年以来，在工业建设中取得了重大成就，逐步建立起了独立且比较完整的工业体系与国民经济体系。与完成经济恢复的 1952 年相比，1980 年中国工业固定资产增长超过 26 倍（按原价计算），达到了 4100 多亿元；棉纱产量增长了 3.5 倍，达到 293 万吨；原煤产量增长了 8.4 倍，达到 6.2 亿吨；发电量增长了 40 倍，达到 3000 多亿千瓦时；钢产量达到 3700 多万吨；原油产量达到 1.05 亿万吨；机械工业产值增长了 53 倍，达到 1270 多亿元。在辽阔的内地及少数民族地区，兴建了许多新的工业基地，逐步将国防工业建设起来。资源勘探工作成绩显著，水运、空运、铁路、公路和邮电事业都有较大发展。之后，中国大力地向南方欠发达地区及农村地区引入制造业，大大刺激了轻工业品的产量。中华人民共和国成立后的 30 年所建成的门类齐全的工业体系，为改革开放后 40 年的经济腾飞和工业化深度发展都打下了坚实基础。1995 年 5 月，中共中央、国务院颁布了《关于加速科学技术进步的决定》，正式提出科教兴国战略。这极大地提升了企业管理人员的自主权与积极性，进一步促进了技术创新的实施，提高效率，降低运营成本。

第三阶段，主要从 2000 年至今，为全球化的加速时期。

在技术创新与市场化的双拳出击下，中国制造业实现了跨越式的发展。从产业角度看，制造业一直是中国国民经济高速增长的引擎，其国际化与市场化的发展程度引领着中国经济的发展与前进方向。国家统计局数据显示，工业增加值分别于 1992 年、2007 年、2012 年和 2018 年突破了 1 万亿元、10 万亿元、20 万亿元和 30 万亿元大关。若按不变价格计算，2018 年较 1978 年增长了约 56.4 倍，年均增幅约 10.7%。世界银行数据显示，自 1990 年以来，中国制造业生产率的年均增幅为 10%~15%。中国在全球制造业中的占比从 1990 年的 3%，到 2006 年超越日本位列全球第二位，再到 2010 年占比达 19.8%，成为世界第一位，略高于美国的 19.4%（胡迟，2012）。自 2010 年以来，中国一直稳居全球制造业第一大国的优势地位。2011 年，中国工业增加值是美国的 1.21 倍、是日本的 2.35 倍；2012 年，中国工业增加值超过了欧盟所有国家的加总，而且中国制造业占全球制造业的比例还在持续攀升。不仅如此，中国人均制造业增加值是发展中国家人均制造业增加值的 2~10 倍。

近十年，在中国经济发展中，结构调整的重中之重是加速推进制造业的转型升级。总体来看，近十年中国制造业转型升级的主要成效体现在以下三个方面。

第一，工业结构呈现出积极变化。高技术制造业的占比连年上升，且保持着较高的上升幅度。国家统计局发布的《2020 年国民经济和社会发展统计公报》数据显示，在制造业方面，2020 年全年规模以上高技术制造业增加值增速比全部规模以上工业增加值增速高出 4.3%；高技术产业投资增长了 10.6%，快于全部投资 7.7%，其中高技术服务业和高技术制造业投资分别增长 9.1% 和 11.5%。此外，2013 年至 2018 年，中国高技术制造业增加值的年均增速高达 11.7%；2019 年、2020 年中国高技术制造业增加值分别增长了 8.8%、7.1%，仍保持着较高的增速。上述数据的变化均表明，中国产业形态正加快向中高端迈进。

第二，能源利用效率持续提高，节能降耗成效显著。中国从"十一五"时期开始自国家层面全面推行节能减排，至今已历时十年有余。"十一五"规划、"十二五"规划提出的节能减排目标分别为五年规划结束时，全国单位 GDP 能耗下降 20% 及 16%。从实际执行情况看，"十一五"规划及"十二五"规划的目标均顺利完成。特别是"十二五"规划期间，超额完成了节能减排全国单位 GDP 能耗降低 16% 的规划目标。单从"十二五"规划最后一年即 2015 年看，除单位 GDP 能耗外，单位 GDP 电耗较上一年降低了 6%，规模以上工业单位增加值能耗较上一年降低了 8.4%，这三个指标均是 2005 年推行节能减排以来的最大降幅。"十三五"规划以来，中国 2016 年至 2018 年都超额完成了节能减排的年度目标。上述数据的变化都显示出中国产业形态正加快向可持续发展型迈进。

第三，创新驱动作用显著。从宏观角度看，科技进步对经济增长的贡献度已超过 50%，且逐年上升，2015 年至 2018 年科技进步对经济增长的贡献度分别为55.1%、56.2%、57.5% 和 58.5%。创新驱动具体体现在以下四方面。一是研发经费投入的持续快速增长。2017 年达到 17 606 亿元，是 1991 年的 123 倍；1992 年至 2017年年均增幅达 20.3%，大大超过同期 GDP 年均增速 5.3%。2022 年中共中央宣传部数据显示，十年来，我国科技投入大幅提高，全社会研发经费从 1.03 万亿元增长到2.79 万亿元，居世界第二位。二是研发经费投入的强度实现了历史性突破。国家数据局统计显示，改革开放之后，中国研发经费的投入强度屡创新高，2002 年研发经费占 GDP 的比例首次突破了 1%；2014 年又跨越了 2% 新台阶，达到 2.02%；2017年提升到 2.13%，整体上已超过欧盟十五国的平均水平，达到了中等发达国家水平。2018 年，研发经费投入为 19 657 亿元，较 2017 年增长了 11.6%，占 GDP 的 2.18%。三是创新扶持力度的持续加大，重大科技成果不断涌现。截至 2018 年年底，国家科技成果转化引导基金累计设立了 21 支子基金，对应资金总规模达 313 亿元；全年境内外专利申请较上一年增长了 16.9%，授予专利权增长了 33.3%。四是企业研发力量的不断增强。2017 年，全国规模以上工业企业中，有研发活动的企业达到 10.2 万家，较 2004 年增长 5 倍。同时，研发成果日益丰硕，2017 年规模以上工业企业的有效发明专利数为 93.4 万件，较 2004 年增长 29.8 倍。据世界知识产权组织公布的数据显示，2017 年中国成为仅次于美国的第二大国际专利申请国，部分产品技术已经达到国际先进水平。2019 年 7 月，世界知识产权组织公示的 2019 年全球创新指数（GII）显示，中国连续第四年保持上升势头，超过日本、法国等国，位列第 14 名，较 2018 年上升了 3 位，是中等收入经济体中唯一排入前 30 名的国家，属于领军的创新国家之一。同时，该报告称，全球创新指数排名持续上升是中国多年努力的结果，中国坚持以创新为发展战略，创新体系日渐成熟，改革开放 40 多年来不断努力建设全球一流的知识产权保护体系，并获得了长足进步。

总之，随着转型升级持续稳步推进，中国形成了较为完备的基础设施及配套产业体系，从低端生产加工到中端组装集成再到高端智能制造，从采购、营销、品牌、服务到创新，从信息供需到技术转换再到资源整合，中国是全球唯一能生产联合国产品分类中各类产品的国家。在长期高投资的累积效应下，在全球 22 个工业大类中，中国制造业有 7 个大类的占比位居全球第一；有超过 220 种产品的产量稳居全球第一位（胡迟，2019）。

与中国制造业的发展历程类似，中国技术密集型企业也主要经历了三个发展阶段（李廉水等，2019）。

第一阶段，工业化带动信息化时期（1958 年至 2006 年）。

虽然中国于 1958 年就成功研制出了第一台数控机床，但是，直到改革开放以后，制造业信息化才真正进入了正常的发展轨道。自 1979 年起，高新技术产业化步入了快车道，电子工业成为优先发展的行业，电子技术也被应用到工业炉窑控制、机床改造等多个方面。1987 年，国家高技术研究发展计划（863 计划）将光电子器件、智能计算机系统及系统集成技术等信息技术列为七大重点发展领域之一。20 世纪 80 年代末，科学技术部提出建设"工业智能工程"，探索智能制造。1990 年至 2000 年年初，中国逐步进行先进制造技术的推广应用与互联网建设，重点科研院所及高校与国际互联网连接，诞生了众多软件服务企业和互联网公司，覆盖全国的信息网络渐渐成型。

第二阶段，两化融合时期（2007 年至 2014 年）。

2007 年，党的十七大提出"两化融合"战略，大力推进信息化与工业化融合，促进工业由大变强，振兴装备制造业。2010 年，全国基本实现了信息化，信息产业成为了国民经济的重要组成部分。

第三阶段，信息化引领工业化时期（2015 年至今）。

2015 年，《国务院关于积极推进"互联网+"行动的指导意见》强调推动制造业与互联网融合，大力发展制造业智能化。同年，《中国制造 2025》将推进智能制造列为制造业发展的主攻方向。一系列重要文件预示着智能制造将成为中国制造业的发展方向，推动制造业生产方式进行重大变革。

然而，以上成绩主要是针对产业规模与门类层面的，中国制造业仍存在许多不足。与发达国家的先进制造业相比，目前中国制造业在较多方面都存在明显差距，整体水平仍处在全球产业链的中低端，前期高速成长的主要动力为廉价劳动力和其他低成本要素。无论是国际经济及产业发展环境变化所产生的外部压力，还是中国经济面临的内部环境，都要求中国制造业必须进行转型升级。实证研究指出，在三十一个制造业行业中，中国有十二个产业处于全球价值链和产业链低端，而仅有三个产业处于全球价值链和产业链中高端地位（周维富，2018）。最新统计显示，中国制造业产值中，以零部件生产、电子制造与加工、机械设备等为主的中端、低端工业产值占比为82%，高端产业贡献度不足20%（胡迟，2019）。中国制造业的劣势主要体现在以下三个方面。

1.1.4.1 核心关键领域受制于发达国家的局面仍未获得根本改变

改革开放之后，中国制造业的高速发展是以吸收、引进发达国家先进的技术、设备与管理经验为主要特征的，这帮助中国制造业缩小了与世界先进水平的差距，但受制于各种客观因素，中国一直未掌握这些产业的核心关键领域，长期受制于发达国家。主要体现在：工业"四基"瓶颈难题突出，即关键材料依赖进口、核心零部件受制于人、基础制造技术工艺落后、基础配套能力不足且试验检测手段不足。其中，在制造技术方面，中国仍受制于日本的设备与技术材料，主要包括半导体、工业机床、摄影器材、机器人与汽车发动机。以素有"工业母机"之称的机床为例，依据前瞻产业研究院的最新数据，2020年，中国机床产量占全球产量高达29%，但高端数控机床仍基本依靠进口，自主生产水平落后德国、日本、瑞士等国几十年。此外，根据法资知名市场调查公司博圣轩（Daxue Consulting）2020年10月的数据，"自2005年以来，中国一直是半导体的最大市场。然而，在2018年，中国的半导体消费总量中，只有略多于15%是由中国的生产提供的"。值得一提的是，中国每年在芯片方面的支出超过了石油进口的支出。此外，2018年工信部调研了全国30余家大型企业的超过130种关键基础材料，结果显示，目前国内32%的关键材料仍是空白，52%的关键材料依赖进口，超过70%智能终端处理器与绝大多数存储芯片、绝大多数计算机与服务器通用处理器95%的高端专用芯片依赖进口；在装备制造领域、高档装备仪器、高端数控机床、汽车、航空发动机、运载火箭等关键件的精加工生产线上，超过95%

制造及检测设备仍依赖进口；中国对外技术依存度超过40%，在高技术产品出口方面，自主品牌出口仅约10%。

1.1.4.2 产业结构形态仍相对低级

从产业结构角度看，中国制造业的资源密集型产业占比较高，技术密集型产业占比较低，制造业的结构升级进展相对缓慢，高端产业链发展程度不足。一方面，钢铁、有色金属、建材、石油化工等传统制造业产能过剩问题严峻，不仅严重影响了行业的经济效益，而且制约了国民经济发展的可持续性；另一方面，高技术含量、高附加值的技术密集型制造业发展水平有限，在制造业中占比较低，制约了经济发展新动力的培育和成长。2021年华夏时报统计数据显示，高技术制造业占规模以上工业增加值比重由9.4%提高到15.1%，占比仍然偏低。同时，与制造业相比，服务业仍为短板。基于2021年《财富》世界500强企业所在产业，对比中美两国的产业结构，分析发现，美国呈现出的产业结构为后工业化发展阶段，而中国仍处于工业化阶段。尽管中美两国企业都主要集中于商业贸易、能源矿业、保险、银行、航空与防务这五个领域，但中国有数量众多的工程建筑企业、金属制品企业、房地产企业和汽车企业，上榜的美国企业极少属于这些领域。此外，上榜的外资大公司中涉及健康、医疗、生活等领域的企业较多，而上榜的中国大公司中仅有两家药企涉及该前沿领域。

1.1.4.3 整体发展质量的效益不高

由于产品缺乏核心技术和自主知识产权，中国制造业发展质量效益水平偏低。对此，可以从不同口径的不同维度进行衡量。

第一，从生产效率的维度看，中国制造业的生产效率相较发达国家偏低。中国制造业的生产效率长期处于经济合作与发展组织成员国平均生产效率的15%~30%。目前，这一数据虽有所提升，但仍未能发生根本变化。高生产效率才能有效地压低单位劳动力成本。

第二，从产品附加值的维度看，依据2000年后的多次统计资料显示，中国制造业的产品附加值长期偏低，一直在26%左右徘徊，提升不显著。例如，每出口 100 美元的 iPhone，仅有 57 美元左右产自中国，其中的附加值部分更低。美国市场研究机构披露的数据显示，每卖出一台苹果手机，苹果公司独占其近六成的利润，而中国只获得 1.8% 的利润，作为电子组件、屏幕主要供应商的韩国可分得 4.7% 的利润。无论是技术密集型产品，还是劳动密集型产品，中国制造业一直获益较少，产品附加值长期低于 30% 的全球平均水平（胡迟，2015）。

1.2　研究目标

本书以技术密集型制造企业为研究对象，系统分析服务创新、竞争优势、企业绩效和环境动态性等四者之间的影响及相互间作用机制，提出并验证适合技术密集型制造企业服务创新特征的模型。

本书主要探讨以下四个问题：

第一，服务创新和竞争优势之间的关系；

第二，竞争优势和企业绩效之间的关系；

第三，服务创新和企业绩效之间的关系；

第四，环境动态性对服务创新和企业绩效之间的关系有何影响。

1.3　选题意义

1.3.1　理论意义

虽然已有很多学者研究了服务创新在制造业中的应用，并在定义、维度、驱动因子与影响效果等方面取得了许多成果。但是他们的研究也存在一些理论空白，亟待填补。本书尝试引入制造业服务创新、竞争优势、环境动态性等变量，研究它们对中国制造业技术密集型企业绩效的影响，提出研究建议，弥补理论空白。

尽管部分学者已开始探索服务创新的竞争作用，但是，对于服务创新与竞争优势的关系仍缺乏清晰一致的认识，涉及制造业竞争优势的研究多侧重于成本优势，而很少有提及服务创新。另外，关于服务创新与制造企业竞争优势关系的研究，很多学者多以理论分析及案例分析为主，实证研究较少；对于如何通过服务创新满足客户需求，增强企业竞争优势的观点也缺乏一致的结论。此外，国内外许多学者将企业竞争优势与企业绩效直接画等号，忽视二者差异性。因此，有必要对服务创新、竞争优势、制造企业绩效的关系进行深入的研究。本书正是以此为切入口，引入环境动态性作为调节变量、竞争优势作为中介变量，来弥补该理论的空白。

1.3.2　现实意义

目前，在信息化和全球化浪潮下，全球产业结构由工业型向服务型转变。同时，随着制造企业内外部环境的变革，制造企业逐渐将其创新着力点延伸至服务领域。服务主导逻辑的诞生打破了以技术为中心的传统思维，提出了从客户感知视角出发，以创造价值为中心的竞争逻辑，将制造业服务创新与技术创新置于同等重要的战略地位。同时，发达国家制造企业广泛采用服务创新。在不同类型和不同知识含量的产品制造部门中，都能观察到服务创新现象。它们借助服务创新获取全球竞争力与长期市场成功。这传递出强烈的信号：服务创新已成为构建竞争优势的关键战略途径。

在动态环境下，企业如何实现降成本增加绩效，焕发新的增长动力？这是关乎中国制造业发展的重要问题。本书通过探讨制造业服务创新、竞争优势、环境动态性之间的关系，对中国技术密集型制造企业绩效提升提出建议。这将促使企业管理者从切实可行的服务创新战术与策略出发，有效地构建企业的可持续竞争优势与良性发展机制。

1.4　研究内容

本书以制造企业为研究对象，探讨服务创新、竞争优势和环境动态性对企业绩效的影响。本书共分7个部分，具体内容如下。

第1部分绪论。分析研究背景，分析现阶段存在的问题，确立本书的研究方向；阐明本书所采用的研究方法、框架构思及创新点。

第2部分文献综述。展开对服务创新、竞争优势、环境动态性和企业绩效相关理论知识的梳理和关联，同时根据相关学者研究结论，提出本书观点，明确研究逻辑。

第3部分中外制造业差异比较分析。针对英国、美国、德国、日本、中国这五个全球制造业中心，对比各国制造业转型战略、战略制定背景、创新转型战略成果。

第4部分研究设计与研究方法。通过以制造企业为研究对象，设计调查问卷。同时，整合量表，提出研究模型与相关假设，拟定研究方法和研究模型。

第5部分数据分析与讨论。使用 SPSS 26.0 软件对有效样本进行信度分析、效度分析、描述性统计分析、因子分析、相关分析、回归分析，以验证问卷数据的有效性，并确定各因素之间的关系。

第6部分案例研究。制定案例研究设计标准，选取三个代表企业开展案例分析。

第7部分结论与建议。对评测结果进行总结，并提出改善制造企业绩效的对策及建议。

本书具体研究流程如图 1-1 所示。

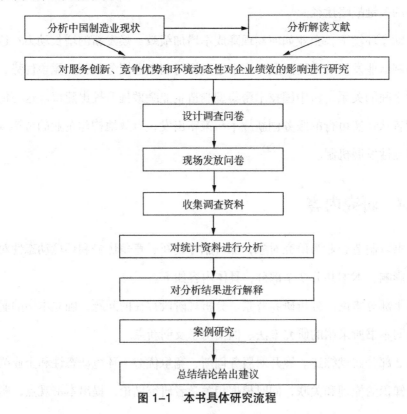

图 1-1　本书具体研究流程

1.5 本书可能的创新之处

本书在现有文献分析的基础上总结前人的经验，提出了两点可能的创新点，具体如下。

第一，研究内容的创新。

目前很少有学者将服务创新、竞争优势、环境动态性及企业绩效等四个变量进行建模并进行实证研究的，针对技术密集型企业的同类研究则更少。本书通过引入竞争优势作为中介变量、环境动态性作为调节变量，探究服务创新对制造企业绩效的影响。

第二，研究方法的创新。

在制造业场景下的服务创新作用效果研究中，现有文献以理论分析或案例分析为主，实证研究较少；本书将运用定性与定量结合的方法，借用 SPSS 26.0 进行实证研究。

1.6 研究方法

1.6.1 文献分析法

本书利用学校图书馆，通过查阅中国知网、万方、独秀学术搜索、超星电子图书、EBSCO、爱思唯尔科学直播线上等方式，对技术密集型制造业企业服务创新、竞争优势、环境动态性和企业绩效相关文献进行研究。一方面通过研究现有文献找出本书的出发点，另一方面界定文献涉及的相关概念，为研究模型的建立和相关假设的提出提供支援。

1.6.2 对比分析法

本书深入对比英国、美国、德国、日本四国的制造业转型战略、战略制定背景和创新转型战略成果，并结合国际形势与中国形势对四国进行差异比较分析。一方面，从第二次世界大战的战败国日本与德国截然不同的转型成果出发，探讨两国不同的转型路径对中国的启示；另一方面，直接对比全球最大的两个经济体——中国和美国，探讨了两国产生制造业转型差异的原因，并提出了相应的建议。

1.6.3　问卷调查法

本书以 G 公司为研究对象，问卷发放对象为 G 公司生产基地的初级管理人员（如制造车间班组长）、中级管理人员（如制造车间主任）和高级管理人员（如生产基地副总经理）。为保证研究内容的科学性和有效性，笔者通过问卷预调查，对问卷专案进行优化。然后，根据问卷预检结果纠正问卷，形成正式的问卷，进行合理的样本选择和分配。最后，收集问卷，验证究模型和假设。

1.6.4　统计分析法

本书采用 SPSS 26.0 统计分析软件对问卷收集的原始资料进行统计分析，包括信度分析、效度分析、描述性统计分析、因子分析和方差分析等，得出研究结论。

1.6.5　案例分析法

本书以陕西鼓风机集团有限公司（以下简称"陕鼓"）、华为技术有限公司（以下简称"华为"）和三一集团有限公司（以下简称"三一"）等三家代表性公司为例，进行制造业服务创新的案例分析。以企业概况介绍、服务创新战略描述、服务创新行为分析及实施服务创新后的企业绩效情况四个方面为切入点，分别对三家企业实施服务创新的转型初期与转型深入期情况进行探讨。

1.7　本章小结

本章详细阐述了研究绪论，具体如下。

第一，阐明选题背景。

本书从国家战略的宏观层面、行业战略的中观层面及企业战略的微观层面，论证了中国制造业服务创新的必要性，并对中国制造业发展历程与现状进行了全面的分析。

第二，明确研究目标。

本书以技术密集型制造企业为研究对象，系统分析服务创新、竞争优势、企业绩效和环境动态性等四者之间的影响及相互间作用机制，提出并验证适合技术密集型制造企业服务创新特征的模型。

第三，剖析选题意义。

本书尝试引入制造业服务创新、竞争优势、环境动态性等变量，研究它们对中国制造业技术密集型企业绩效的影响，提出研究建议，弥补理论与实践空白。

第四，归纳研究内容。

概述了本书各章节的研究重点，梳理研究流程图。

第五，分析研究可能创新之处。

第一，研究内容的创新。目前很少有学者将服务创新、竞争优势、环境动态性及企业绩效等四个变量进行建模并进行实证研究的，而针对技术密集型企业的同类研究则更少。本书通过引入竞争优势作为中介变量、环境动态性作为调节变量，探究服务创新对制造企业绩效的影响。第二，研究方法的创新。在制造业场景下的服务创新作用效果研究中，现有文献以理论分析或案例分析为主，实证研究较少；本书运用定性与定量结合的方法，运用 SPSS 26.0 进行实证研究。

第六，梳理研究方法。

概述本书如何通过文献分析法、深度访谈法、问卷调查法及统计分析法进行研究设计。

综上所述，本章阐明了选题背景、研究目标、选题意义、研究内容、研究可能创新之处和研究方法，为第 2 章的文献综述打下了良好的基础。

② 文献综述

2.1 制造业的概念及其分类

2.1.1 制造业的概念

根据百度百科，制造业是指机械工业时代利用某种资源（物料、能源、设备、工具、资金、技术、信息和人力等），按照市场要求，通过制造过程，转化为可供人们使用和利用的大型工具、工业品与生活消费产品的行业。

吴贵生、蔺雷（2011）采用广义的制造企业概念范畴，包括两层内涵：第一个层面是传统的制造企业内涵，强调提供有形产品是制造业的基本任务；第二个层面是扩展的制造企业内涵，强调企业以产品作为平台提供多种高附加值的其他要素，制造和产品本身的重要性正在下降，其他要素成为重点。采用广义的制造业概念，可以涵盖全球化知识经济背景下制造企业内涵的变化。国内制造企业竞争正处于由第一层面向第二层面演进的阶段。

2.1.2 制造业分类的综述

从学术研究视角，有三种关于制造业的分类法：基于行业发展阶段、基于产业关联、基于资源密集度。

2.1.2.1 基于行业发展阶段分类法

基于行业发展阶段分类法最早的提出者为霍夫曼，以 75% 为标准，某行业的产品有 75% 以上用于消费的可以归入消费品行业，而一个行业中的产品有 75% 以上用于投资的可以归入资本品行业。但是，75% 的界限难以准确度量，且该方法仅是一种研究工业化发展阶段的分类法，而制造业既包括在消费资料工业中，又包括在资本资料工业中，难以进行准确的描述和完整的研究。

随后，钱纳里和泰勒按照不同经济发展阶段对行业进行划分，将制造业部门划分为初期行业、中期行业和后期行业三大类。这种方法专门针对制造业，其优点在于不仅可以深入考察制造业内部各子行业的发展特征及演变规律，探索制造业结构变迁的趋势，还能够为各级政府部门根据不同经济发展阶段的特征制定差异化的制造业产业政策提供参考，对后续制造业研究产生了深远影响。

2.1.2.2 基于产业关联分类法

在产业经济学的产业关联理论领域中，投入产出表是重要的分析工具，该表一般是基于产业间的投入产出关系编制的，基于投入产出表可以计算产业关联的各种指标，反映制造业的发展阶段与发展特征，实现制造业的行业分类。该方法的优势在于，利于分别从产品供给和需求的视角对各产业部门进行划分（董明芳，袁永科，2014）。但是，该方法不能反映制造业与其他产业在投入产出过程中的技术关联，主要原因是技术关联并不反映为产业间的物质或产品消耗，采用投入产出表在计算技术关联实现制造业的行业划分方面存在一定问题。技术水平的高低或产业在生产技术方面的相似性，需要通过计算各产业的全要素生产率水平、分析各产业的研发投入水平等最终确定（潘文卿，李子奈，刘强，2011）。

2.1.2.3 基于要素密集度分类法

要素密集度分类法的理论基础是行业的要素禀赋结构与要素投入结构。按照各行业所投入的资源和要素中占比最大和居于主要地位的要素为标准进行行业划分。以制造业为例，根据要素的密集度或相对密集度，即根据不同行业在生产过程中对要素依赖程度的差异，可以将制造业的所有子行业大致划分为劳动密集型产业、资本密集型产业和技术密集型产业（周勇，王国顺，周湘，2006）。具体而言，劳动密集型产业是指主要依赖大量劳动力进行产品生产活动，而对资本和技术依赖程度较低的行业；资本密集型产业的典型特征是人均固定资本和流动资本比较高，即资本劳动比很高；技术密集型产业是指在生产过程中技术贡献程度最高的行业，如高新技术制造业等。

要素密度分类法在国内外的学术研究中得到了广泛应用,原因有两方面。一方面,该分类法可以反映出不同制造业行业典型特征,解释现有各类制造业产业政策的差别,以及不同国家制造业升级路径的差异;另一方面,有利于研究不同制造业部门对生产要素依赖程度的差异。

2.1.3 制造业概念及分类的评述

第一,关于制造业概念的界定。

鉴于本书侧重技术密集型企业,借鉴吴贵生、蔺雷(2011)提出的"扩展的制造企业内涵",本书将制造业界定为以产品作为基础平台、融合包括服务在内的其他生产要素,并提供多种高附加值的综合解决方案的行业。

第二,关于制造业分类的整理。

本书侧重探究技术密集型制造业的服务创新及其作用,无论从宏观角度还是微观角度看,基于资源密度分类法侧重要素投入,本书采用该分类法较为合适。

从微观角度看,技术密集型制造业价值链分工是重要的主题,要素投入是分工的关键依据。产业链内分工主要经历三个阶段,由要素禀赋导致的产业间分工、制造业专业分工带来的产业内分工、IT与细分产业深入融合引起的产品内分工。因此,分工依据天然聚焦要素禀赋,其正是资源密度分类法的核心,该分类法在行业升级的趋势下仍适用。

从宏观角度看,要素投入是重塑价值链分工格局的重要源泉。首先,技术要素打破原价值链分工并促进跨界融合。例如,网络技术与工序、工业品相结合是实现制造柔性化、网络化、智能化的关键一步。其次,资本要素是支撑企业实现有序的规模化扩张,并帮助企业实现跨界面、跨阶层业务拓展的催化剂。最后,劳动力要素是企业最不可缺少的执行力来源,也是最终让产业分工格局趋于稳态的坚实保障。

2.2 制造业服务创新的相关理论研究

2.2.1 概念的界定

2.2.1.1 服务创新概念的界定

服务创新理论源于熊彼特的创新理论。大多数现有服务创新文献界定服务创新时均采用"同化、分离及整合"三种视角之一。按概念演进的时间先后顺序，本书将三种视角梳理如下。

早期无专门针对服务创新的理论，学者们多从同化视角研究，相关研究集中在 1980 年至 2010 年年初。同化视角认为产品创新或技术创新的方法论也适用于服务创新研究。20 世纪 80 年代，贝茨（Betz，1987）首先将服务创新定义为向市场引入以技术基础为导向的服务。20 世纪 90 年代，代表学者松博（Sundbo，1997）将其拓展为在服务中应用新技术，或优化原技术的使用形式，并输出改进的或新的服务或产品。2000 年后，代表学者詹诺普卢等（Giannopoulou et al.，2014）认为服务创新是向产品创新引入新服务，并改变服务的预期用途或特征。从以上定义可以看出，同化视角下的服务创新概念多与技术和产品创新相关，存在明显的技术导向。虽然同化视角为服务创新概念的研究开启了先河，但忽略了服务的内容和特征，难以揭示服务创新的特质。

随着研究的深入，学者们归纳了服务创新特征和服务性质，发现其与技术创新、产品创新存在明显的差别，提出了分离视角，相关研究集中在 2000 年至今。分离视角认为服务创新与产品创新存在明显差异，应设计针对服务创新的模型和理论（Fitzsimmons，2000）。早期的研究侧重革新程度。阿克等（Ark et al.，2003）将服务创新界定为服务提供系统或技术、客户交互渠道、服务概念在一定程度上的改变。在此基础上，学者们将重心向过程延伸，代表学者赫托格等（Hertog et al.，2011）将服务创新界定为服务或产品中较大程度的变化，或者是引入变化程度较大的过程创新。随着研究的深入，学者们逐渐细化对于活动的研究。一些学者侧重从活动目标出发，主张服务创新是致力于提升客户满意度的创新服务（Lin, Luo, Ieromonachou, et al., 2019），另一些学者则聚焦活动方法与内容，强调服务创新是企业完善现有服务提供方法、服务内容的活动（Bitner, Patricio, Gustafsson, 2015），还有的学者侧重于创造价值，认为服务创新是企业变革服务体系，提升服务质量，创造新价值的过程（Li, Tsai, Lee, et al., 2019）。虽然分离视角令服务创新的维度更加多样化，顾客因素也逐渐出现，但是该视角过于狭窄、专门化和零碎化，束缚了服务创新研究的普遍性（Ordanini, Parasuraman, 2010）。

鉴于上述两种视角的局限性，一些学者倾向采用整合视角研究服务创新。从实践角度看，服务经济时代，产品和服务融合为大势所趋，二者整合利于概念更多元化。20世纪90年代的学者较侧重供给角度，加卢、温斯坦（Gallouj, Weinstein, 1997）最早提出该视角，并指出服务创新是引起能力、服务或技术变化的活动。2000年以后，学者们引入了需求侧因素，代表学者阿拉姆（Alam, 2002）强调服务创新是为客户提供新产品和服务的活动。2010年年初，随着服务主导逻辑的兴起，主流观点强调供需兼顾的服务交换，该观点认为所有经济交换的基础为服务，产品仅为服务的载体，任何企业均属服务企业。代表学者卢希、南比桑（Lusch, Nambisan, 2015）指出，服务创新是为了补充现有服务或改变服务输送流程的一项针对顾客的新供应方式，包括原服务的补充与流程的改变。近五年，在服务主导逻辑的基础上衍生出了过程流派与目标流派。过程流派中，有的学者侧重价值创造，如代表学者斯卡兰等（Skalen et al., 2015）认为服务创新是协同资源和创造新价值的过程；有的学者侧重融合，代表学者和征等（2020）指出服务创新是围绕客户需求，创造新服务或完善原服务，聚焦融合服务和产品的活动。目标流派中，一些学者以制度规则为核心，认为服务创新是重构资源整合制度规则的过程，代表学者为科斯克拉·霍塔里等（Koskela-Huotari et al., 2016）；另一些学者强调价值，并指出服务创新是间接或直接为客户及公司带来价值的服务，代表学者为桑迪普等（Sandeep et al., 2019）。

综上所述，现有文献主要从同化、分离和整合三种视角探讨服务创新的概念界定。同化视角主张制造业相关概念及理论可直接应用于服务创新，优点是沿用的产品创新研究方法已获丰硕成果，缺点是忽略了服务的特征及内容，较难呈现服务创新的特质。分离视角主张知识较难从制造业转向服务业，优点是学者们开始研究特定行业中基于各种特质产生的创新形式，缺点是过于狭窄和专门化，限制了服务创新研究的普适性。整合视角主张结合服务和制造，可吸收两种视角的优点。因此，目前的研究趋势为整合视角。

本书采用整合视角界定服务创新。主要考虑到本书聚焦技术密集型企业，该类企业通常向客户提供集成了服务与产品的综合解决方案，同时涵盖了服务与产品的特性。而同化视角和分离视角都无法同时体现服务与产品的特性。

2.2.1.2 制造业服务创新概念的界定

对于制造企业，服务化已经成为重要的创新模式之一（王琳，赵立龙，刘洋，2015），而从企业创新的角度，制造企业服务化可以视为服务创新（李强，原毅军，孙佳，2017）。考虑到制造业服务创新为近十几年才提出的概念，本书认为，制造企业的服务化与服务创新本质相同，二者是同一概念在不同演进阶段的体现。

针对制造业服务创新的概念，现有文献主要划分为两种视角：产出结果视角和转型过程视角。

产出结果视角主要聚焦于企业从输出产品向集成服务与产品的变化（刘如月，2020）。20 世纪 80 年代至 2000 年年初，概念侧重产出的形态。范德梅威、拉达（Vandermerwe，Rada，1988）最先提出制造业服务创新，并界定为产品服务包。古德库博等（Goedkoop et al.，1999）将其拓展为制造企业输出满足客户要求的产品服务系统。富特等（Foote et al.，2001）再将其拓展为整合供求双方、实现更高价值创造的客户解决方案。2000 年后，学者们逐渐分化为需求侧流派及供给侧流派。需求侧流派以客户为重心，强调服务创新带来的客户效能提升。早期的需求侧流派侧重价值的提升。一些学者从价值的创造出发，强调服务创新是将客企关系中的资源要素转化为创造价值的基础要素（Grönroo, Ojasalo, 2004）；另一些学者关注价值的增加，主张服务创新是具有创新、增值、整合特性的新型制造范式（孙林岩等，2008）。后期的需求侧流派则将价值的提升扩展为客户需求的满足。一些学者侧重服务的主导作用，强调服务创新是服务导向，通过更好或更多服务来满足客户需求的转变（Gregory，2007）；另一些学者侧重客户需求，聚焦产品与服务的集成，认为服务创新是从纯产品变为组合解决方案，以满足个性化需求的转型（童有好，2015）。供给侧流派以企业为重心，强调服务创新引致的企业战略转型。早期的供给侧流派侧重于服务本身。有的学者认为服务创新是战略转型，从以产品为中心转变为以客户服务为中心（Reiskin et al.，2010）。有的学者认为服务创新是战略升级，一方面对内投入服务要素，另一方面对外供给服务产品（刘斌等，2016）。后期的供给侧流派侧重服务的附加值。代表学者王绒（2018）指出，服务创新是企业凭借服务创造附加值、满足客户异质性需求，转型为产品服务集成商的战略过程。

转型过程视角聚焦于制造业实施服务创新过程中企业能力、内部流程等内容的变化（刘如月，2020）。2000年至2010年，组织和流程革新定义侧重产品功能的传递及服务本身的属性。有的学者指出，服务创新是产品功能的推广策略，制造企业销售的是产品功能而非产品本身，代表学者为刘易斯等（Lewis et al.，2004）、托菲尔（Toffel，2008）；有的学者认为服务创新指增加服务开发的种类及数量以获取竞争优势、提振绩效的转型过程，代表学者为格雷戈里（Gregory，2007）。近十几年，学者们逐渐分化为要素流派及流程流派。要素流派强调在以客户为中心前提下的企业投入要素的组合构建。早期的要素流派仅涉及单个投入要素，未形成组合。代表学者梁光雁（2011）强调，服务创新是为了建立动态交互的良好伙伴关系而改善面向客户的各种活动，如技术支持及咨询服务。随着研究的深入，要素重构视角引起了学者们的重视，服务创新被界定为通过资源重构帮助利益相关者创造价值的行为（Lusch，Nambisan，2015）。后期的要素流派围绕如何构建投入要素的组合展开探讨。有的学者以知识和技术为要素核心，将服务创新界定为在此核心上引入新技术、开创新服务、打造新客户交互界面及关系，如康等（Kang et al.，2014）。有的学者在此框架上增加维度，如李春龙、倪渊（2017）增加新的经营管理或生产方式与新工艺，强调服务创新是企业借力新技术、新客户交互界面、新的经营管理或生产方式与新工艺来提升企业服务水平、夯实核心竞争力的重要方式。还有的学者侧重服务要素，如罗军（2018）将服务创新定义为投入要素从实物向服务的转变。流程流派则侧重变革制造业流程。早期的流程流派围绕流程变革搭建了分析框架。基于组织变革理论，贝恩斯等（Baines et al.，2009）认为服务创新是企业从销售产品向销售产品服务系统转型而进行的组织和流程革新。在此基础上，代表学者奥斯特罗姆等（Ostrom et al.，2010）增加了商业模式与服务组合，认为服务创新指通过优化的服务流程、服务组合或服务商业模式为利益关联者创造价值，利益关联者包括客户、员工、企业所有者与合作伙伴等。后期的流程流派主要基于此框架细化为微观与宏观两种视角。微观视角聚焦流程中的关键组成环节，该视角常细化至设备级或系统级。代表学者张海军（2017）指出服务创新指企业针对客户需求，基于核心产品整合辅助设备与系统及衍生服务组成新的服务产品组合、新的传递系统和新的交互界面，以实现价值创造的过程。而宏观视角则聚焦于较流程更宏观的影响因子，常涉及模式或结构等宏观因子。代表学者童俊（2018）提出服务创新以客户需求及服务主导逻辑为导向，将服务与产品有机结合，改进制造企业的工作流程、组织结构及资源模式，创新商业模式，获取竞争优势。

从服务本身看，考虑到制造业服务创新既须体现主导逻辑由产品向服务的转型，又应反映以客户为中心的理念，因此本书认为制造业服务创新既非单纯以有形技术为基础的产品创新，也非单纯的基于无形能力的服务创新，而是整合产品服务的综合创新。一方面是因为服务与产品有较强的共性。服务产品与制造产品在开发、设计、生产与销售等方面密切相关，其流程均包括创新主体的分析、设计、投入与开发等活动，均是为客户提供改进的或全新的产品。因此，在创新过程中，服务产品也具备一些制造产品的特点，同时产品创新与服务创新都受到竞争者和客户等许多外部因素的影响。另一方面是因为服务与产品也有较明显的差异。首先，产品创新及服务创新的系统特征存在差异，具体体现在创新的产生与供给、技术方向、知识产权、创新周期、生产力等方面。主要因为大部分企业还未设立专攻服务创新的研发组织，制造业对服务创新及服务研发投入均较低，创新主体侧重于降低运营成本、提高服务质量、改善服务流程等方面。其次，产品创新与服务创新的创新结果呈现形式存在差异。产品创新结果是有形的，而服务创新结果通常是无形的，如服务流程的优化等。最后，客户参与创新的程度不同。针对服务创新，客户是重要的创新参与者，甚至参与部分服务流程的开发和设计。因此，客户自身的属性（如客户素质、客户行业经验等）对服务创新影响显著。针对产品创新，虽然深受客户需求和市场导向的影响，但是从微观层面看，客户通常不单独构成制造产品创新的核心影响因素。

所以，服务创新与产品创新虽然在创新形式和创新内容上有较大差异，但同时也有融合之势。此外，服务创新的内涵也更多元化，不仅包括技术维度，还包括企业内部创新维度、服务业务维度、市场维度等。

从行业角度看，现有服务创新研究较侧重于服务业，遵循吸收、分离和整合三种主流视角，沿用技术创新或服务业服务创新的分析框架，虽然在制造业服务创新的研究中涉及对制造业特性的一些探讨，但未揭示制造业服务创新的独特性，致使研究结论的可推广性和解释效果不足。此外，现有研究将所有制造业一概而论，未能凸显技术密集型企业在"转型过程升级""产出结果优化"等方面区别于广义制造业的特征。

因此，本书更倾向于以转型过程视角中流程流派观点为主，并借鉴整合视角中的服务主导逻辑，将技术密集型企业服务创新定义为：服务创新是在服务主导逻辑下，企业基于客户需求，通过服务概念创新、服务流程创新、服务传递创新、交互关系创新，形成新的产品服务组合，为客户、雇员、雇主、联盟伙伴和小区创造价值、获得竞争优势的实践与驱动力。

2.2.2 服务创新的维度

早期采用产品创新理论的分析框架探究服务创新维度，对技术因素论述较多。从创新对象上，巴拉斯（Barras，1986）将服务创新分为过程创新和产品创新。松博、加卢（2000）在此基础上增加了市场创新和组织创新。随后此分类被不少学者效仿。

随着研究的深入，学者们开始聚焦于服务业特有的创新形式，并发现了许多技术维度不能解释但十分重要的创新形式。其中，最受学者关注的是服务传递过程中的创新。以加卢（2002）和泰泽等（Tether et al.，2007）为代表的学者纷纷在过程创新、产品创新的基础上增加了传递创新。基于传递过程创新的思想，赫托格（2000）最早提出了经典的服务创新四维度模型，即服务客户界面创新、服务传递创新、技术创新、服务概念创新，并强调服务创新可能发生在其中的某个维度，而在更多的情况下，是某几个维度组合的结果。四维度模型设定了服务创新的社会经济背景，将不同的内容维度有机地联合起来，形成了多个要素共同作用的整合模型。

2000 年以后，服务与产品有机统一的整合视角成为主流。在整合初期，产品仍具备较强的独立性，产品创新仍为服务创新的操作变量。鲁若恩等（2000）将服务创新划分为组织结构创新、服务流程创新、服务传递创新和作业系统创新。张宇等（2005）给出了基本框架，将服务创新分为组织创新、过程创新、产品创新、传递创新、技术创新、市场创新、形式化创新、专门化创新、重组创新，其中，传递创新、过程创新及产品创新均为基于技术的创新。基于此，魏江等（2008）将服务创新归纳为传递创新和概念创新。在整合后期，产品与服务深度融合，研究集中在对服务创新四维度模型的应用、改写或扩展。第一类学者侧重于四维度模型的应用，代表学者张瑾和陈丽珍（2015）、肖秋迪和王永超（2019）分别沿用该模型对支付宝、携程的服务创新进行案例分析。第二类学者聚焦于四维度模型的改写或拓展，如圣玛丽亚等（Santamaría et al.，2012）和谢等（Hsieh et al.，2013）将维度改写为交互关系创新、服务流程创新、服务产品创新；唐雪莲和罗茜（2020）则将维度改写为创新程度、创新形式、应用范围、顾客导向。

上述分析表明：现有文献主要遵从技术创新分析框架，针对服务业的服务创新维度进行深入研究，而较少结合制造业场景中服务创新的特征展开论述。

制造业服务创新的研究可追溯至 20 世纪 70 年代，数十年一直围绕产品和服务的关系展开；直到 2010 年前后，关于制造业服务创新的研究才逐渐涌现。关于制造业服务创新维度的研究分为三个阶段，具体分析如下。

第一阶段：1970 年到 2000 年年初，**产品为主、服务为辅，制造业服务创新划分标准百家争鸣，服务组合构成为主视角。**

在该阶段，产品及其研发与制造处于核心地位，企业资源侧重于产品的研发及分销，服务是产品的延伸，附加值低，且为成本中心，服务的对象仅限于购买或者使用企业产品设备的客户；服务创新的目的是弥补质量不足或者促进产品销售，企业重视服务传递效率，服务创新频率较低，企业的资源基础及其构成、战略导向、组织结构设计和商业模式未发生本质变化。早期，制造企业服务创新分类方法为交付阶段，代表学者为拉隆德等（LaLonde et al.，1976）。20 世纪 90 年代后，以服务与产品的比例划分维度成为主流，代表学者为怀斯等（Wise et al.，1999）。2000 年后的主流研究依据服务对象划分，代表学者为胡查平等（2016）。此阶段，制造业服务创新维度情况见表 2-1。

表 2-1　产品为主、服务为辅阶段制造业服务创新维度综述

学　者	分类依据	制造业服务创新维度
拉隆德等（1976）	交付阶段	售前服务 售中服务 售后服务
怀斯等（1999）	服务与产品的比例	综合解决方案 全面式服务 嵌入式服务
胡查平等（2016）	服务对象	产品基础性服务 知识集成性服务

本书综合来看，尽管学者们对制造业服务创新维度进行了许多尝试，但是多数研究侧重于产品导向服务创新（Weissenberger，Biege，2010），过于强调产品的中心地位而忽略了服务的客观价值。因此，2000 年后，随着服务经济崛起，学者们逐渐认可服务的重要性，制造业服务创新维度也步入了新的研究阶段。

第二阶段：2000 年年初至 2010 年年初，产品与服务并存、有机统一，制造业服务创新分类标准逐渐向"以客户为中心"和"以产品为中心"的二分法收敛统一。

上述二分法最早由马修（Mathieu，2001）提出，其依据制造企业服务提供的不同目的，将服务创新分为服务支持客户活动及服务支持产品两类。此后的主流研究均在此二分法框架下进一步完善。

本书对比了"产品为中心"和"客户为中心"的差异，详见表 2-2。

表 2-2　二分法差异对比综述

服务类型	客户为中心	产品为中心
底层逻辑	服务主导（Vargo，Lusch，2004）	产品主导（刘林青，雷昊，谭力文，2010）
服务及产品的关系	服务与产品构成服务包，服务是利润来源（Raddats，2011）	服务是产品附属或延伸，且是成本中心（Salonen，2011）
服务内容	将集成于产品中的知识、技能等要素拆分、外化为服务要素（如咨询、技术支持）（王绒，2018）	标准化的设备安装、维护和升级等服务促进产品销售、弥补质量不足（张海军，2017）
服务使用者	仅限客户（Raddats，2011）	包括客户及市场相关的拓展和开发人员（Raddats，2011）
战略目标	①获取新市场机会与用户潜在需求（罗建强，马蕾，2013）；②构建互补的关系网，实现可持续发展（Oliva，Gebauer，2012）	①促进产品销售、弥补质量不足（张海军，2017）；②增加有形产品价值、降低客户使用产品成本（王绒，2018）

尽管此阶段的研究初步建立了二分法的分析框架，但是绝大多数研究侧重从服务本身的特性的出发，未能充分结合制造业的特点对服务创新进行探讨。

第三阶段：2010 年年初至今，在二分法的基础上，学者借鉴了服务行业服务创新理论的思想，以创新对象为划分标准。

近十几年，大部分国内外学者将二分法的思想与经典四维度模型相结合，并针对制造业特点加以改进。例如，梁光雁（2011）借鉴了加卢（2002）对四维度模型的改进，将现代制造业服务创新分为服务过程创新、服务产品创新、服务市场创新、服务组织创新。类似的，李春龙等（2017）将服务创新分成服务概念创新、服务结果创新、服务组织创新。而张海军（2017）借鉴了圣玛丽亚等（2012）和康等（2014）对四维度模型的优化，将原模型中的技术创新、顾客关系创新分别替换为服务流程创新、交互关系创新，进而把制造业服务创新划分为服务流程创新、交互关系创新、服务传递创新、服务概念创新。赵晓煜等（2020）则将服务创新划分为服务内容创新、服务支撑技术创新、服务提交界面创新、服务提交系统创新、服务概念创新。

近十几年，也有小部分学者以变革程度作为制造业服务创新划分标准。究其原因，按程度划分的这种分类方式在前人的创新研究中经常使用（Song，Thieme，2009），而制造业在不同的发展阶段也需要匹配不同的创新程度。例如，刘和黄（Liu，Huang，2018）和布斯廷萨等（Bustinza et al.，2019）都将服务创新分为利用性服务创新和探索性服务创新，不同的是前者的研究对象是原始设备制造商，而后者的研究对象是跨国制造公司。

总之，此阶段的研究在二分法的基础上，结合制造业的特点，对服务创新的维度做了进一步的延伸，将服务与产品进行有机结合。

服务创新维度的具体综述情况见表2-3。

表2-3　服务创新维度的研究综述

作者	维度
松博（1997）	产品创新、过程创新、组织创新、市场创新
赫托格（2000）	服务概念创新、顾客界面创新、服务传递创新、技术创新
加卢（2002）	产品创新、过程创新、传递创新
张宇等（2005）	产品创新、过程创新、组织创新、市场创新、技术创新、传递创新、重组创新、专门化创新、形式化创新

作者	维度
圣玛丽亚等（2012） 谢等（2013）	服务产品创新、服务流程创新、交互关系创新
李春龙等（2017）	服务概念创新、服务组织创新、服务结果创新
张海军（2017）	服务概念创新、服务流程创新、服务传递创新、交互关系创新
赵晓煜等（2020）	服务内容创新、服务支撑技术创新、服务提交界面创新、服务提交系统创新、服务概念创新

本书借鉴张海军（2017）和赵晓煜等（2020）的观点，将服务创新划分为服务流程创新、交互关系创新、服务传递创新、服务概念创新。主要原因阐述如下。

第一，将服务流程创新和交互关系创新加入四维度模型，能充分反映技术密集型企业的特点。

一是服务流程创新体现了制造产业链的复杂性。从创新内容角度看，服务流程创新贯穿了产品服务解决方案的全生命周期。现代制造企业的服务流程较为庞杂，不仅包括技术协助、衍生金融、管理咨询、系统支持和产品后市场服务等贯穿工业产品的产、供、销全生命周期的常规服务节点，也包括各服务节点与产、供、销各环节的衔接与协同，还包括将服务、产品有机融合的供给侧解决方案与需求侧市场持续进行动态交互的死循环。从创新投入角度看，服务流程创新需改革组织架构以满足内部管理及外部市场需求。对内，企业需增设专门的服务管理部门，定期识别服务机会、开发并交付服务产品；对外，企业须增设独立的服务运营及开拓部门，不仅维系现有客户，而且大力开发、拓展潜在客户。

二是交互关系创新体现了制造业产业链之间互补互惠的关系网络。从创新实践的角度看，交互关系创新体现了产业链关系网络的必要性。交互关系创新有利于制造企业与科研机构、客户、供货商等产业链利益相关方构建战略联盟，制定、完善行业标准，建立科学的管理体系及良性创新生态，优化产业网络资源分配。一方面，它体现出交互关系创新有利于制造企业通过业务外包或联合开发等模式获取创新资源和知识，不再因资源匮乏或知识瓶颈而陷入困境；另一方面，交互关系创新有利于制造企业向关系网中的成员学习，获得及时、精确的信息反馈，完善沟通机制，保持良好客企交互关系，最终实现价值创造及可持续发展。从创新对象的角度看，交互关系创新体现了产业链关系网络的重要性。随着制造业往精密化、智能化的方向演进，产业链分工进一步细化，深耕垂直领域的精细化经营策略逐渐替代传统的平台型发展思维。然而，解决方案的整体质量受制于质量最差的一家或数家供货商的木桶短板原理依旧适用。换言之，不善于经营并创新交互关系的制造企业将更难对数量日益增加的供货商群体进行有效管控，运营成本、质量与效率更难取得良性平衡与动态优化。

第二，该划分方式依托于"以产品为中心"和"以客户为中心"的二分法，与制造业基于要素密集度分类的标准相匹配。

劳动密集型、资本密集型、技术密集型其实是制造产业升级到不同转型阶段的不同体现：制造产业发展初期以低技术含量的来料加工为主，单位劳动力产出价值量低，产品为王；进入转型初期，资本助力扩产，标准化程度高，追求规模效应的同时依托核心产品提供附加服务，既弥补质量不足、刺激产品销售，又降低客户使用产品成本、提升产品核心价值；步入转型后期，前期的资本投入积累量变引发质变，将原本集成在产品中的知识、技能等要素拆分，外化为咨询、技术支持等服务要素，通过集成产品服务的综合方案令客户参与到生产过程中，依据客户的个性化需求进行产品定制，构建互补、稳定的关系网络，实现可持续发展。

同时，上述转型过程也体现了主导逻辑从产品向服务的转变，这与服务二分法的底层逻辑契合。劳动密集型及资本密集型制造业将产品置于核心地位，标准化、规模化为先，符合二分法第一类"产品为中心"的思想；而技术密集型企业的服务，精准锁定目标客群需求，输出定制化综合服务解决方案，符合二分法第二类"客户为中心"的本质。

2.2.3 服务创新与制造业服务创新的相关理论

创新研究经历了技术主导与服务觉醒两个阶段。

第一阶段：技术主导。

20世纪初熊彼特首先提出了创新是经济发展重要的驱动力。21世纪后，伴随着技术革命，许多经济学学者沿着熊彼特的思路研究发现，技术创新是经济增长的内生因素（许振亮，2010）。该时期以创新研究为技术导向。

第二阶段：服务觉醒。

近二十多年，在经济全球化和信息化浪潮推动下，全球产业结构开始向"服务型经济"转型，在国家经济中，服务的贡献越来越大。这引起了学术界和产业界对"服务创新"的广泛关注，针对服务创新的研究日渐成为创新研究的新热点和分支（蔺雷，吴贵生，2005）。在实证研究方面，现有文献包括了零售业、金融业、保险业、图书馆档案服务、餐饮、房地产等行业。但是，关于专门针对制造业服务创新的实证研究相对较少，有待拓展（梁光雁，2011）。服务创新已经成为制造业服务化转型和产品服务系统及其相关研究的热点（孙耀吾，李丽波，2015）。但是，制造业情境下的服务创新作为新兴的现象和研究领域，目前还待进一步完善（张海军，2017）。

在制造业场景下，针对服务创新及其影响的现有研究主要集中在三条主线上，具体如下。

2.2.3.1 主线一：制造业服务创新的驱动因素

本书将从外部驱动因素、内部驱动因素与企业间驱动因素等三种因素进行综述。

第一种因素为外部驱动因素，主要包括经济、竞争与市场三方面。

经济因素。一方面，以贝恩斯等（2013）为代表的学者主张从财务角度分析，该角度强调随着制造与服务的融合程度不断加深，二者的界限愈加模糊，与有形产品相比，服务受经济周期波动的影响较小，服务的边际成本更低且产生的边际收益更高，服务业务能够为企业提供稳定的收入来源和较高的边际利润。另一方面，以埃格特等（Eggert et al.，2015）为代表的学者主张从市场视角分析，该角度指出由于制造企业通常处于价值链的低端，提供服务有利于制造企业向价值链高端转移，又能增进客户关系，促进产品销售，获取竞争收益。

竞争因素。早期，该视角以差异化为出发点。以奥达尼尼等（Ordanini et al.，2010）为代表的学者提出，客户需求升级、市场增长放缓、产品日趋同质化及日益萎缩的利润空间迫使企业通过提升服务创新能力，实施差异化策略获取竞争优势。中期，该视角在差异化的基础上增添了壁垒诉求。以埃格特等（2014）为代表的学者发现，对于制造企业而言，仅仅依赖有形产品质量提升和规模化经营难以构筑竞争壁垒，服务扩张和价值链的后向延伸能够形成新的差异化优势。后期，该视角融入了对外部环境动态性的考虑。以冯等（Feng et al.，2020）为代表的学者指出，竞争的不确定性往往伴随着技术变革，促使制造企业通过服务创新寻找突破口。

市场因素。早期，该视角聚焦品牌带来的客户忠诚度。以格鲍尔（Gebauer，2011）为代表的学者强调，服务化有助于打造制造商品牌，进而转变为企业的价值和利润源，并能提高客户忠诚度，增强企业与客户间的联系。中期，该视角立足于通过关系互动实现正循环。奥达尼尼等（2010）指出，协同能力、顾客导向的动态能力和知识互动是驱动服务创新的三要因素。在此基础上，格伦罗斯等（Grönroos et al.，2014）强调关系须定制化及服务须具有高交互特征。后期，该视角强调长期壁垒的重要性。以李华山（2019）为代表的学者指出，与产品销售相比，服务围绕客户的业务流程定制，竞争对手很难复制和替代服务相关知识和技能，而客户也很难转换供应商。

第二种因素为内部驱动因素，集中于识别影响制造企业新服务开发过程和效率的组织要素（Ordanini et al.，2010）。

这些影响因素涵盖如组织结构设计（Voss，1992），服务开发过程（Gebauer et al.，2005），人力资源管理（Santamaría et al.，2012），企业内部资源和能力（徐建中等，2018），领导风格（Kim et al.，2019），组织文化（Feng et al.，2020）等方面。

第三种因素为企业间驱动因素，以关系为主。

视角一：从关系带来的附加值探讨。

该视角主张，长期承诺关系有助于企业深入获取企业间知识及客户需求知识，一方面可改善企业现有的生产环节与产出质量，另一方面促进成功开发销售新服务，同时可以降低服务开发的不确定性，提升合作开发的效率，代表学者为图利等（Tuli et al.，2007）、林和陈（Lin，Chen，2017）。

视角二：从关系本身的驱动力探讨。

早期，该视角围绕广义的企业间关系展开研究，以艾辛格里奇等（Eisingerich et al.，2009）为代表的学者指出企业间的业务关系显著影响制造企业开发客户解决方案，并强调企业间关系的特征（如关系承诺和关系多样性）对企业成功开发新服务的影响不同。后期，该视角则将关系进一步细化为制造企业与股东、合作伙伴及客户的关系，细化后的关系均经过实证分析验证为服务创新过程中最重要的影响因素之一（Kozlowska，2020）。

2.2.3.2　主线二：服务创新对制造企业竞争优势的影响

关于服务创新的竞争作用机理，现有文献的探究方法主要分为理论分析和案例分析。从理论分析角度看，制造企业服务创新的竞争作用的底层逻辑为服务主导逻辑。随着服务经济兴起，创新战略的底层逻辑发生转变，开始由产品主导转向服务主导逻辑（Vargo，Lusch，2004）。在产品主导逻辑下，产品为主、服务为辅，产品是价值创造的主要来源。在服务主导逻辑下，服务是创造价值的过程且无可替代。在此逻辑下，产生竞争优势的机理主要分两种。第一，服务创新有助于差异化，进而获取竞争优势（蔺雷，吴贵生，2007）。对企业来说，服务创新带来的差异可取得超额回报（Porter，1985）。对顾客来说，服务和产品的创新均能为客户创造收益（Miles，2001）。因而，制造企业可以通过创造新服务或优化原服务来建立竞争优势（Matthews，Shulman，2005）。第二，服务创新可增加顾客忠诚度，获取关系价值并获取竞争优势（Schmenner，2009）。在产品主导逻辑下，虽然制造企业也强调为顾客创造价值，但顾客被置于从属地位，制造企业主要通过加强内部技术创新或改进产品的某些性能来实现价值创造和增值（刘林青等，2010）。而在服务主导逻辑下，顾客已成为主角（Grönroos, Ravald, 2009），价值由企业和顾客共同创造，并最终由顾客作出判断。因此，在服务主导逻辑下，制造企业更有可能通过服务创新及与顾客共同创造价值，构建竞争优势。从案例分析角度看，服务创新对制造企业竞争优势的影响已获国内外众多学者验证。库林（Qulnn, 1993）指出制造企业增加值的绝大部分都由以知识为基础的服务活动产生，这种服务活动紧紧围绕在顾客需求周围并具有一定战略深度的活动，它产生两点优势，一是在市场上增强了差异化，二是创造了对竞争者而言的不可逾越的进入障碍。洪堡等（Homburg et al., 1999）的研究指出基于服务创新竞争的制造企业，主要通过提升服务质量影响顾客关系，进而发挥服务作为竞争工具的战略作用。鲁若愚等（2000）认为技术创新受制于许多方面，一家企业很难在技术上远远超越对手，而真正的竞争优势和核心能力可能大部分来自各类差别化的服务创新，凭借独特性的服务项目和方式，赢得客户的满意度及品牌忠诚度。罗宾孙等（Robinson et al., 2002）深入调查了三家化工生产企业，他们的研究发现"服务开发和客户关系管理是制造企业获取竞争优势的关键战略"，能够拉近企业和客户的距离，通过建立持续的客户关系获取关系租金，进而有助于企业获取竞争优势。马西恩和马丁内斯（Marcean, Martinez, 2002）认为，制造企业可以通过将特定的产品和服务组合起来而获取差异化的竞争优势，因此，制造企业主要通过获取必要的技能和资源来为顾客提供完整的解决方案，而不是仅仅通过单个产品获取竞争优势。蔺雷和吴贵生（2007）则从"服务创新"角度对制造业的发展进行了研究，指出制造业可以通过服务创新手段获取差异化竞争优势和先行优势，并直接创造价值，制造企业还可以通过对知识密集型商业服务的外购来提高产品本身的附加值。萨洛宁（Salonen, 2011）通过对一家典型制造企业的深入调查，发现在需求和技术日益动态化的环境下，单纯地通过技术领先、维持竞争优势变得越来越困难，通过服务创新开发整体解决方案的战略能够有效提升市场竞争力，使制造企业摆脱核心产品市场同质化、增长缓慢的困境。

因此，现有文献侧重于从理论分析和案例分析入手，并对制造业服务创新对竞争优势的作用机理做了初步探讨，但是实证分析仍较为匮乏。

2.2.3.3 主线三：服务创新对制造企业绩效的影响

针对服务创新对制造企业的绩效影响研究，前人主要分为四种理论，即正向促进论、服务悖论、复杂关系论和无相关性论。

正向促进论强调服务创新对制造企业的绩效正向影响。早期，学者们主要通过理论研究或者案例分析论证服务创新促进制造企业绩效（Jacob, Ulaga, 2008）。其中，一些学者强调服务创新对绩效的间接影响，如论证服务创新是企业竞争优势的来源之一，代表学者为奎因等（Quinn et al., 1990）；另一些学者主张服务创新对绩效的直接作用，如直接阐述了服务战略能够导致制造企业的成功，代表学者为弗莱等（Fry et al., 1994）。2000 年后，逐渐有学者采用实证研究论述服务创新对企业绩效的正向作用，代表研究包括：洪堡等（2002）从组织战略的视角切入，证明了服务化与企业绩效（包括财务绩效和非财务绩效）具有显著的正向关系；安条克等（Antioco et al., 2008）基于对欧洲的 137 家制造企业的调研，验证了制造企业的服务化对企业收入的正向促进作用；陈洁雄（2010）发现美国制造业服务创新与其经营绩效具有显著的正向线性关系。近年来，学者们对二者的影响机制有了更系统的认识，普遍认为制造企业借力服务创新可提升差异化竞争优势，应对环境约束，满足顾客多元化需求、并提升企业绩效（Bustinza et al., 2019）。

服务悖论强调服务创新对制造企业绩效的负向影响。格鲍尔等（2005）最先提出"服务悖论"的现象，并指出制造企业服务化可能产生下降的绩效。早期，学者们集中探究服务悖论的存在性。尼利（Neely, 2008）最早对二手数据进行服务悖论的实证分析发现，实施服务创新的企业利润率低于未实施服务创新的企业。贝内代蒂尼等（Benedettini et al., 2013）也指出实施服务创新的制造企业的破产率更高。随着研究的深入，服务悖论的原因逐渐引起学者们的重视。一些学者从战略、组织等企业宏观视角出发，如诸雪峰等（2010）指出服务悖论主要源于企业失去战略重点和组织冲突等方面，并综合了两个角度，从行业层面和企业层面的特征视角具体解释了服务悖论现象。另一些学者从服务产品、服务范围等业务微观视角出发，如维斯尼奇等（Visnjic et al.，2012）发现，服务化对企业市场价值的影响是正面的，但是服务业务的广度常常会给利润造成下行压力，而服务业务的深度则拥有更高的边际价值，若不仔细选择服务产品和服务范围，可能对企业利润和市场机制造成损害。近年来，宏微观相结合成为探讨服务悖论原因的主流视角，以刘畅等（2019）为代表的学者强调，服务化可能导致企业运营成本和管理难度的上升，首先体现在因服务化致使原组织管理模式受到冲击，产生政治成本；其次体现在服务化项目在客户接受度低的情况下，对企业利润的负面作用；最后体现在推行服务化需要持续调研市场现状，继而导致信息成本攀升。

复杂关系论强调服务创新与制造企业的绩效是曲线关系。早期，学者们直接将广义制造业纳入研究范畴。方等（Fang et al.，2008）基于 Compustat 数据库中 1990—2005 年的制造企业二手数据，实证证明了服务化与企业绩效之间存在 U 形关系。陈洁雄（2010）比较了中美两国制造企业的服务化与绩效之间关系曲线，发现中国企业的存在倒 U 形关系而美国企业则为正向线性关系。类似的，科塔马基等（Kohtamaki et al.，2013）在对芬兰 91 家制造企业的实证研究中证明了服务创新对销售增长有非线性影响。随着研究的深入，学者们逐渐区分出不同类型或不同阶段的制造企业。如肖挺等（2014）通过对 2003—2011 年中国制造企业的分行业数据分析，发现企业绩效与纺织品与食品饮料加工制造业的服务化呈 U 形关系，而与电子信息设备和交通工具制造业的服务化呈"马鞍形"关系。布斯廷萨等（2018）揭示了服务创新与企业绩效的关系在不同行业、不同阶段会呈现正向、负向或曲线关系，不能一概而论。

无相关性论强调服务创新不影响制造企业的绩效。从纵向看，部分实施服务创新的企业绩效效果不显著。如埃格特等（2014）认为服务创新和制造企业利润无显著相关性。从横向看，服务创新实施与否与企业绩效的相关性亦不显著。肖挺（2018）以上市公司为研究样本，发现实施服务创新后的制造企业的绩效未显著高于未实施服务创新的制造企业。

对比上述四种理论，大部分学者仍然相信服务创新能为制造企业带来正面的影响，而服务悖论可能源自服务创新实施期间制造企业未能及时发掘新机遇或未能及时应对新挑战。换言之，出现相矛盾的研究结论主因是制造企业面对的行业环境、企业环境和地域环境不同，环境差异导致了服务创新的绩效作用差异。因此，为探究制造业服务创新和企业绩效的关系变化，未来学者们还需要深入探讨企业环境因素对服务创新与企业绩效关系的影响。本书认为应从环境动态性的调节效应切入，探讨服务创新与企业绩效的关系。

总之，从理论研究层面看，中国制造业服务创新研究在系统性、深度、广度等方面均仍有较大提升空间。制造业服务创新的相关理论至今已经发展了三十余年，国外研究起源于 20 世纪 80 年代末，而国内于 2000 年后制造业服务创新的相关研究才逐渐引起学界关注。现有研究主题主要涉及两方面，一方面是制造企业服务创新的驱动因素，另一方面是探讨制造企业服务创新对竞争优势及绩效的作用效果。目前，制造企业服务创新的驱动因素相关研究已较为成熟，但是制造企业服务创新作用效果的相关研究仍存在不足。

首先，前人研究主要集中于服务创新的前置变量，对服务创新作用效果的探究仍然较少，制造企业服务创新对绩效的影响机制仍处于"黑箱"状态。虽然已有不少学者论证了服务创新可以为制造企业带来竞争优势，这在探讨竞争优势是否可以作为服务创新与绩效关系的中介变量上迈出了重要的一步，但是，现有研究大多基于理论分析或案例研究，实证研究匮乏。

其次，现有研究集中于论证服务悖论的存在性及环境因素对服务创新与绩效关系的影响。但是，少有研究探讨如何从战术层面突破服务悖论的困境。现有论述突破服务悖论的代表性研究主要基于权变理论，其主流观点有两类，一类观点主张战略与组织内部、外部环境的匹配对绩效有显著的正向影响；另一类观点主张战略与组织内部、外部环境的匹配能创造竞争优势。虽然权变理论有利于解释"企业战略在何种因素作用下能激发竞争优势并提升绩效"这一难题，但是侧重于从战略视角出发，较少从战术视角探讨。本书将在后文的"环境动态性"一节中详细论述权变理论。

最后，现有研究主要从战略管理理论的角度出发，虽然在一定程度上体现了服务创新对制造企业参与市场竞争的重要战略作用，但是未能从战术层面揭示具体实施、落地途径。此外，对于制造企业服务创新战术层面的内涵和机制还缺乏深入的探究，对于制造企业服务创新具体涵盖哪些决策内容也较为含糊。

综上所述，基于上述对制造业服务创新的驱动因素，服务创新对制造企业竞争优势的影响，以及服务创新对制造企业绩效的影响三条研究主线的综述可知，有必要对服务创新、竞争优势、制造企业绩效、环境动态性的关系做进一步考察。本书着重从实证角度出发，在动态环境下探讨制造企业如何通过实施服务创新实现企业内外要素的匹配，形成持续竞争优势并提升企业绩效。这既将环境因素纳入分析模型，深入探讨行业特征如何影响制造企业服务创新与企业绩效的关系，又尝试把竞争优势作为服务创新与绩效传导的中介变量，尝试探讨制造企业服务创新与企业绩效的关系。

2.3 竞争优势的相关理论研究

2.3.1 竞争优势概念的界定

本书按时间演进顺序排列，学者们将竞争优势的定义分为结果流派、来源流派和整合流派。

结果流派强调从竞争优势的结果进行定义。该流派普遍认为竞争优势指较对手处于领先地位且业绩更为出众。竞争优势的概念最早由张伯林（Chamberlin，1939）提出，指企业较对手的竞争优越性。定义立足于企业相较对手领先的具体特质层面。代表学者班贝格（Bambenger，1989）提出竞争优势为较佳服务、低成本、低价格、良好形象、快速运送等；类似地，琼斯（Jones，1995）认为竞争优势为较佳的品质、效率、创新、顾客响应等四个方面。随着研究的深入，学者们侧重于对竞争优势的特质进行提炼，有的学者侧重于优于对手的获利能力（Grant，1991），有的学者侧重于优于对手的地位（高可为，2010），还有的学者兼顾特质与地位，侧重优于对手的特质与处于领先的态势（潘楚林，2017）。近五年，研究分化为两个流派。以穆文奇（2017）为代表的动态流派侧重动态均衡，主张竞争优势是在动态环境中优于对手的运营绩效，且即便优势被侵蚀也能重回均衡；而以陈柔霖（2019）为代表的价值流派强调价值创造，认为竞争优势是财务指针与市场价值创造优于对手的态势。

来源流派强调从竞争优势的来源进行定义。该流派将竞争优势定义为客户创造更高价值的资源、能力及其与其他特质的组合。早期，学者们主张竞争优势是独特、有价值的能力或资源，代表学者为竞争战略之父波特（Porter，1985）。20世纪90年代以巴尼（Barney，1991）为代表的学者均在此框架上进行延伸。2000年后，资源、能力及其与其他特质的组合视角成为主流。有的学者偏向资源与创新的组合，将竞争优势定义为企业通过创新与吸收信息或人才资源获得领先态势，代表学者为刘巨钦（2007）；有的学者强调资源与能力的组合，将其定义为独特的能力和资源，代表学者为塔拉加（Talaja，2012）。近五年，学者们更注重企业对特质组合的运用。代表学者为童俊（2018）、萨伦克等（Salunke et al.，2019），主张竞争优势指企业运用特有能力或资源，输出领先对手的服务和高价值产品。

整合流派强调从竞争优势的来源及结果的协同进行定义。该流派主要活跃于近五年，主张通过能力与资源的整合与配置，帮助企业较对手具备领先绩效或优势地位，代表学者为朱秀梅等（2014）、那等（Na et al.，2019）。

竞争优势概念的研究综述见表2-4。

表2-4　竞争优势概念的研究综述

作者	概念
张伯林（1939）	企业比对手在市场上表现更好
波特（1985）	企业以更低廉的成本，为消费者提供更优质产品或服务价值
刘巨钦（2007）	企业通过创新和吸收信息与人才资源而产生的一种位势，对手无法模仿
高可为（2010）	市场中领先对手的地位
塔拉加（2012）	其独特的能力和资源

作者	概念
朱秀梅（2014）	在产品质量、生产效率、市场反应速度与创新速度四个方面，具领先对手的资源整合与学习能力
潘楚林（2017）	优于对手的特质与处于领先的态势
童俊（2018）	运用特有资源，依托差异化战略输出领先对手的高价值服务和产品
陈柔霖（2019）	在财务指标与市场价值创造优于对手的态势
那（2019）	企业通过整合和分配能力与资源获得领先地位

本书现有文献主要从结果、来源和整合三种视角探讨竞争优势的概念界定。本书对三种视角的详细分类与优缺点对比分析如下。

结果视角主张以结果为导向下定义，优点是反映了企业间、行业内存在的客观差距，缺点是忽视了优势的来源，较难呈现竞争优势的本质。来源视角主张以来源为导向下定义，优点是竞争优势本源获得多元化的探究，缺点是过于静态，忽视了能力与资源的动态整合及配置的过程。整合视角主张结合来源与结果，可吸纳前述两种视角的优点。因此，整合视角成为了目前的研究趋势。

虽然，现有文献从上述三个视角分别对竞争优势的概念进行了探究。但是，现有文献也有不足。一是现有文献侧重企业已有的资源禀赋，少有考虑创新也是竞争优势的重要来源之一；二是现有文献大多针对静态情形，未能充分反映中国整体经济及多个行业增速持续领跑全球、企业所处的市场环境日新月异的动态变化；三是现有文献大多针对泛指的服务业和制造业，较少结合技术密集型制造企业的特性进行分析。鉴于本书讨论的是在动态环境下的技术密集型企业的竞争优势，可持续的优势才具备分析意义，因此，本书更倾向于整合的视角。

借鉴国内外相关研究，本书认为企业竞争优势是企业基于独特的能力和资源及可赋能的持续创新，从战略、战术层面将各生产要素充分调动并合理与外部动态环境匹配，在激烈的市场竞争中，能够在成本、差异化两个方面均持续占据优势的稳态。

2.3.2　竞争优势的维度

在企业竞争优势的维度划分和测度方面，学者们仍然处于百家争鸣、分歧较大的状态（Richard et al., 2009）。主流测量方法分两类视角：财务绩效替代的视角和非财务指针主导的测量视角。

财务绩效替代主要集中于 20 世纪 80 年代至 2000 年年初，主张财务绩效指标可替代企业竞争优势的测量指标。早期的研究将竞争优势指标与财务绩效直接进行互换，代表学者为波特（1985）、万（Van, 1988）。1990 年至 2000 年年初，该视角的主流研究均围绕如何替代展开。早期的学者将广义的企业会计绩效直接与竞争优势画等号，代表学者为巴尼（1991）。在此基础上，学者们将企业会计绩效逐步细化为企业利润表或资产负债表中的比率。其中，最主流的测量方法为以资产收益率衡量竞争优势，代表学者为周建等（2009）。

虽然财务绩效指标测量方式被广泛应用，但是，替代视角被质疑较片面且科学性匮乏，以马（Ma，2000）为代表的战略管理学者认为企业竞争优势应包括非财务内容。

财务绩效替代视角下竞争优势维度的研究综述见表 2-5。

表 2-5　竞争优势维度的研究综述（财务绩效替代视角）

作者	维度
波特（1985）	经营绩效水平
万（1988）	企业财务指标
巴尼（1991）	企业会计绩效
周建等（2009）	资产收益率、企业利润表和资产负债表中比率

非财务指标主导的测量也有较多学者采用，主要有三点原因，一是财务指标难以衡量企业价值观、企业形象、知识资源、创新水平等企业软实力（陈柔霖，2019）；二是企业伦理缺失和行业规范不健全导致学者较难获取客观、真实数据，用感知方法评估企业竞争优仍然有效（Dess et al., 1984）；三是绩效与竞争

优势有所差异，普遍观点为竞争优势是绩效的前因变量（何地，2018）。

20世纪90年代至2000年年初，非财务指标的测量方式百家争鸣。代表学者舒尔特（Schulte，1999）依据竞争优势的形成与发展将其分为功能、效率与持续性；沃格尔（Vogel，2005）将企业竞争优势分为价值增值、低成本、灵活、速度、客户服务五个维度。

2000年年初，在竞争战略之父波特提出竞争优势模型后，维度才逐渐走向收敛。波特（2008）首先基于战略管理的视角提出了竞争优势模型，并从聚焦集中优势、差异化优势、成本领先优势三方面测量企业竞争优势。随后，学者们主要围绕此框架进行完善。一些学者从企业供给侧出发，代表研究包括：陆亚东和孙金云（2014）从速度优势和成本优势两方面构建测度指针，其中速度优势涵盖企业敏捷性及灵活性；埃尔贝尔塔吉等（Elbeltagi et al.，2016）采用差异化优势、成本领先优势、质量与增长测量竞争优势。另一些学者在市场需求侧落脚，代表研究包括：阿卜杜勒卡德和阿贝德（Abdelkader，Abed，2016）采用差异化优势、成本领先优势、创新、客户关系与增长衡量竞争优势；李敏（2018）则将竞争优势分为低成本优势、关注客户多样化需求、提供更好的服务和产品、灵活适应市场变化、先入重要领域并占优势地位。还有部分学者立足于供需结合的视角，将竞争优势分为聚焦优势、差异化优势、成本领先优势与合作关系优势，代表学者为王磊（2015）。近五年，学者聚焦于特定场景中企业竞争优势的研究，通常将优势划分为成本和差异化两个维度。一些学者从环保场景出发，如杜等（Do et al.，2020）；另一些从创新场景出发，如李巍（2015）也提出了类似的观点。

非财务指标测量视角下竞争优势维度的研究综述见表2-6。

表2-6 竞争优势维度的研究综述（非财务指标测量视角）

作者	维度
舒尔特（1999）	功能、效率、持续性
劳登（Laudon，2000） 王磊（2015）	聚焦优势、差异化优势、成本领先优势、合作关系优势

作者	维度
沃格尔（2005）	价值增值、低成本、灵活、速度、客户服务
波特（2008）	聚焦集中优势、差异化优势、成本领先优势
陆亚东（2014）	速度优势、成本优势
埃尔贝尔塔吉（2016）	成本领先优势、差异化优势、增长与质量
阿卜杜勒卡德和阿贝德（2016）	差异化优势、成本领先优势、创新、客户关系与增长
李敏（2018）	低成本优势、聚焦客户多样化需求、提供更好的服务和产品、灵活适应市场变化、先入重要领域并占优势地位
杜（2020）	差异化优势、成本领先优势

本书认为，竞争优势是服务创新实施的结果。一方面，其体现了服务创新在助力制造企业获取和保持优势方面的重要意义；另一方面，其必须构建在客户价值认同的基础上，客户感知价值的大小决定了企业能否获取比对手更强的优势及更高的绩效。换言之，不宜直接将绩效与竞争优势画等号，企业竞争优势最终体现在市场上，任何努力均得落实到具体问题上，如市场、产品等。

虽然竞争优势的表现形式多种多样，但从创新视角及制造企业经营的实际活动角度进行分析，主要包括两种类型，即李巍（2015）、杜（2020）提出的低成本优势、差异化优势。这两个维度便于理解、易于操作，且有利于更为精确地理解服务创新不同维度的竞争作用。考虑到现阶段中国制造业从基础材料到生产工艺再到核心器件均难以实现国产完全替代进口的关键瓶颈之一在于部分技术国产化成本高昂，难以适应规模化生产的需求，进而阻碍了其商业化应用的进程，本书认为应在吸收借鉴历史文献的基础上，于成本领先优势维度的测量题项中进一步补充完善技术的视角，使得测量题项更契合本书聚焦的技术密集型企业特征。

综上所述，本书从差异化优势、成本领先优势这两个方面对竞争优势进行测量。此测量方法不仅避免了单纯使用财务绩效来测量竞争优势的缺陷，还深入阐释制造业服务创新影响竞争优势的内在机理。

2.3.3　竞争优势的相关理论

战略管理研究的核心是企业如何获得可持续竞争优势（Teece et al., 1997），纵观企业竞争优势理论研究的发展脉络，依据竞争优势产生机理，现有研究可分为三个方面。

首先，侧重于产业结构分析的市场定位理论。该视角活跃于20世纪80年代，代表学者波特（1980）认为决定企业竞争优势的因素一是行业的吸引力，二是企业的行业地位。该视角的经济学基础为现代产业组织理论的SCP（structure-conduct-performance）分析范式（Andrews, 1987），主要观点是"波特五力模型"，其主张产业内五种作用力共同决定产业的利润潜力与吸引力。随后，波特（1985）引入价值链观点，将企业的经营过程拆分为多个具有战略相关度的价值活动，并指出企业能以更加独特或低廉的方式组织价值链活动，实现差异化、低成本优势。

该视角的贡献在于，描绘了企业获取竞争优势的简易途径：进入一个有吸引力的产业，在该行业中占据有利竞争位置，再给对手设置进入壁垒而获取持续竞争优势。该视角的缺陷在于，一方面，忽略了企业间的异质性，难以解释相同市场条件下企业间竞争优势差异的原因（Peteraf, 1993）；另一方面，忽略了内生来源是获取与保持竞争优势的关键（王一，2017）。

其次，聚焦于企业能力和资源的资源基础理论。资源基础理论强调能力和资源对企业获得高利润回报与持续竞争优势有显著作用。该理论分为传统流派与新兴流派，区别在于以不同方式解读价值创造过程（Newbert, 2007）。

传统流派认为竞争优势来源于企业的资源要素和特征本身。20世纪80年代，沃纳费尔特（Wernerfelt, 1984）首先提出了资源基础理论，强调资源是竞争优势的基础。20世纪90年代后，资源基础理论才逐步理论化，并形成了两种不同的传统流派观点。两种观点分别以巴尼（1991）、彼得（Peteraf, 1993）为代表，共性在研究对象，均围绕着揭示、识别具有哪些特征的资源能够带给企业持续竞争优势，均主张如果资源具有异质性、不完全流动性、有价值、稀缺和不可替代等特征，且能够使企业向顾客提供优质价值，才能为企业带来持续的竞争优势。两种观点的分歧在研究层次。巴尼（1991）侧重于战略层次，强调资源使企业能够构思并实施提高其效率和效果的战略，并指出并不是所有的资源都和战略相关，只有那些具备能够有效地改善企业战略制定和实施功能属性的资源才是该理论范畴的资源。彼得（1993）则侧重于个体企业的资源层次，对不同类型的经济租金进行分析，并指出企业通过所控制的资源获取持续竞争优势需要满足四个条件：企业能够依靠资源的异质性获取租金，凭借对竞争的事前限制以低于租金的成本获取到优质资源，依靠资源的不完全流动性将租金保持在企业内部，要凭借对资源竞争的事后限制来保持住这些租金。

然而，随着研究的深入，学者们逐渐发现资源基础理论的静态性，且资源与竞争优势之间存在因果黑箱，转而开始关注运用资源的过程与能力（Sirmon et al.，2007）。

新兴流派认为竞争优势来源于对资源要素动态配置的能力。20 世纪 90 年代至 2010 年年初，学者们对于传统流派把占有资源与利用资源创造价值看成不证自明的过程提出了批评，并尝试打开资源与竞争优势的因果关系黑箱（Priem，Butler，2001）。学者们转而关注从资源利用到价值创造的过程，并指出，在竞争对手具有相同资源组合的情况下，优势并不仅仅是由资源本身所带来的，企业配置资源的能力和过程对竞争优势的作用较资源本身更重要（Sirmon et al.，2007）。早期，学者们侧重于静态视角，有的学者认为企业竞争优势源于对资源部署和发展的恰当管理与相机决断，代表学者为阿米特等（Amit et al.，1993）、西尔蒙等（Sirmon et al.，2007）；有的学者则强调企业获取竞争优势与经济租金源于把控资源、资产的能力，代表学者为马奥尼等（Mahoney et al.，1992）、焦豪（2011）。

随着黑箱研究的深入，针对动态环境下，企业可能产生核心刚性进而丧失优势的困境，动态能力观点出现。蒂斯等（Teece et al.，1997）首次提出动态能力，并将其定义为重组企业内外资源的能力。同时强调与资源基础观不同，动态能力视角的基本分析单元不再是企业具体的资源，而是过程、定位和路径，通过塑造组织过程进而解释竞争优势的本质。有的学者侧重动态的资源管理，主张动态环境下的企业管理资源是为客户获取竞争优势、创造价值的关键，代表学者为西尔蒙等（2007）；有的学者聚焦于动态的能力匹配，强调更强的适应力意味着更快地满足市场要求并建立竞争优势，代表学者为潘楚林（2017）；还有学者强调兼顾动态资源管理与能力匹配，主张竞争优势源于动态能力、集合性能力与有价值的资源结合，代表学者为董保宝等（2013）、孙璐（2016）。随后，侯宏等（2017）代表学者纷纷提出了资源基础观的另一个核心框架"战略资源—战略行动—竞争优势—组织绩效"，并主张采用这一资源观理论框架更有助于全面理解资源基础理论的真正含义。

然而，市场定位理论和资源基础理论都过于强调企业的供应侧因素，忽视了需求侧因素的作用；不管是进入障碍，不完全要素市场，还是隔离机制，其宗旨都是企业如何将竞争对手排斥在外而捕获更多价值，而少有关注如何从客户感知视角实现价值创造和竞争优势（Adner，Zemsky，2006）。同时，随着强调顾客中心地位的时代到来，学者们强调须在战略管理理论中重新审视顾客视角，从顾客价值创造视角来理解企业的竞争优势（Priem，2007）。顾客价值作为企业竞争优势的本质要素越来越成为战略研究和实践者关注的焦点（Desarbo et al.，2001）。

最后，内外整合、动态分析、聚焦创新的顾客价值基础理论。近年来，战略管理研究趋势是整合客户视角来理解竞争优势（Priem，2007），该视角认为创新可提升客户价值，继而带来竞争优势并促进企业绩效。

创新是顾客价值创造的源泉。早期，学者们将创新与客户价值画等号。代表学者金和莫博涅（Kim，Mauborgne，1997）主张，客户价值可以是新的服务或产品，也可以是原服务或产品的新特性和质量；通过持续客户价值创新，可保持企业竞争优势。随着研究的深入，学者们发现客户价值由客户决定而非由企业决定，客户价值创新以客户为中心。因此，渐渐将创新与客户价值分离（杨龙，王永贵，2002）。代表学者阿米特等（2001）强调创新是创造客户价值的主要来源。企业的竞争可归结为客户份额和客户认知之争，因此，在动态环境中，客户价值创新正是满足客户需求、创造不竭利润的源泉。

客户价值创造有助于形成竞争优势、促进绩效。德鲁克（Drucker，1973）

最早提出上述整合客户视角，并指出企业的根本目标是满足客户需要，企业能否了解并把握客户需求及其变化决定了企业间绩效的差异。随着研究的深入，学者们将客户需求细化为客户价值，主张企业获得竞争优势及超常绩效不取决于企业拥有的资源或占据的市场地位，而取决于提供的产品或服务能带给客户超额感知收益或超额价值，代表学者为石盛林（2010）。近年来，复杂多变的经营环境促使学者们从内外整合与动态分析的视角，探索企业竞争优势的源头，既需要评估自身经营因素，如企业的能力、资源，又需要评估外部环境的因素，如客户价值创造，代表学者为何地（2018）。

本书认为，竞争优势的三种视角分别体现了外部、内部、整合三种不同的战略思想，有效推进了竞争优势研究进程。市场定位理论侧重于企业所在的外部环境，忽视了企业自身因素也能造成企业间绩效的差异。资源基础理论侧重于企业内部，忽略了市场、行业因素对企业竞争的影响。而客户需求的多样性与个性化缩短了异质性资源的效用周期，一旦企业的差异化或核心能力与客户需求不匹配，就会陷入困境。顾客价值基础理论整合了内外部视角，学者们开始关注在动态环境下，如何通过识别、管理和创新顾客价值以获得超常绩效。该理论的优势体现在以下三方面。

第一，该理论整合了内外部视角。

资源基础理论主张企业竞争优势的源头不仅在于有价值的资源，更在于企业必须能运用该资源创造满足客户需求的价值，而价值是基于客户的感知和理解的。

第二，该理论引入了动态维度。

由于经营环境多变、技术进步加速，资源的相对优势更易衰退、消散，仅基于能力和资源差异的竞争优势面临巨大挑战。这迫使学者们必须从动态整合视角重新探索企业竞争优势的源头。在管理实践中，随着企业竞争战略对外部生态系统日益重视，企业竞争优势来源研究逐渐关注企业和其他利益相关者之间的竞合交互。在动态环境下，竞争优势来源于整合资源池的动态更新。整合资源池是由外部环境与企业内部资源协同演化形成的。资源池持续更新期间，企业须及时匹配资源基础及客户需求，才能有效管理创新生态系统并构建竞争优势。

第三，该理论聚焦于创新。

随着知识经济和技术革命时代的到来，创新在竞争中的重要性日益提升。其一，创新可为企业带来资源与能力，继而获取竞争优势。创新帮助企业获取异质性资源，通过合理运用及配置资源，可激发资源潜在价值，进而获得可持续竞争优势。该现象对于有机会参与更多创新活动的技术密集型企业而言更为突出。其二，异质性资源反过来可促进二次创新，维持竞争优势。企业在发展战略指导下的系统性创新行为，需要多种资源的支持，包括但不限于技术、知识、制度、文化等。因此，持续创新可为企业创造并保持竞争优势。

综上所述，内外整合、动态分析、聚焦创新的顾客价值基础理论更契合当下中国制造业所处的动态环境及符合转型升级实践的需求。值得注意的是，现有研究主要集中于竞争优势的源头，而较少涉及竞争优势的作用效果，竞争优势与企业绩效的关系仍模糊不清，且常常生硬地直接使用企业绩效的量表来测量竞争优势。因此，本书拟采用整合视角，在动态环境下，探讨制造企业如何通过实施服务创新战略实现企业内外要素的匹配，形成持续竞争优势，并进一步分析竞争优势对企业绩效的促进作用。

2.4 环境动态性的相关理论研究

2.4.1 环境动态性概念的界定

邓肯（Duncan，1972）最早将企业外部环境定义为组织决策中不得不考虑的在组织外的社会与物质因素总和，并强调不确定是其最主要特征。迈尔斯等（Miles et al.，1978）进一步把环境不确定性分为动态性、复杂性和敌对性。从20世纪80年代起，动态性渐渐成为学者们最常用的维度（Keats，Hitt，1988）。

20世纪八九十年代的学者聚焦于环境本身的特征。代表学者米勒等（Miller et al.，1982）将环境动态性界定为产业环境中消费者与竞争者行为的不确定性及技术变革程度。随后，有的学者补充了频率视角，主张环境动态性指企业所在环境的不可预测度与变化频率，代表学者为戴斯等（Dess et al.，1984）、扎赫拉等（Zahra et al.，2000）；有的学者补充了速率视角，将环境动态性定义为环境要素变化率及环境变动不可预测度，代表学者为贾沃斯基等（Jaworski et al.，1993）、皮利姆等（Priem et al.，1995）。

2000 年后，学者们基于环境所包含的要素对环境动态性进行界定。有的学者侧重于竞争与技术要素，将环境动态性细化为市场中对手的进出、消费者偏好与行为的变化和技术环境要素的波动，代表学者为鲍姆等（Baum et al.，2003）；有的学者则侧重于市场，界定环境动态性为技术变化速度与市场环境动荡度，代表学者为阎婧等（2016）；有的学者聚焦于对企业的微观影响，主张环境动态性是行业相关因素变化给企业行为带来的不确定性（李俊，2011）或企业经营决策中面临的不确定性（何霞等，2016）；还有的学者侧重于更宏观的影响因子，将环境动态性拆分为文化、经济、政治、竞争格局、技术等方面的不可预期变化（张映红，2008）或界定为企业面临的外部环境中竞争因素的变化度（王一，2017）。

环境动态性概念的研究综述见表 2-7。

表 2-7　环境动态性概念的研究综述

作者	概念
米勒等（1982）	产业环境中消费者与竞争者行为的不确定性及技术变革与创新程度
戴斯（1984）；扎赫拉等（2000）	企业所在环境的不可预测度与变化频率
贾沃斯基等（1993）	环境要素变化率及环境变动不可预测度
鲍姆等（2003）	市场中对手的进出、消费者偏好与行为的变化，和技术环境要素的波动
张映红（2008）	文化、经济、政治、竞争格局、技术等方面的不可预期变化
李俊（2011）	行业相关因素变化给企业行为带来了不确定性
葛宝山等（2016）	外部环境不确定程度与变化速度
阎婧等（2016）	技术变化速度与市场环境动荡度
何霞等（2016）	企业经营决策中面临的不确定性
王一（2017）	企业面临的外部环境中竞争因素的变化度

本书在对现有文献的梳理中发现，市场、技术是环境动态性概念中最常见的两种要素。此外，考虑到本书聚焦的技术密集型企业受到严格监管，行业对政策的调整较为敏感，因此本书认为制造业中的环境动态性概念应涵盖政策要素。本书将环境动态性界定为企业所在行业的市场、技术、政策等外部环境因素的变化程度与不确定程度。

2.4.2　环境动态性的维度

环境的复杂多样导致，很难将其作为一个整体来分析（Fahey, Narayanan, 1986）。在研究环境变量的现有文献中，可分为下方两种视角。

从客观视角来看，学者们研究某一具体环境内容对组织结构和行为的影响，该视角主张环境的独立性与客观性，如产业环境、政治环境（Bergen et al., 1992）。

从主观视角来看，学者们研究被感知的某一环境特征对组织行为与绩效的影响，该视角认为环境本身不重要，重要的是管理者的感知（Oreja-Rodriguez, Yanes-Estevez, 2007）。代表性支持理论有两种，一种认为主观视角比客观指针更具效度（Miller, 1993），另一种认为环境内容个体差异性大，而环境特征则共性较强，采取主观视角更具传承性（李大元，2008）。

因此，随后的环境动态性研究以主观视角为主，其维度划分主要依据环境要素。最早也最经典的划分方式由贾沃斯基等（1993）提出，其主张将环境动态性划分为技术动态性、竞争强度与市场动态性。随后，学者们均在此框架上进行应用或拓展。

20世纪90年代，学者们以直接采用该测量维度为主，代表学者为穆尔曼和曼那（Moorman, Miner, 1997）。2000年至2010年年初，研究分化为广度流派与深度流派。广度流派聚焦对经典框架的细化与深挖，代表学者詹森等（Jansen et al., 2009）将环境动态性分为消费者偏好变化、技术变化、产品需求或原材料供给的波动；王一（2017）则分为客户需求变化、客户偏好变化、技术变化、对手提供的服务与产品变化。深度流派则强调对新要素、新视角的拓展。有的学者引入创新视角，不但将其分为技术变革速度与市场动荡度，且强调应以创新为导向应对动态变化，代表学者为阎婧等（2016）。有的学者引入政策维度，代表研究包括：杨波和张卫国（2009）将其分为市场环境、技术科技环境、法律法规环境的变化程度与速度；刘刚和刘静（2013）从权变理论和动态能力视角出发，将其分为政策法律动态性、技术动态性、市场动态性；陈国权和王晓辉（2012）则将其分为全行业发展、服务或产品类型、需求、政策、对手行为、合作伙伴行为、技术发展共七个维度的变化。近五年，学者们逐渐针对特定行业特定场景设计定制化的设计环境动态性的维度。一些学者侧重广义的行业，如杨等（Yang et al.，2018）基于自适应理论及可持续发展的视角，实证分析中国59家制造企业，将环境动态性分为市场规模变化、市场集中度、市场板块状态及技术创新速度；另一些学者则侧重于狭义的细分行业，如彭云峰等（2019）实证分析机械与电子等行业，将环境动态性分为竞争强度与市场动态性，又如刘芸等（2020）实证研究技术密集型企业和非技术密集型企业，将环境动态性分为市场变化度、技术变化度和需求变化度（见表2-8）。

表 2-8　环境动态性维度的研究综述

作者	维度
科利和贾沃斯基（1993）穆尔曼和曼那（1997）	技术动态性、市场动态性
贾沃斯基等（2002）	技术变化程度、消费者偏好变化度、对手变化度
杨波和杨卫国（2009）	市场环境、技术科技环境、法律法规环境
陈国权和王晓辉（2012）	全行业发展、服务或产品类型、需求、政策、对手行为、合作伙伴行为、技术发展共七个维度的变化
刘刚和刘静（2013）	政策法律动态性、技术动态性、市场动态性
阎婧等（2016）	技术变革速度与市场动荡度
王一（2017）	客户需求变化、客户偏好变化、技术变化、对手提供的服务与产品变化
杨等（2018）	市场规模变化，市场集中度，市场板块状态及技术创新速度
彭云峰等（2019）	竞争强度、市场动态性
刘芸等（2020）	市场变化度、技术变化度和需求变化度

本书现有文献测量环境动态性较常使用市场动态性、技术动态性等维度，而近十几年来政策法律动态性维度也逐渐成为环境动态性测量研究的热点。

其一，本书聚焦的制造业服务创新、竞争优势与企业绩效等变量与市场、技术等环境动态性维度较为匹配。从宏观角度看，环境动态性越强，则供需状况与技术发展的不确定性越高，对企业的预判及创新能力的要求也越高。从行业角度看，随着本土企业的激增及跨国企业的扩张，竞争日趋白热化，竞争强度是以中国为代表的新兴经济体的重要环境因素。企业需要不断自查市场竞争方式，持续优化战略与战术，改进组织架构及内部流程，才能保持优势地位，谋求可持续增长。从企业角度看，消费者需求变迁、竞争者的动向等均直接影响企业经营战略、战术和竞争绩效之间的关系。此外，本书中竞争优势变量已包含竞争因素，且市场动态性也涵盖了竞争格局与对手动向，因此，本书重点关注市场动态性、技术动态性。

其二，考虑到本书聚焦的技术密集型企业受到严格监管，行业对政策的调整较为敏感，因此，本书认为制造业环境动态性维度应涵盖政策动态性。考虑到研究对象与视角的匹配度，本书借鉴刘刚和刘静（2013）及刘芸等（2020）的维度，将环境动态性划分为市场动态性、技术动态性、政策法律动态性。

2.4.3 环境动态性的相关理论

现有关于环境动态性的研究集中在其对绩效的作用效果。在理论和实践中均存在较多矛盾的观点（李心，2019）。主要有三种理论：信息基础理论（Lawrence，Lorsch，1967），资源依赖理论（Pfeffer，Salancik，2003）和权变理论（Hofer，1975）。

信息基础理论的本质是强调企业对环境的依赖性，主张环境动态性的不可预料会束缚企业的战略执行。该理论的代表学者邓肯（1972）认为动态环境导致识别和理解环境信息较困难。在此基础上，李和西默利（Li，Simerly，1998）指出动态环境制约管理者对环境作出评价及应对。随后，西尔蒙等（2007）指出动态环境可影响企业资源管理、价值创造，及竞争战略拟定。

资源依赖理论的本质是强调企业对环境的独立性，主张能抓住动态环境中机会的企业可占据优势并提升绩效。该理论的代表学者普费弗等（Pfeffer et al., 2003）强调环境是企业的资源池，决策者的目标是控制资源、保持组织有效性。类似地，李等（2001）认为决策者在制定战略时应考虑组织内外关系，采取相应战略可减少对环境的依赖度，并有效提升产品创新战略的绩效结果。

权变理论的本质是整合视角，强调动态平衡，主张企业战略行为与环境相匹配时，环境动态性将对绩效产生正向作用。早期，研究侧重于通过理论分析或实证分析的方式论证权变理论的存在性。有的学者侧重于理论推导，主张权变理论强调组织与环境之间的权变关系，强调战略管理的任务就是如何让组织更好地与环境相匹配，组织可以通过采取不同的结构和战略行动对环境做出适应性反应，代表学者为范德文等（Van de Ven et al., 1981）；有的学者采用实证的方式论证了权变理论的存在性，主张无论是创新战略本身还是战略决策过程，无论是成本领先策略还是创新策略，只要与动态环境相匹配，企业便可获取高绩效结果，代表学者为米勒（1988）、皮利姆等（1995）。随着研究的深入，学者们逐渐将目光转移至权变理论的影响机制。代表研究包括：本纳等（Benner et al., 2003）发现，环境动态性会影响企业的创新战略，在动态的环境中，企业倾向于寻求新资源、新机会的探索式创新战略，从而更有利于捕获环境变化带来的机会，而在稳定的环境中，企业倾向于采取开发利用现有资源与能力的利用式创新战略，最大化利用现有资源开发市场机会，从而为组织带来高绩效结果；类似地，王磊（2015）指出，在动态环境下，消费者需求偏好、技术进步、竞争对手行为等具有不可预测性，动态环境下企业实现卓越绩效应归功于企业持续创新及快速响应市场变化的能力。

随着权变理论的引入，环境动态性的调节作用成为研究重心。针对企业创新战略或创新行为与绩效的关系，现有文献将影响该关系的情境因子分为两类：环境要素特征与企业特征（Eggert et al., 2011）。换言之，在制造业场景中，企业内部、外部因素均有可能影响服务创新与企业绩效之间的关系。然而，目前调节变量的研究侧重于企业特征而非环境要素特征，探讨环境要素特征对服务创新与绩效关系的调节作用的文献更为匮乏（赵立龙，2013）。

目前已被探讨的环境要素特征因子包括市场竞争强度、市场不确定性、行业动荡性、行业成长性、技术变动、行业革新速度、需求变化程度等（黄梦鸽，2013）。其中，代表研究包括：方等（2008）指出在服务创新与企业绩效的关系中，行业成长速度、行业动荡性分别为负向、正向调节变量。王伟姣（2018）实证分析了1990—2016年Compustat北美数据库中的制造业，发现在制造业服务创新与企业利润率关系中，行业革新速度是正向调节变量。刘芸等（2020）实证分析了116家技术密集型企业和131家非技术密集型企业，强调在关系记忆、共同理解与企业竞争优势的关系中，需求变化度是正向调节变量。

在环境不确定性的理论研究中，环境动态性的影响逐渐成为热点与重点。对基于信息基础理论、资源依赖理论和权变理论视角探讨环境动态性与企业战略之间关系的相关研究进行梳理不难发现，环境动态性是企业进行战略决策时不得不关注的关键情境因素。

但是，目前大部分研究聚焦于组织资源能力、组织结构等企业内部情境因素对服务创新与企业绩效关系的影响，较少探讨环境动态性等外部环境要素特征的调节作用。基于权变理论的文献综述，企业战略战术与外部环境的匹配有利于企业绩效的提升，并可有效解决服务悖论。因此，环境动态性可能是影响服务创新与绩效关系的关键要素。

从实践角度看，环境动态性是影响制造企业服务创新与企业绩效之间关系的重要权变因素。制造企业的增量市场主要来自以新产品进入新市场、以老产品进入新市场及新产品进入老市场。其一，新市场瞬息万变，随着市场透明度提高、信息量攀升，竞争日益加剧，制造业在资产、资本与人力方面的投入不降反升；同时，随着高精密、智能化的升级，工装设备、开模、选型、排产、交付等环节对精密度、复杂度的要求日益提升，各环节环环相扣，牵一发而动全身，能否准确解读市场、以销定产，并科学地提前规划人力、物力、财力，成为制造企业与对手拉开绩效差距的关键。其二，老市场并非一成不变，过度奉行经验主义，容易陷入路径依赖的困境，企业倾力打造的全新解决方案也可能未跟上市场变化的步伐，未能满足客户真正的要求。因此，在与动态环境相匹配的前提下实施服务创新，有利于制造企业在新老市场中把握稍纵即逝的机会窗口，及时调整组织架构，合理配置人力、物力、财力，科学备产、及时交付，获取先发优势并提升绩效。

为此，本书将权变理论引入制造企业的服务创新情境下，从企业的行业环境出发，深入探讨环境特征如何影响制造企业服务创新与企业绩效关系，弥补现在服务创新与绩效关系研究中存在的空缺。此外，现有研究较少涉及环境动态性对服务创新与竞争优势关系的影响，本书也将对其做进一步探究。

2.5 企业绩效的相关理论研究

2.5.1 企业绩效概念的界定

企业绩效管理既是战略管理的出发点，又是战略管理的关键问题（蔡学辉，2018）。但是，绩效的界定较复杂，学界未达成统一（Kirby，2005）。目前，绩效的界定主要分为结果、行为和能力三种视角。

第一，从结果视角来看。

按时间演进顺序可划分为目标观、效率观、效益观与综合观。亚敏（Yamin）（1999）最早提出目标观，主张绩效是企业实现财务和市场目标的水平及战略结果；随后，代表学者波（Bo，2014）、乌帕达亚等（Upadhaya et al.，2014）为进一步完善，强调其为接近目标的有效产出及目标实现度。在完成目标的基础上，完成效率逐渐受到重视。效率观主张绩效是实现目标的效果及效率，代表学者为陈等（Chan et al.，2017）、郭昱兴（2018）。与此同时，效益观也逐渐兴起。有的学者从硬实力的角度出发，认为绩效是时间段内企业的经济效益（肖玲诺等，2005）；有的学者从软实力出发，强调其为企业精神风貌和价值取向，包括企业信誉、文化、声望等（魏蒙，2017）；还有的学者认为其是企业的综合效益（宋凯，2020）。综合观则是将前述观点整合，主张绩效是企业各类经营活动的成效、结果、效益、效率（李倩，2018）。从结果视角界定绩效较为常见，但是，该视角不易量化，可借助过程视角来补充（蔡学辉，2018）。

第二，从过程视角来看。

该视角主张绩效乃行为而非结果，代表学者胡季英等（2005）、周云等（2012）补充了能力要素，强调绩效是与组织目标有关的个体或组织的能力和行为。随着资源基础理论兴起，绩效被定义为运用资源的能力，尤指核心竞争力，以获取可持续竞争优势（Li et al.，2019）。随后，学者们以此为框架进行完善，有的学者侧重于横向延伸，将能力延伸为企业的发展潜力与实力（刘伟乐等，2020）；有的学者则注重纵向拓展，将能力细化为资产运营水平、盈利能力、偿债能力和发展能力（徐晨，2020）。

从过程视角界定绩效虽然对结果视角进行了有效补充，但是，该视角仍欠缺完整性。

第三，从整合视角来看。

鉴于上述两种视角的局限性，当前被大多数学者认可的观点是将过程和结果整合。整合视角流行于2000年后，主张企业绩效既包括结果、效果、效率，又包括企业的工作内容、能力、行为。有的学者将绩效划分为两层含义，一层为行为导向，测量员工贡献程度和自身能力，另一层为结果导向，测量特定时间内活动或工作职能的产出记录（冯丽霞，2004）；有的学者将能力与效率结合，主张绩效是对企业未来发展的预估，是企业核心竞争力及未来价值成长能力的集合，是对企业效果、效率和资源分配的综合体现（李从文，2019）；还有的学者结合工作结果与工作内容，将绩效定义为完成工作的结果优异度和效率高低（宋红霞，2020）。

综上所述，现有文献主要从结果、行为与能力和整合三种视角探讨服务创新的概念界定，其中，整合视角最受当前学者推崇。从概念本身看，考虑到技术密集型制造企业绩效不但需要体现企业的运营、盈利等硬实力结果指标及信誉、文化、声望等软实力结果指标，还需要呈现产、供、销及转型中的效率、能耗等过程指标，本书认为企业绩效的界定应综合过程与结果两种视角。另外，从行业角度看，现有企业绩效定义主要以服务业大类或制造业大类为主，沿用广义的分析框架，缺乏技术密集型企业的独特性，未能凸显技术密集型企业在"转型过程升级""产出结果优化"等方面区别于广义制造业的特征，导致研究结论的可推广性和解释效果不足。因此，本书采用整合的视角，将技术密集型制造企业绩效定义为与市场需求实现动态匹配的核心竞争力集合及兼顾资源分配效率、整合效果的综合体现。

2.5.2　企业绩效的维度

企业绩效维度可分为财务绩效和非财务绩效。财务绩效反映经济目标的实现度，如收入增长率、利润率、资产回报率等，而非财务绩效则指财务绩效以外的效益。财务绩效涵盖企业的盈利、偿债、资产管理、成长等能力，主要衡量净资产收益率、总资产收益率、投资回报率、销售利润率、净利润、托宾Q值、销售收益等方面（成丽红，2019）；非财务指针涵盖市场绩效、组织运作绩效、创新绩效等（张徽燕等，2012），主要衡量企业的顾客满意度、市场份额、研发费用率、创新能力、新服务或新产品开发率、新服务或新产品销售率等方面（成丽红，2019）。

从数据来源看，维度评价法可分为主观法与客观法两种。两种方法在效度上无明显区别（Wall et al.，2004）。虽然客观法更具科学性，但是人事、管理、成本等指标常被视为商业秘密，难以采集；而主观法建立在被监督者与管理者的互动实践基础上，这一定程度上与软科学的管理属性相符；因此，主观法应用较广（尹雪婷，2020）。

从企业绩效维度评价方法的发展历程看，若仅考虑与制造企业或企业创新相关的研究，国外主要经历了三个演进阶段。

（1）1800年至1900年年初，成本主导的单一指标评价时期。

该时期处于资本主义的自由经济阶段。企业管理水平较低，通过从收入中剔除支出形成评价指标，如每磅成本、每千米成本等。该时期的代表方法为美国会计工作者哈里森（Harrison）于1911年建立的标准成本制度和差异分析制度（夏新平等，2003）。据此，企业不断地降低成本，提高劳动效率。

随着资本主义经济的不断发展，企业的规模在不断壮大，以成本核算为核心的事后控制，由于评价指标单一，已不能有效控制成本，不能满足全面反映经济系统的成本管理的需要。

（2）1900年年初至1990年年初，财务绩效独大的多指标评价时期。

该时期处于资本主义的垄断竞争阶段。一方面企业规模逐渐扩大，对资金的需求量也与日俱增，另一方面企业所有权与经营权分离，企业债权人和股东成为绩效评价的重要主体，因此，多指标评价方法逐渐成为主流。以经济利润为基础的杜邦分析法成为该时期的核心评价方法。1912年美国杜邦火药公司在一份内部报告中发明了杜邦分析法，将净资产收益率拆分为资产净利率与权益乘数的乘积，同时反映经营和预算指标。在此基础上，衍生出了以价值为基础的价值指标评价法和以会计为基础的沃尔评分法。

1990年之前，考虑到债权人和股东的利益，财务指标在企业绩效评价方法中处于垄断地位；1990年后，综合绩效评价才逐步受到人们的关注和重视。

（3）1990年年初至今，以财务指标为主、以非财务指标为辅的时期。

该时期处于经济全球化的竞争加剧期。传统的多财务指标评价方法逐渐被财务与非财务指标结合的综合评价方法取代，比较有代表性的是经济增加值（EVA）法和平衡计分法（BSC）。

经济增加值法是美国 Stern Stewart 咨询公司于1991年提出的以经济增加值为基础的财务绩效评价指标体系（Stern，2010）。该方法关注企业在评价期内增加的价值，计算公式为：EVA=税后营业净利润－投资成本加权平均资本成本。经济增加值法不但解决了传统评价指标未扣除股权资本成本的问题，考虑了包括股权和负债资本成本在内的所有成本，而且综合了公司的资本成本、资本收益和投入资本规模，因此，能较好地反映公司资本经营增值情况。

平衡记分法是哈佛大学罗伯特·卡普兰（Robert Kaplan）教授于1992年创立的综合评价体系，包括内部管理性、客户价值、学习与成长性、财务四个方面（Kaplan，1992）。BSC不但引入了对非财务指标的管理，还强调以结果为导向的财务指标和以驱动为导向的非财务指标相互平衡。

国内主要经历了四个演进阶段。

（1）1949 年至 20 世纪 70 年代末，即计划经济时期，以实物产量为单一指标评价阶段。

中华人民共和国成立初期，为帮助经济快速恢复并助力工业迅速壮大，中国实施计划经济体制，对国有企业执行指令性生产计划，以产量、质量作为主要考核指标。该时期的评价指标较为单一。

（2）20 世纪 70 年代末至 90 年代初，即改革开放初期，以产值或利润指标为主的财务主导评价阶段。

该时期刚从计划经济过渡为商品经济，企业未接触到西方科学的管理方法，主要以收入、产值、利润作为评价的核心。该时期主流的评价方法为中国于 1977 年颁布的《工业企业八项经济技术指标统计考核办法》，该方法于 1982 年、1988 年、1992 年及 1997 年分别进行了四次调整，调整后形成了涵盖七项指标的经济效益评价考核体系，该体系主要反映企业的盈利能力、产出效率和产销衔接状况（杨晋超，1999）。

（3）20 世纪 90 年代初至 20 世纪 90 年代末，即改革深化期，以回报率、收益率为主的财务主导评价阶段。

该时期，随着市场经济改革的推进，国有企业逐渐开始自负盈亏，工作的重点转移为结构调整和效益提升，企业的考核从产值指标逐渐过渡为回报率、收益率等效益指标。

1992 年，财政部颁布了《企业财务通则》，提出了从偿债、营运、盈利三种能力对企业的经营进行综合的评价，明确了 8 个指标组成的企业业绩评价指标体系（曹菲，2008）。在此基础上，1995 年，财政部颁布了《企业经济效益评价指标体系（试行）》（该法规 2003-01-30 已被废止），增加了资本保值增值率、社会贡献率、社会积累率，适应了新财务会计制度和国有企业资产保值增值的要求（叶苗苗，2008）。随后，1997 年，财政部将指标扩充为 12 项，并正式建立以净资产收益率为核心指标的评价体系。1998 年，财政部新增了定性评价因素，使指标体系从原来的 12 项扩充为 38 项，形成了三层次综合评价指标体系，第一层以基本指标作主导，第二层以修正指标为辅助，第三层以专家评议指标为补充。

（4）21世纪初至今，即现代化企业建设期，以财务指标为主、以非财务指标为辅的评价阶段。

随着市场经济体制的逐步完善，与其相适应的企业综合绩效评价体系需符合现代企业制度。在企业所有制呈现多元化的背景下，由政府来考核国有企业的单一考核体系，也逐步转变为股东考核评价所持股企业的综合考核体系，指标体系评价方法也不断取得新突破。

在众多评价方法中，最具代表性的是国务院国有资产监督管理委员会于2006年颁布的《中央企业综合绩效评价实施细则》和《中央企业综合绩效评价暂行办法》，该评价体系由财务绩效定量评价和管理绩效定性评价两部分有机构成，相对之前的指标体系，增加了风险控制和人力资源方面的非财务指标，在一定程度上改变了过于偏重财务定量指标的局面；在此基础上，EVA被引入。2006年12月，国务院国有资产监督管理委员会提出《中央企业负责人经营业绩考核暂行办法》，主张自2007年起中央企业经营业绩考核使用EVA指标，且经济增加值比上一年有改善和提高的给予奖励，鼓励企业使用EVA考核经营业绩。随后，结合行业特点设计指标体系成为新的趋势。2009年，国有资产监督管理委员会在第二次修订的《中央企业负责人经营业绩考核暂行办法》中提出了年度经营业绩考核指标包括基本指标与分类指标。其中，基本指标包括利润总额和EVA指标；分类指标由国有资产监督管理委员会根据企业所处行业特点，针对企业管理"短板"，综合考虑企业经营管理水平、技术创新投入及风险控制能力等因素确定。2010年后，学者们侧重于结合不同细分行业的特点对指标评价进行完善。

从针对细分行业的企业绩效评价角度看，学者们常将制造企业绩效分为市场和财务指标（Al-Shboul et al., 2017）。尤其在制造业服务创新转型过程中，只有兼顾财务和市场指标，才能全面衡量企业转型的绩效意义（张睿君等，2020）。

以下重点对近几年制造业服务创新中外文献中绩效评价方法进行梳理。本书发现，大部分学者结合财务与市场指标对企业绩效进行测量。一些学者侧重于企业绩效本身，将其分为市场份额、企业声誉、客户满意度、行业影响力等市场指标，以及营收、服务营收占比、净利润（服务）、净资产、销售量、复合年均增长率、订货量（服务）等财务指标。例如，张睿君等（2020）在三家实施服务创新的中国制造企业的探索性案例研究中发现，运维商业模式创新与服务创新匹配对制造企业绩效有显著作用，二者匹配与否分别对绩效产生增强和削弱两种影响。又例如，将企业绩效分为利润水平、盈利能力等财务指标及销售额、市场份额、客户满意度、吸引新客户能力等非财务指标，如王保利、杨欣（2020）实证分析了广东、浙江、湖北的300家生产型企业，发现支持企业产品的服务增强通过技术创新的中介作用对企业绩效有倒U形影响，而支持客户行为的服务增强通过技术创新的中介作用对企业绩效呈正向影响。另一些学者则侧重于企业转型绩效，将其分为盈利能力、主营利润率、服务收入占比等财务指标及销售收入增长、履约率、满意度、有效性等非财务指标，如张雅琪、李兆磊、陈菊红（2017）实证研究了309家制造企业，发现制造业服务创新战略可通过供应链网络嵌入性的中介作用正向影响企业转型绩效。也有学者侧重于制造企业绩效，将其分为销售利润率提高、投资回报率提高等财务指针和产品销售量增加、市场份额提高等非财务指标，如胡查平（2018）实证研究了珠江三角洲、长江三角洲、华中地区等三个经济带的300家制造企业（含多家高新技术产业园企业），发现制造业服务创新通过服务网络联盟的中介作用对制造企业绩效产生正向影响；又如胡查平、张莉娜、胡琴芳（2019）实证分析了长江三角洲220家制造企业，发现动态市场环境中，制造业服务创新通过跨组织资源合作的中介作用对制造企业绩效产生正向影响。

从文献研究中可以发现，企业绩效评价法的演进与经济体制改革、市场供求关系发展密切相关。随着企业组织形式由简入繁、级别从低到高，企业绩效评价法也呈现出从单一评价到综合评价的发展历程。现将创新型、技术密集型企业的评价方法优缺点总结如下。

（1）传统的财务指标评价方法。

优点：基于量化方法在一定程度上为企业呈现了结果评价，奠定了企业绩效评价领域的基础地位。

缺点：其一，该方法过于侧重于短期而忽视了长期，仅能体现企业的历史与当下，无法有效地评估或预判未来，无法对企业在经营中遇到的难题提出具备预见性的建议；其二，该方法不够全面，一方面只关注结果评价而忽视了过程评价，另一方面忽视了非财务指标。

（2）杜邦分析法。

优点：杜邦分析法以净资产收益率为核心，系统地揭示了企业财务状况及各财务因素之间的关联关系。

缺点：其一，该方法基于利润表和资产负债表中的数据，未考虑现金流量表；其二，该方法止步于财务分析，不适用于短期变现能力弱但具备中长期成长潜力的技术密集型、创新型企业。

（3）EVA 法。

优点：其一，将资本成本对价值创造的作用纳入考虑，通过剔除资本成本强化了增值的理念；其二，打破了传统的计量模式，不再单纯地以会计利润为中心，一定程度上降低了操纵利润的可能性。

缺点：首先，计算 EVA 所依据的数据仍为财务数据，因此，其仍不可避免财务指标的短期性、片面性。其次，EVA 为短期导向、财务导向，可能诱使企业通过减少技术创新的投资或资本投入以操纵利润。最后，非财务因素和无形资产未被纳入评估范围，不适用于技术密集型、创新型企业。

（4）BSC。

优点：其一，考虑了无形资产、客户满意及忠诚度、雇员技术及积极性、内部经营状况等非财务因素，既避免了财务指标的片面性，又满足了企业评估技术与学习的需求；其二，实现了企业绩效驱动因素及战略目标间的平衡、短期目标及长期目标间的平衡、企业内外供需间的平衡，较有效地、系统地为企业呈现涵盖长期潜力和综合能力的信息。

缺点：首先，维度中未涵盖竞争因素，且部分指标涉及商业机密，较低成本地、难精确地获取数据，无法在竞争对手间的横向对比中使用；其次，与外部环境的协调能力不佳，缺乏弹性，较难动态分析企业对环境的应对；最后，未体现政府、供应商、债权人等利益关联方的利益。

纵观国内外研究现状，将非财务与财务指标结合的评价思维值得借鉴，但至今尚未形成一套系统的适合技术密集型企业绩效的评价体系。本书认为技术密集型企业的评价指标应符合以下原则。

第一，兼顾财务指标与非财务指标。

尽管财务指针能直观地体现制造业服务创新的成效，然而，非财务指标是必不可少的补充。从经营角度看，服务创新既需要企业与客户或供货商保持长期互动，又要求企业与内部团队持续改进工艺与流程并创造新的价值，仅依赖财务指针较难全面呈现制造企业在特定时段内所取得的综合成效。从测量角度看，非财务指标能不局限于会计信息，同时规避了财务指标在货币化计量中出现的难题，还涵盖了财务指标未涵盖的、能在未来指标上体现的企业价值信息。

第二，兼顾长期指标与短期指标。

针对技术密集型创新企业，创新从投入到产出往往有一个过程，不宜只关注短期成效而忽略长期效益。引入市场份额、成长潜力、创新能力等长期指标有助于加强评价体系的科学性。

总之，近几年主流的制造业服务创新研究均从市场与财务指标相结合的角度测量企业绩效。从前述综述不难看出，胡查平（2018）及胡查平、张莉娜、胡琴芳（2019）的研究与本书主题、研究方法、研究对象最为接近。因此，本书采用胡查平（2018）及胡查平、张莉娜、胡琴芳（2019）的划分方式，通过销售利润率提高、投资回报率提高、产品销售量增加、市场份额提高来衡量企业绩效。

2.5.3　企业绩效的相关理论

目前，企业绩效相关理论研究主要分为两条主线，一条侧重于评价方法，本书前文已详述；另一条侧重于企业内外部的影响因素。具体而言，可分为环境与市场因素的宏观层、企业与组织因素的中观层及高管与员工因素的微观层。

2.5.3.1 环境与市场因素的宏观层

它主要指企业所处的宏观环境，体现为产业环境（周爱君等，2019），市场氛围（高孟立，范钧，2018），政府政策（周恩德等，2018）等因素。代表研究包括：周爱君和李燕（2019）通过采用可视化软件 Citespace 对 2008—2018 年的文献统计文章数和高频词发现，环境已成为企业绩效领域的研究热点之一。目前，环境因素的研究呈现多元化发展的态势。有的学者关注外部环境角度，指出影响绩效主要的因素为内外部环境、企业的机制体制、员工个人绩效以及激励效应（张晓彤，2016）；有的学者侧重于从政策角度出发，强调研发经费支出、政府专项补贴对新型研发机构创新绩效有显著影响（周恩德等，2018）；还有的学者立足于市场角度，认为竞争氛围、政策氛围和合作氛围均能对企业服务创新绩效产生积极的正向影响（高孟立，范钧，2018）。

2.5.3.2 企业与组织因素的中观层

它一方面包括企业与外部组织的互动关系，如社会网络（杨晶照等，2016）；另一方面包括组织因素，强调企业本身及内部因素的重要性，如企业能力（Musa et al.，2018），企业资源（Haseeb et al.，2019），战略管理（林琳等，2018），组织结构（熊胜绪等，2019）等。杨晶照等（2016）通过采用可视化软件 Citespace 对企业绩效领域的经典文献进行分析，绘制了国内外创新绩效研究的关键词共现、文献共被引的知识图谱，研究发现，企业能力、组织学习、资源基础、社会网络与社会资本成为影响企业绩效的最主要的因素。目前，学者们从多个角度对企业与组织因素展开研究。第一类学者关注战略角度，如林琳等（2018）从市场战略出发，认为市场导向和战略试验可以通过创业学习对创新绩效产生间接的正向影响，而熊胜绪等（2019）从组织战略角度出发，认为组织柔性要以技术创新动态能力为中介变量来正向影响企业创新绩效。第二类学者侧重于从社会责任角度出发，基于企业利益相关者和竞争战略理论，发现企业履行社会责任对企业财务绩效的影响呈 U 形（嵇国平等，2016）。第三类学者立足于企业的能力。有的学者从工艺流程角度出发，通过对不同工业领域的 95 家制造公司进行实证分析发现，企业的灵活性、冗余、协作和敏捷性等四种弹性能力可以提高竞争优势和财务绩效（Musa et al.，2018）；有的学者立足于转型升级的角度，强调企业资源计划系统（ERP）是业务信息处理的核心，ERP通过在供应商、制造商、分销商甚至最终用户之间建立连接的功能来增强流程的信息流，对企业绩效具有正向影响（Bambang et al.，2015）。第四类学者侧重于企业资源角度。有的学者强调知识和社会资本是企业创新绩效的重要影响因素（张营营，吕沙，2016）；有的学者则从品牌角度出发，通过结构方程对360家酒店与餐厅进行实证分析发现，品牌资产和市场绩效之间存在正向关系，可持续竞争优势是完全调节变量（Hussain，2020）；还有的学者将上述角度结合，如王等（Wang et al.，2015）将社会责任与资源、能力角度相结合，采用分位数回归和结构方程模型对中国台湾的高科技公司进行实证分析，并论证了企业社会责任通过品牌资产的中介效应正向影响市场绩效。

2.5.3.3　高管及员工因素的微观层

它包括人力资源及团队特征对企业绩效的影响，如人力资源（张彩霞，2018），人力资源管理体系（郭昱兴，2018），高管特征（窦瑜彤，2019）等。其中，主流代表性研究分为两大类，一类侧重于从组织体系角度将人力资源进行拆分，如将人力资源分解为岗位管理体系、薪酬管理体系、预算核算体系等（郭昱兴，2018）；另一类则聚焦于高管团队的特征，如将高管人力资本特征分解为性别、年龄、学历、个人背景等有价值的、可利用的无形资本，论证高管人力资本特征，通过影响高管行为，进而对企业行为、企业绩效产生显著影响（窦瑜彤，2019）。

鉴于本书聚焦于企业创新与绩效的关系，因此，下文分三个方面对该关系相关代表性研究进行梳理。

首先，创新对企业绩效的直接影响。早期研究侧重于从产品创新的框架分析（Roberts，1999）。随着研究的深入，学者们逐渐跳出该框架，从更广义的视角探究（Cho et al.，2005）。此后，对特定行业的创新研究渐成趋势，如在制造业领域，巴布等（Barbu et al.，2019）实证分析证明创新是驱动绩效的关键。随后，制造业服务创新及其作用成为研究热点，不同场景下的制造业服务创新和企业绩效主要呈现正向关系、负向关系、无相关或曲线复杂关系，均已于上文详细论述。代表研究为钱学锋等（2020）通过回归分析中国制造业 17 个细分行业发现，制造业服务创新可降低交易成本和提升生产率，并扩大出口规模。

其次，创新作为中介变量的间接影响。主要分为三个角度，程度、能力与战略。从程度角度看，学者们常将创新划分为探索性创新及应用性创新，如谷盟等（2015）通过实证分析发现，在创新包容性与市场绩效的关系中，探索性创新与应用性创新起正向中介作用。从能力角度看，有的学者侧重于静态分析，聚焦于能力本身的作用，如坦布萨米等（Thambusamy et al.，2020）实证分析了美国 202 家保健组织，验证了 IT 赋能能力通过服务创新的中介效应对企业绩效产生正向影响；有的学者侧重于动态分析，关注能力的动态匹配情况，如费雷拉等（Ferreira et al.，2018）实证检验了葡萄牙 387 家企业，证明动态能力通过创新能力的中介作用对企业绩效产生正向影响。从战略角度看，一些学者侧重于需求侧，如那等（Na et al.，2019）实证分析了 400 家共享经济企业，发现市场导向通过营销创新与可持续竞争优势的双中介效应正向影响企业绩效。另一些学者侧重于供给侧，如林等（Lin et al.，2019）实证研究了中国 600 家东南部制造企业，指出服务导向通过服务创新的部分中介效应影响绩效，学习导向通过服务型的完全中介作用影响绩效。

最后，创新通过中介变量作用于企业绩效的间接影响。主要分为战略、战术、程度或属性、能力等四个中介效应的角度。从战略角度看，转型战略受到较多关注，如廖等（Liao et al.，2010）通过实证研究澳大利亚商业纵向调查中的 449 家制造企业，开发了以转型战略和市场参与为中介变量的创新模型；从战术角度看，研发受到较多关注，如宋洋（2018）实证检验了 408 家创业板挂牌企业，证明了创新资源通过研发支出的中介效应影响创新绩效；从程度或属性角度看，学者们常关注企业创新性，如冈代等（Günday et al.，2011）实证研究了土耳其 184 家制造业企业，验证了创新性在四种创新（产品、过程、营销和组织）与绩效的关系中有中介效应；从能力角度看，知识吸收能力受到较多关注，如许骞（2020）通过实证研究338家高新技术企业发现，创新开放广度通过知识吸收能力的中介效应正向影响企业创新绩效。

鉴于本书关注技术密集型制造企业，以及竞争优势对绩效的作用效果，因此下文将对与该主题相近的企业绩效影响因素代表性研究进行梳理。针对高新技术企业，学者们常关注的影响因素主要为政府政策、所有制、技术效率、科技活动投入、企业规模（张玉臣等，2013）。针对制造业，学者们常关注的影响因素主要为资本结构、企业规模、多元化程度、高管薪酬、股权结构、股票流通（李吕，2017）。针对竞争优势的影响，有的学者将其作为服务创新与绩效关系的桥梁，如卡尔穆克等（Kalmuk et al.，2015）依据理论分析论证了服务创新—竞争优势—绩效的中介作用模型；有的学者侧重于价值分析，如康等（Kang et al.，2020）实证检验了631家共享经济企业，论证了参与价值在竞争优势与企业绩效的关系中为中介变量。

综上，虽然现有研究在服务创新对企业绩效的影响机制方面已有较多成果，但在制造业场景下，实证分析服务创新—竞争优势—绩效传导机制的相关研究还较为匮乏，因此，本书拟重点探究动态环境下技术密集型企业服务创新对竞争优势及绩效的影响机制。

2.6 服务创新、竞争优势、环境动态性与企业绩效等关系研究

2.6.1 服务创新与竞争优势的综述

本书从"制造业服务创新本身及其特性""资源基础理论"及"顾客价值理论"三个视角分别探讨制造企业服务创新影响竞争优势的内在机理。

视角一：基于制造业服务创新本身及其特性的研究。

从概念本身的角度看，服务创新是获得竞争优势的重要源泉。

其一，服务创新有助于获取差异化优势。赫托格等（1998）强调，服务创新是能带来竞争优势的创新行为。同时，作为服务与产品的有机结合，服务创新

71

不仅是实现差异化的重要保障（Kim et al., 2019），也是提升竞争力的有力途径（Horng et al., 2016），还是提高企业生存率的关键驱动力（Witell et al., 2017）。

其二，服务创新有助于获取壁垒优势。制造企业绝大部分增加值都来源于价值链上的知识密集型服务，如研发、营销、设计等（Quinn, 1993）。提供服务不仅助力制造企业提升价值链地位，还可加强客企关系，刺激销售，获取竞争壁垒；此外，升级的制造力推动企业更好地服务创新与市场开拓（Eggert et al., 2015）。因此，服务创新创造了令对手不可逾越的进入屏障（蔺雷等，2007）。

从服务创新的特性角度看，服务创新是制造企业脱颖而出的重要保障。产品的功能、外观等属性较易同质化。代表学者金等（Jin et al., 2019）指出，此困境既源于竞争加剧，又源于产品技术标准化；并提出更实用的差异化方法——通过服务创新将产品与服务集成。从特性上看，产品的功能、外观等属性较易同质化，但是，源自服务的差异可持续（Oliv, Kallenberg, 2003）。其主要原因为服务的特性，如易逝性、异质性、无形性、不易模仿等（Vandermerwe, Rada, 1988）。此外，集成后的方案具有长期性、独特性，服务创新可延长产品生命周期，抵御低成本竞品（童俊，2018）。总之，实施服务创新的制造企业更易创造可持续竞争优势。

视角二：基于资源基础观理论的研究。

资源基础理论将企业视为一系列独特的能力和资源集合（Lu, 2007），制造业服务创新可构成企业核心能力并化作独特的无形资产（李东红，李蕾，2003），这是企业提供差异化服务或产品的基础。若这些异质性能力或资源是稀缺、有价值、难以模仿的，就能激发可持续竞争优势，并加强企业对环境的适应力（Wu, 2010）。企业提高对自身资源的关注度可提高竞争优势和绩效（Hsu, 2013）。

该逻辑在制造业场景中也适用。制造业服务创新可利用已积累的产品制造与客户知识产生资源（Gebauer et al., 2011）；形成溢出效应，降低企业成本，提升差异化优势（Markides, Williamson, 1996）。而且产品与服务创新间的资源和知识溢出有利于提升资源禀赋的复杂性，令对手难以模仿（Reed et al., 1990）。同时，服务创新也可直接创造知识。例如，创新过程中有大量有关如何开发新服务或提升服务质量的程序性知识，这有利于提升未来的创新效果、效率。

此外，由资源基础理论衍生出的动态能力构建了企业新服务的基础（Wu，2006），其对竞争优势具有显著的正向影响。该正向影响得益于其灵活性及整合能力（Teece et al.，1997）。一方面，由于未来不可预测，企业需要保持应对环境变化的灵活性（Sher，Lee，2004）；另一方面，动态能力不但可以整合组织资源，增强应对动态环境的反应（Kuo et al.，2017），而且可将服务与产品有机结合，提高价值及优势（童俊，2018）。

视角三，基于顾客价值理论的研究。

服务创新促进客户满意、客户忠诚，构建良性客企关系，进而提升竞争优势。学者们主张实施服务创新能增加客户忠诚度与满意度（李春龙，倪渊，2017）。从战略角度看，服务创新战略的中心是客户（Baines et al.，2009），战略的结果是提升客户忠诚度与议价能力，增加客企合作（Fang et al.，2008）。从战术角度，服务创新通过客企合作建立良性客企关系，并激发客户忠诚度（赵立龙，2013）。从短期看，该关系能有效增加市场交易量（Anderson et al.，1993），减少交易成本（Markides et al.，1996）、增加客户转换成本（Hopkinson et al.，2000）。从长期看，该关系不但令企业更好地理解客户需求，更有效地切入市场（Andersson et al.，2002），而且带来更有价值的信息和更高层级的合作（Bolton et al.，2007），提升服务质量并刺激复购意愿（Hossain et al.，2018）。从持续性角度看，客户忠诚度可刺激客企合作与知识共享，并提升企业应对动态环境的能力。这有助于提升客户对现有供应商的满意度、认可度，并降低换新供应商的可能性（Bolton，1998）。从制造业场景角度看，此逻辑也适用。制造企业客户对服务改进的需求日益增长，而服务创新正是提高企业可持续竞争力的核心策略（Li et al.，2019）。服务创新有利于制造商对技术趋势和对手的潜在策略迅速作出反应，令制造商流程和技术得到创新，缩短产品开发时间和响应时间，较对手更快地吸引客户，鼓励客户投资客企关系，留存客户（Liu et al.，2018）。因此，服务创新能拉近客企距离，获得关系租金，进而获取竞争优势（Robinson et al.，2002）。

服务创新促进顾客价值，进而提升竞争优势。根据顾客价值理论，服务创新给制造企业客户带来超越对手的感知价值，继而形成竞争优势（Adner，Zemsky，

2006）。顾客价值分为核心层和边缘层，至少一层的感知价值高于对手便形成竞争优势，其中，由客户感知的产品物理功能或绩效特征决定核心层，由其他特征如便利性决定边缘层价值（Afuah，2002）。此逻辑在制造业场景同样适用。感知价值来自制造企业的新服务或产品或原服务或产品的新特性：一方面，优化服务流程、提升服务质量和效率能有效降低客户获取服务产品的成本，提升边缘层价值；另一方面，开发"服务 + 产品"的定制化解决方案则提升核心层收益，两方面均带来竞争优势（Kim，Mauborgne，1997）。此外，从动态环境视角看，针对存量市场，服务创新可整合产业链以创造附加值，提升竞争优势、生存率和成长性（Tsai，Wang，2017）；针对增量市场，服务创新能吸引新客户，扩大服务的差异化竞争优势（Ye，Kankanhalli，2020）。

基于上述分析，本书提出研究假设：

H1：服务创新对竞争优势有正向的影响关系。

2.6.2　竞争优势与企业绩效的综述

竞争优势绩效具有直接的因果关系（Brito et al.，2012）。竞争优势不仅是绩效的前置变量，且能导致不同的绩效结果（Tang，Liou，2010）。

从竞争优势的内涵角度看，企业绩效是竞争优势的必然结果。在战略领域，巴尼（1991）认为竞争优势指的是一种其他企业没能实现的降低成本、利用市场机会和规避竞争威胁的战略达成。科夫（Coff，1999）的研究则最早指出了什么样的竞争优势必然对应于更高的绩效。在能力和资源领域，纽伯特（Newbert，2008）强调竞争优势指企业运用能力与资源获取经济价值（绩效）。在价值领域，陈柔霖（2019）认为竞争优势是在财务指针与市场价值创造上优于对手的态势。在战略领域，马蓝等（2020）强调竞争优势是企业从战略规划与决策实施期间获得的总的绩效指标。

从价值角度看，竞争优势与绩效的关系也得到了学者们的一致认同。有的学者关注整体绩效，主张竞争优势有助于企业提升绩效并助客户创造价值，代表学者为彼得和巴尼（2003）、斯通豪斯和斯诺登（Stonehouse，Snowdon，2014）。

有的学者聚焦于财务绩效,认为竞争优势能基于企业价值能力适当性刺激盈利(Crook et al.,2008)。还有的学者侧重于战略绩效,指出差异化竞争优势增加了产品附加值,不但提升了产品性能,还加强了业务的可持续性,继而提高战略绩效(Do,Nguyen,2020)。

从市场角度看,竞争优势对绩效的正向作用也得到了充分的论证。一方面,企业在价格领先、产品投放、促销部署、分销渠道改善等方面增强了市场竞争优势,进而提升绩效(Naidoo,2010)。另一方面,具备竞争优势的企业可选择与对手持平价格,获得客户的青睐,扩大市场份额(Chatain,2011)。学者们已从多个维度探究竞争优势与绩效的关系,有的侧重于持续性,主张当市场竞争优势持续,企业绩效更佳(Kumar et al.,2011);有的关注前置条件,强调企业市场导向可通过营销创新与竞争优势的双中介效应实现绩效的提升(Na et al.,2019);有的聚焦于优势的具体维度,认为成本领先优势提升市场份额、客户满意度和复购率,继而促进战略绩效(Do et al.,2020)。

从战略的角度看,在战略与企业绩效的关系中,竞争优势发挥了中介变量的作用。战略管理文献认为,战略的差异导致了绩效的差异,持续的优异绩效来源于持续的竞争优势;此外,企业的经营活动能产生经济价值,若其所处产业中仅有极少数企业能以相同手法获取该经济价值,则这些企业拥有竞争优势(Barney,1991)。因此可以看出,获利能力的差异是解释竞争优势的重要信号,事实上获利能力是竞争优势的最终体现方式,如果不能获取超额利润,竞争优势就不具实践意义。在管理战略领域,当下研究热点为确定企业的运营特征和资源是否与提振绩效的竞争优势相关(Won et al.,2016)。许多探究战略与绩效关系的研究表明,采用差异化或成本领先战略的企业可获得竞争优势并提升现金流或利润等绩效,代表学者为纽伯特(Newbert,2008)、那等(Na et al.,2019)。从动态性视角看,当企业将技术与社会等因素战略匹配,竞争优势对绩效的正向作用也获得学者的实证验证(Haseeb et al.,2019)。

制造业场景下,竞争优势对绩效的正向效果也得到了验证。代表研究包括:王铁男等(2014)基于资源基础观理论,实证研究制造、通信等多个行业发现,竞争优势可提高企业绩效，且资源通过竞争优势的中介作用影响绩效；普拉卡什（Prakash，2014）实证研究了制造业内部的供应链，论证了竞争优势与组织绩效的正相关关系；那等（Na et al.，2019）采用结构方程实证分析400家共享经济制造企业，证明了竞争优势与企业绩效为正相关关系。

基于上述分析，本书提出研究假设：

H2：竞争优势对企业绩效有正向的影响作用。

2.6.3　服务创新与企业绩效的综述

从中外学者的共识看，企业绩效是服务创新的必然结果。有的学者从战术角度出发，论证了服务创新与企业绩效为正相关关系（McDermott，PraJogo，2012），或制造业服务创新对企业绩效有正向作用，代表学者为周杰等（2017）、刘畅等（2019）；也有的学者侧重于战略角度，证明制造业服务创新战略利于绩效的提升，代表学者为金斯特伦等（Kindstrm et al.，2014）、维尔茨等（Wirtz et al.，2016）、王绒（2018）；还有的学者将服务创新与未服务创新的企业横向对比，论证了实施服务创新的企业盈利能力更强，代表学者为海丝特莉等（Hesterly et al.，2010）、克罗泽等（Crozet et al.，2017）。

从价值角度看，服务创新与绩效的关系也得到了学者们的一致认同。首先，产品附加价值主要来源于设计和销售等服务创新与增值环节（童俊，2018）。其次，服务创新为制造企业客户创造价值，进而助制造商增长（Kastalli et al.，2013）。最后，服务创新也可协同制造和服务之间的共享活动来创造价值，并提升制造商的营收（Zhou et al.，2018）。

从竞争的角度看，在服务创新对企业绩效的正相关关系中，竞争优势起到了桥梁的作用。服务创新增强了产品特色与价值，构建差异化优势，提振绩效，此观点代表学者为肖挺（2018）、王晓萍等（2019）。在此基础上，服务创新借助服务和商品的组合强化了壁垒优势，产生并保持更高的利润（Kharlamov et al.，2020）。此外，服务创新也加强了应对动态环境的能力优势，为产业链创造价值，继而提升企业效益（Tajeddini et al.，2020）。

从市场角度看，服务创新对绩效的正向作用也得到了充分的论证。首先，服务质量在服务创新与企业绩效的关系中存在正向中介作用（鲁琨，高强，2009）。其次，服务创新通过个性化、多元化的服务产品，获得市场份额和利润增值（Berry et al.，2006）。最后，服务创新让制造商更好地与客户互动并了解其偏好，继而开发出更具价值的产品，最终提升营收，该观点的代表学者为海丝特莉和巴尼等（2010）、科塔马基等（Kohtamäki et al.，2018）。

在中国制造业场景，服务创新对绩效的正向作用也得到了验证。有的学者侧重于对交易成本及生产率的直接作用效果，通过回归分析中国制造业 17 个细分行业发现，制造业服务创新可降低交易成本和提升生产率，并扩大出口规模（钱学峰，2020）；有的学者聚焦于成本的中介效应，强调制造业服务创新具有成本效应，主要通过降低要素投入成本、生产成本和交易成本提升利润空间，此观点代表研究为许和连等（2017）、罗军（2018）；有的学者聚焦于创新，实证分析中国制造企业后指出，制造业服务创新可促进创新效率与生产能力，并刺激出口（龙飞扬等，2019）；还有的学者从合作的视角出发，实证分析长江三角洲经济圈 220 家制造企业发现，制造业服务创新通过跨组织资源合作的中介效应正向影响绩效（胡查平等，2019）。

基于上述分析，本书提出研究假设：

H3：服务创新对企业绩效有正向的影响作用。

H4：竞争优势在服务创新与企业绩效之间起到中介作用。

2.6.4 环境动态性的调节效应综述

许多学者强调环境动态性是可以影响企业战略制定的一个关键权变因子（Eisenhardt et al.，2000）。本书分技术、市场、竞争等三个角度论证环境动态性在服务创新与企业绩效的关系中的调节作用。

面对技术动态环境，通过服务创新提振绩效的需求更紧迫。从实践角度看，环境动态性有利于企业理解和实施技术导向型战略，来更好地适应环境的不确定性（黎朝红等，2020）。从理论角度看，诸多关于开放式创新的实证研究指出，企业与环境的互动关系是影响绩效提升的关键；而面对快速变化的技术，企业需通过持续创新以适应环境的变化（彭云峰等，2019）。从实施角度看，服务创新是必然选择。首先，在不确定环境中，企业将为生存与发展增加研发力度，并持续进行技术变革（Yang et al.，2018）。技术变革主要特征为产品换代加快与流程创新，不创新的企业必然落后。其次，制造业服务转型本质是基于商业模式的不易复制的创新（Kastalli et al.，2013）。因此，制造企业有较大的动力借服务创新应对技术变革。最后，服务创新通过服务延长产品的生命周期，有效解决产品迭代快的难题，保障客企关系的黏性，借助服务业务增厚利润。

面对市场动态环境，创新是及时应对外部变化的重要手段。动态市场中，用户消费偏好与潜在需求剧变，及时、准确地获得客户需求信息十分困难，企业原有的市场经验快速贬值（Yang et al.，2018）。这打破了传统产业边界，催生了大量创新企业和创新模式（Chakrabarthy，1997）。此时，创新可帮助企业克服路径依赖（彭云峰等，2019）；还能构建良好的客企互动机制，不断调整服务和产品，快速满足客户需求，维持竞争优势，提升绩效（Calantone et al.，2003）。同时，在动态市场中，企业的危机意识将进一步转化为创新能力，加速服务与产品的研发周期，不断提升市场绩效（黄蒨丹，2020）。而服务创新有助于将外部市场趋势与企业能力匹配，更快更好地满足客户要求，践行可持续创新（Chen et al.，2016）。

面对竞争激烈的环境，制造业服务创新有利于实施多元化的经营策略，提升客户忠诚度、满意度，进而促进绩效提高。

从正面角度看，正向调节作用成立。在竞争激烈的环境中，企业的业务投放窗口期短暂，企业必须选取积极竞争策略（Wu et al.，2012）。而多元化战略是在高竞争、低利润率的行业中，企业提升经营绩效的唯一举措（Christensen et al.，1981）。对于制造企业而言，服务创新是实现"服务＋产品"的重要多元化经营策略（肖挺等，2014）。此外，服务业务自身属性便是难以复制的独特的无形资源，有助于企业输出更高感知价值的服务产品体验。因此，高竞争强度环境中，制造企业通过服务创新提升绩效的动力更强（Gebauer，2008）。

从反面角度看，正向调节作用也成立。行业竞争不激烈，通常行业集中度高，这或者源于行业进入门槛较高，或者源于市场机会未被其他对手充分发掘。同时，企业占据较大的市场份额，本身就拥有较大的竞争优势，现有产品较容易满足客户需求，或者客户选择范围有限，通常不须为抢夺客户群而进行创新（彭云峰等，2019）。因此，市场竞争强度越低，企业越缺乏动力通过服务创新提振绩效。

基于上述分析，本书提出研究假设：

H5：环境动态性在服务创新与企业绩效的关系中存在正向的调节影响作用。

2.7 本章小结

本章对历史文献进行了系统性的综述，具体如下。

第一，阐明制造业的概念及其分类。

界定了制造业的概念，梳理了制造业的主要分类法。本书侧重于探究技术密集型制造业企业的服务创新及其作用，因此，采用基于资源密集度的分类法较为合适。

第二，梳理制造业服务创新的相关理论。

首先，界定了服务创新的概念。其次，整理了服务创新的维度，并将本书服务创新的维度划分为服务流程创新、交互关系创新、服务传递创新、服务概念创新。最后，分析了服务创新和制造业服务创新的相关理论。

第三，梳理竞争优势的相关理论。

首先，界定了竞争优势的概念。其次，整理了竞争优势的维度，并将本书竞争优势的维度划分为差异化优势、成本领先优势。最后，分析了竞争优势的相关理论。

第四，梳理环境动态性的相关理论。

首先，界定了环境动态性的概念。其次，整理了环境动态性的维度，并将本书环境动态性的维度划分为市场动态性、技术动态性、政策法律动态性。最后，分析了环境动态性的相关理论。

第五，梳理企业绩效的相关理论。

首先，界定了企业绩效的概念。其次，整理了企业绩效的维度。最后，分析了企业绩效的相关理论。

第六，论述服务创新、竞争优势、环境动态性与企业绩效等四者的关系。

依次整理了服务创新与竞争优势的综述，竞争优势与企业绩效的综述，服务创新与企业绩效的综述，以及环境动态性的调节效应综述。

综上所述，本章系统性地梳理了服务创新、竞争优势、环境动态性与企业绩效等四者的概念、维度及相关理论，并剖析了服务创新、竞争优势、环境动态性与企业绩效等四者的关系，这为后续的研究设计与数据建模奠定了理论基础。

③ 中外制造业差异对比分析

工业革命之后，在各国优势与产业因素变化的影响下，全球制造业中心已出现四次大转移。最早的全球制造业中心诞生于 18 世纪后半期的英国。受益于第一次科技革命与产业革命，英国作为科技中心和世界工厂的地位一直保持到 19 世纪后期。此后，德国经历了哲学革命与科学革命，并用了 40 年时间在各个产业层面全面超越英国，实现工业化，完成了全球制造中心的第一次转移。第二次科技革命之后，美国的强势崛起取代了英国和德国等老牌制造强国，成为了 19 世纪末和 20 世纪初工业技术的领军者。第二次世界大战后，美国的综合实力进一步增强，确立了全球经济的霸主地位，成为了全球制造业中心，进而实现了制造业中心的第二次转移。之后，日本的工业发展掀起了高潮，通过优化企业管理与不断创新，实现了结构升级、产业转型和经济腾飞，迅速崛起为世界第二大经济体，并于 20 世纪 80 年代取代美国，正式成为全球制造业中心。自 20 世纪 90 年代起，日本在全球的地位逐渐下降，全球制造业中心开始进入第四次转移。在中国及东南亚新兴经济体的吸引之下，发达国家渐渐将劳动密集型与资本密集型制造业转移至中国及东南亚新兴经济体。逐步形成了在美国、日本制造业衰退后，全球制造业中心向中国及东南亚新兴经济体转移的格局。下文针对上述全球制造业中心进行对比分析。

3.1 英国、美国、德国、日本四国的制造业转型战略

依据万勇、黄健（2020）的总结，英国、美国、德国、日本四国的制造业转型战略分别如下。

英国自 2008 年起推行"高价值制造"战略，鼓励与支持英国企业生产更多的高附加值产品，进而令高价值制造成为英国经济增长的主要动能。其中一项主要扶持措施为投资与建设高价值制造技术及创新中心。此外，《英国工业 2050 战略》是英国制造业可持续发展的一项长期战略，其通过分析面临的客观问题与挑战，提出了促进英国制造业复苏与发展的政策举措。2017 年，英国政府再发布新版工业战略，其中一项重点举措是成立"工业战略挑战基金"，支持以先进制造业为代表的前沿方向发展，继而发挥英国科技创新优势。

美国于 2010 年出台的《美国制造业振兴法案》成为联邦政府实施"再工业化"的核心内容。此外，《先进制造业国家战略计划》《先进制造业美国领导力战略》则从国家战略层面明确了美国先进制造业的发展目标、重点领域及政策举措。在其指引下，美国联邦政府通过设立美国先进制造国家计划办公室，协调能源部先进制造办公室、国防部海陆空军研究办公室、商务部国家标准与技术研究院等机构资助先进制造活动；同时，联邦政府还通过协调活动的载体"国家制造业创新网络"来推动产学研合作，继而形成了覆盖全美国的先进制造创新生态系统。

德国"工业 4.0"则是《德国 2020 高技术战略》的重点未来项目之一，其旨在提高制造业的智能化程度，构建具有资源效率高、适应性强及基因工程学特征的智能化工厂。2019 年 11 月，德国联邦经济事务和能源部正式颁布《国家工业战略 2030》，致力于有针对性地支持重点工业领域，提升工业产值，进而保障德国工业的竞争优势。

日本政府近年来，同样十分重视制造业对国家综合竞争力的关键助推作用。2013 年，日本内阁颁布了《日本再兴战略》，旨在响应后危机时代西方发达国家提出的"再工业化"的号召。此外，《第五期科学技术基本计划（2016—2020）》提出了"超智能社会"，2017 年至 2019 年连续三年发布的《制造业白皮书》也明确了制造业向超智能社会转型的路径。

3.2　英国、美国、德国、日本四国的战略制定背景

3.2.1　英国制造业战略制定的背景

英国于 2008 年起推出了"高价值制造"战略，鼓励英国制造企业能产出更多世界级的高附加值产品与服务，继而增强制造业在促进国民经济增长之中的作用。2010 年，英国政府正式实施弹射项目。2011 年 10 月，英国技术战略委员会牵头建设以高价值制造弹射中心为代表的弹射项目，以创新为重心，主要关注的领域包括加工技术、成型、工业生物技术、印刷电子、复合材料、集成制造、核制造、结构建模与表征等。截至 2020 年 7 月，英国建设了 11 家弹射中心（除高价值制造以外，其他 10 家分别为交通系统、近海可再生能源、未来城市、卫星应用、细胞与基因疗法、数字化、精准医疗、医药研发、能源系统和复合半导体应用），英国政府在弹射中心起步阶段的五年内总共投入 2 亿英镑。截至 2020 年 7 月，英国已建成了 7 家高价值制造弹射中心的分中心。其中，过程创新中心的运营模式和其他分中心有所区别，在牛顿艾克利夫、格拉斯哥、达令敦、威尔顿、塞奇菲尔德等地设有国家生物制品制造中心、国家工业生物技术设施、石墨烯应用中心、国家配方中心、国家印刷电子中心和国家医疗光子学中心等机构。

3.2.2　美国制造业战略制定的背景

美国实施工业化之后，制造业成为了美国经济的支柱，不仅带动了经济发展，而且促进了创新。美国具备全球遥遥领先的科技创新能力，建立了较完善、较全面的区域创新系统。美国的硅谷和 128 号公路高新技术园区都是美国传统区域创新系统的代表，成为了世界各国竞相学习与效仿的典范。但是，自 20 世纪 80 年代起，美国制造业逐渐空心化，以资本市场为重心的虚拟经济渐渐占据了主导地位，实体经济持续萎缩。制造业衰退的一个重要原因是美国一贯采用的"国内研发，国外制造"模式。2011 年，在美国 19 个主要制造行业中，高达

11 个行业的产值低于 2000 年的水平。同期，美国接近六分之一的制造企业"停摆"，制造业相关就业岗位大幅减少。这导致美国在全球高技术产品的出口占比大幅下降。同时，该模式也导致了美国传统创新优势进一步的削弱。由于制造环节的缺失，美国的研发活动缺少了连接基础研究与产业化的中间环节，其研发经费的投入过度集中在研发活动的两端，这导致了以下三个方面的弊端。

第一，制造业空心化导致许多研发部门伴随着制造部门一同离开美国，进而削弱了美国本土的创新。

第二，制造企业外迁强化了技术溢出，极大地提升了竞争对手的创新能力。

第三，制造环节的迁移在较大程度上减缓了从基础研究到产业化的过程，导致许多基础研究成果难以在短期内实现有效转化。

在经历了 2008 年的金融危机后，美国深刻意识到制造业空心化所带来的危害，先后制定并颁布了《重振美国制造业框架》与《美国制造业促进法案》，并启动了"先进制造伙伴计划"和"先进制造业国家战略计划"。其目标都在于振兴制造业，为下一场制造业革命能发生在美国而努力。自 2012 年开始，美国大力推行的国家制造业创新网络（NNMI）计划是驱动制造业创新发展的又一项重要举措。其主要目标是填补现有美国创新体系的空白，尤其是填补研发及技术创新应用于美国产品之间的鸿沟，继而将基础研究与产业化更紧密地衔接起来。国家制造业创新网络计划界定了制造业创新研究所的管理机制、运行模式和资金来源等，并将其定位为非营利组织，合作伙伴有研究机构（包括大学和国家实验室），行业企业，政府部门（包括联邦、州及地方政府）和培训组织等，在美国联邦政府提供 5~7 年的资金支持之后自负盈亏。创新网络的概念源于德国"弗劳恩霍夫模式"，但美国国家制造业创新网络侧重于"企业＋学术界（含大学、社区学院）"的模式。美国原本计划从 2012 年开始，10 年内建立 15 家制造业创新研究所。2013 年，时任美国总统奥巴马在国情咨文中，结合最新形势发展，又将其提升至 45 家。截至 2020 年 5 月，美国以行政命令的形式，建成了 15 家研究所，另有 1 家研究所仍处于招募阶段。

3.2.3 德国制造业战略制定的背景

德国制造业有两个主要特点：第一是装备制造业较为发达，第二是高端制造业的水平全球领先。德国生产的电子、汽车、机械产品及化工在全球广受好评。在全球金融危机中，德国凭借其实体经济带领欧洲各国家走出危机，同时令美国、英国等深刻意识到了再工业化的重要性与必要性。但是，后危机时代的德国仍面临不少威胁和挑战。首先，大多数国家进入了高失业与低增长并存的新常态，这使德国制造业发展速度减缓，出口略显疲态，改变了多年来高歌猛进的发展势头。其次，欧美等国家和地区纷纷提出再工业化战略，如美国的"先进制造业国家战略计划"、英国的"强劲、可持续和平衡增长之路"计划、法国的"新工业法国"计划、日本的"日本再兴战略"和西班牙的"再工业化援助计划"等。最后，新兴经济体也给德国制造业带来挑战。为抓住机遇、应对全球挑战，德国于 2010 年 7 月颁布了"2020 高技术战略"报告。旨在通过实施创新驱动战略，重点培育及发展若干项重大技术，令德国在应对全球挑战方面走在全球前列。德国的"2020 高技术战略"共包含五大重点领域，即健康和营养、气候和能源、安全、交通及信息通信。此外，德国联邦经济技术部与联邦教研部在 2013 年汉诺威工业博览会中提出了"工业 4.0"概念，并将其纳入"2020 高技术战略"。从此，"工业 4.0"计划成为德国信息通信领域下属的重点项目。"工业 4.0"计划体现了德国制造业的战略路径。在产业创新方面，德国传统的创新模式与美国有较大不同。美国倡导激进式创新，善于率先突破与应用新技术，而德国的创新模式为渐进性创新，善于不断提升产品质量。德国模式与其体制框架、历史传统和国民性密切相关。为保障工人的基本福利待遇，德国严格控制工人的工作条件、工资、裁员数量和社会保险。这一制度令德国企业较难降低生产成本，因此，更为注重产品质量提升、产品工艺创新和员工技能培训。该创新模式让德国同时拥有了信息通信技术和制造技术的双重优势。其一，该创新模式确保了工业生产的持续投入，有效促进了复杂制造工艺的精益管理水平和制造技术的稳步提高，进而形成了全球装备制造业领域的领先优势。其二，该创新模式推动了软件、硬件与解决方案供应商的持续发展，使其在企业管理软件和嵌入式系统方面积累了大量丰富经验。德国"工业4.0"计划的重心是制造技术和信息通信技术的深度整合，继而维持并提高德国现有的工业优势。

3.2.4 日本制造业战略制定的背景

1989年至2019年，日本制造业先后经历了泡沫经济的破灭、亚洲金融危机、IT泡沫的破灭、次贷金融危机、欧洲债务危机与自然灾害等困难。日本制造业占GDP的比例从1989年的26.5%下降至2009年19.1%的历史最低点，2017年恢复至20.7%。此后，基本保持在20%左右。零部件制造充分发挥了技术力与品质力，该项优势一直以来支撑着日本国民经济。面对激烈的国际竞争，即便是在成品市场份额大幅度下降的产品类别之中，构成成品的零部件依旧维持着比较高的市场份额。从日本企业的市场规模及全球份额中不难看出，电子产业最终制成品的份额和销售额都在下降，而汽车及零部件的份额和销售额都在上升。2016年，份额超过60%的产业共有270个，在总体中占比30.2%，其中，212个为零部件。以汽车零部件为例，在2017年全球汽车零部件配套供应商百强排行榜中，日本企业数量最多，达到28家，占比28%。同时，日本的汽车零部件企业营收额全球最高，达到2206.7亿美元，占比28%。

1989年至2019年，日本制造业的战略布局先后分为四个阶段。第一阶段为20世纪90年代后半期，产业空心化的忧虑期。当时日本侧重于通过加工贸易获取外汇。由于向东南亚各国转移生产设备的现象不断增加，日本社会渐渐忧虑国内工业的空心化。第二阶段是21世纪初，国际产业分工理论盛行期。日本对新兴经济体的投资变得活跃，从战略层面鼓励生产工序国际分工，国内则保留骨干部件的生产。第三阶段是21世纪10年代，零部件立国理论盛行期。随着液晶、半导体的全球市场份额下降，日本开始聚焦于"高端零部件"。第四阶段为当前，日本以灾害为契机，渐渐发现了生产过度集中的弊端。在新兴国家人工成本上升的背景下，寻找涵盖日本本土在内的下一个适合的发展区域。

不仅如此，日本通过政策为转型升级保驾护航。2015年6月，日本推行《日本复兴战略 2015》，首次将"第四次工业革命"界定为引起经济社会变革的根本动力，并制订了相应政策。2016 年 4 月，发布了《第四次工业革命先导战略》，旨在从国家创新计划的战略层面，通过"第四次工业革命"，积极推动社会和经济的变革。2016 年 6 月，日本基于应对"第四次工业革命"的角度，再次对战略进行了大幅调整，正式发布《日本复兴战略 2016》。2017 年 6 月，日本内阁会议提出了"未来投资战略 2017"，高度地肯定了"第四次工业革命"的潜在经济价值与历史地位，并强调包括大数据、物联网、机器人、共享经济、人工智能等新概念在内的"第四次工业革命"，这是打破日本经济发展停滞的困局、实现中长期经济良性增长的关键所在。日本的"第四次工业革命"主要以四大新兴科技作为载体，即大数据、物联网、机器人、人工智能，通过综合利用或有序整合上述四大创新科技，提升现有生产力的效率与质量，创造更具竞争力和附加值的服务及产品等。之后，在《制造业白皮书（2018）》中，日本经济产业省再次调整了工业价值链计划为日本战略的提法，明确表明"互联工业"是日本制造业的未来。在此背景下，日本制造企业选择主动转型至高技术门槛的商用型市场，寻求商业形态的新转变。

3.3 英国、美国、德国、日本的创新转型战略成果

3.3.1 英国制造业创新转型战略成果

在实施弹射项目之前，英国不少地区已建立起一些技术创新中心。但是，这些技术创新中心缺乏明确的发展目标，也未能有效推动科技成果产业化。待弹射项目启动后，围绕着有巨大市场潜力且英国具有一定优势的领域，英国陆续新建或改造了涵盖高价值制造在内的 11 家弹射中心。截至 2020 年 7 月，英国建成了 7 个高价值制造弹射中心，具备多个制造领域的规模化和技术创新能力。通过实施该计划，英国制造业在研究、开发、设计、市场、品牌、物流及服务等方面都有不同程度的提升，同时，装配和生产等产业链低端环节则呈现出下降趋势。高价值制造弹射中心发布的 2018 年至 2019 年年报显示，弹射中心已经有机嵌入了

英国价值创造的过程，并积极应对着制造业挑战，如电池创新与电气化、低成本复合材料、减少碳足迹等，已成为英国制造产业地位提升的重要动力。2018年至2019年合作研发与商业收入的总额达到了2.06亿英镑，较2017年至2018年增长15.1%。评估表明，高价值制造弹射中心有效地提升了英国制造业战略领导地位，其作为超过130个贸易与工业集团的重要成员或主要支持者，拥有近5000个工业客户，对英国制造业未来发展的洞悉让其在制造业发展进程中稳占一席之地。

3.3.2 美国制造业创新转型战略成果

美国国家制造业创新网络的创建与运行已初见成效。国家制造业创新网络对美国制造业创新升级起到了以下三个方面的作用。第一，国家制造业创新网络有效衔接了从基础研究到产业化、商业化的中间环节。创新链上游的研究主要由大学与科研院开展；创新链下游的商业化主要由企业实现。而上下游两个阶段间仍需要开展大量的创新活动以进行有效衔接，这就是国家制造业创新网络主要的作用环节。第二，国家制造业创新网络完善了原有的区域创新系统与体系。制造业创新研究院能提供大量的培训和技术支持，提供基础设施和设备，帮助公司长足发展；通过在各团队交叉任职，培养相关领域的高端人才；通过交叉领域促进多学科背景专家组的组建。第三，促进了创新成果的转化和知识的扩散。国家制造业创新网络将不同类型的创新个体有机联系，促进了异质性知识的扩散和传播，能极大地提高创新效率。同时，将产学研各方面专家紧密联系在一起，加速科技成果转化的效率。此外，美国国防部、商务部和能源部联合委托德勤会计师事务所对"制造业美国"的实施效果进行第三方评估。在经历了半年评估后，德勤于2017年1月发布评估报告，指出制造业创新网络已开始发挥作用，正激励着美国研发创新。该报告显示，"制造业美国"的方案设计及主要举措合理、有效，并已获得阶段性成效，主要体现在以下四方面：项目设计符合美国实际需求；促进了技术创新和商业化；构建了先进制造生态系统的可持续性；推动了制造业人力资源开发。为进一步优化该网络，提升实施绩效，报告还提出了七项改进建议，主要包括为可持续发展和长期增长制定战略、持续关注美国国家战略层面的重大事项、尽量采用现有计划发展劳动力和其他资源等。2019 年 9 月，美国国家制造业创新网络发布的年报表明，各研究所的成员数量都不断增长，并持续开展制造技术转移转让、技术开发、教育与劳动力培训，在提升美国制造业综合竞争力方面，该项目取得了显著的成效。

3.3.3 德国制造业创新转型战略成果

德国目前许多研究机构和企业已开始实施"工业 4.0"战略。弗劳恩霍夫协会向其下属的多个研究所引入了"工业 4.0"概念，博世集团（Robert Bosch GmbH）将"工业 4.0"运用于生产系统的控制，戴姆勒股份公司（Daimler AG）将"工业 4.0"运用于新型卡车的研发。这些应用都产生了较好的效果。"工业 4.0"计划在德国制造业创新中发挥了以下四方面的作用。第一，明确了德国技术创新的领域和方向，提高了渐进式创新模式中对激进式创新的包容度。德国重点支持的领域包括纳米技术、纳米电子、生物技术、光学技术、微电子、生产技术、材料技术、服务研究、信息与通信技术和空间技术。德国希望在以上领域始终保持全球领先。第二，继续发挥渐进式创新模式的优势，巩固并提升原有的制造业优势地位。在原有的信息通信技术和制造双重优势下，不断完善，精益求精，并将两者进行有机融合，结合二者技术优势，实现制造业更高水平、更高层次的创新，通过创新及推广新技术来获取技术革命的成果，让德国在生产方式与商业模式创新方面都保持全球领先。第三，完善区域创新系统。针对智能化生产的需求，"工业 4.0"计划囊括了许多完善创新体系的举措，如建立信息安全保障机制，建立工业宽带基础设施，注重培训与持续的职业发展，创新工作的组织及设计方式，提升资源利用效率，健全规章制度等。第四，促进创新成果转化。"工业 4.0"计划由政府及各类产学研机构联合制定，注重跨地域、跨学科的相互合作，因此，能加速创新成果向市场与终端用户有效转化。相应地，德国也颁布了一系列政策措施加速成果转化，包括升级校园资助，推动学术成果商品化，支持中小企业和科研机构申请专利，创新联盟和实施"领先集群竞争"等行之有效的政策。

3.3.4 日本制造业创新转型战略成果

日本的创新转型战略成果，可概括为三条：第一是控制上游，主要是控制先进制造设备和先进材料；第二是占据中游，尤其侧重于研发核心零部件；第三是放弃下游，换言之，尽量少涉及终端产品，因为中国、韩国乃至东南亚部分国家都已经具备一定优势，日本若再参与竞争，价值和意义微乎其微。例如，半导体产业是影响世界未来格局的核心基础产业之一，针对半导体产业中的 19 种关键材料，仅日本就拥有其中 14 种材料，且日本这 14 种材料的产能占了全球 50% 以上。其中，日本控制了光刻胶、氟化聚酰亚胺、高纯度氟化氢这三种关键材料的全球 70%~90% 的份额。除了材料方面，日本在精密仪器的研发生产方面也较为领先。2018 年，全球前 15 大半导体设备企业中，日本独占了 7 家。在半导体生产设备的市场份额中，日本占约 30%。从每种设备的份额来看，日本拥有十种占全球 50% 以上份额的市场垄断性设备。

3.4 英国、美国、德国、日本四国差异比较分析

3.4.1 国际形势与中国形势概况

现阶段，中国制造业发展进入了多重情境叠加的"历史关口"，既有逆全球化思潮涌动和新一轮科技革命蓄势待发的全球新现象，又有中国特色社会主义步入新时代的新情境，还有产业发展日益智能化、高端化的演化新趋势，前一时期支撑着制造业快速发展的关键性、战略性外部环境已经发生了深刻变化，制造业高质量发展面临着新的时代形势。

从国际形势来看，自 2008 年世界金融危机爆发之后，全球经济增长乏力，发达国家率先启动了大规模的经济结构性调整，陆续实施"再工业化"战略，抢占全球产业竞争的制高点，高端制造领域向欧美发达国家"逆转移"态势逐渐显现。同时，中低收入国家正加速追赶，依靠劳动力、资源等比较优势，以更低的成本承接劳动密集型制造业转移，和中国进行同质化竞争。中国制造业面临着发达国家"高端回流"及发展中国家"中低端分流"双向挤压带来的严峻挑战。近

年来，随着全球经济增长乏力，中国的外部需求减弱，对中国制造业出口产生一定影响。不仅如此，贸易保护主义浪潮抬头，2018年以来中美贸易摩擦不断升级，国际形势复杂多变，出口型企业在国际贸易中面临着更大规模的反倾销、反补贴及技术、环境等贸易壁垒的限制，依靠引进、消化、吸收、再创新的传统模式较难实现技术突破。2020年全球新型冠状病毒肺炎疫情持续蔓延，经济政策具有较大的不确定性，部分国家民粹主义加剧了地缘政治风险，全球金融市场持续震荡，全球经济跨入了一个不确定性全面上升的时代，这阻滞了国际市场的"外循环"。上述国际形势对外贸制造企业产生了重大影响。由于大多数制造企业出口产品的附加值较低，若进一步加大关税征收力度，将极大地压缩企业的利润空间。此外，贸易摩擦导致的边际成本上升，抑制了产品出口，还可能导致高新技术产业转移或外流，破坏制造产业生态。更令人担忧的是，由于部分领域关键部件的进口依赖度高，一旦相关国家限制核心技术输出，将使技术引进创新发展的路径受阻，并影响制造企业正常的生产与运营。

从国内形势来看，中国社会经济的"质态"已经发生重大变化，对发展的质量要求也逐渐提高。近年来，加快转变经济发展方式促进了新一轮科技革命与产业变革，以《中国制造2025》为例，其涉及的十大关键领域与制造领域高度重合，同时，制造业肩负着为国民经济各行各业提供技术装备的重任，具有不可替代的战略地位，提高制造业发展质量是实现国民经济高质量发展的必经之路。

从行业形势来看，人口红利渐渐消失，成本快速攀升，传统优势趋弱；中低端产能过剩，高端供给不足，结构性矛盾日益突出。现阶段国民经济的潜在增长率处于下降之势，制造业超高速增长的时代已宣告结束，过度依赖投资拉动及规模扩张的传统粗放式发展模式难以为继。近年来，中国劳动力人口总量不断下降，企业的用工成本显著提高，但是，土地、物流等方面的成本却快速增长，制造业原有的传统比较优势趋弱。尽管制造业的发展获得了国家与地方的大力支持，但这也刺激了部分区域重复投资行为的出现，进而造成了核心竞争力缺失，中低端产品产能过剩，高端领域却供给不足，结构性矛盾突出。

从技术形势来看，新一轮科技革命正在兴起，信息技术和制造业技术的有机融合及新业态新模式的出现为中国走新型工业化道路创造了历史性的机遇。特别是以互联网为代表的新一代信息技术与制造深度融合，将带来生产制造模式、组织管理形式和产业形态的系统性整体变革，大数据、3D 打印、虚拟技术等将引起制造领域的巨大变革，智能化、高端化、服务化和绿色化成为制造业发展新趋势。

由此可以看出，在新形势下制造企业向"高质量发展"具有必要性和紧迫性。

3.4.2　日本与德国的差异对比

虽然日本与德国都是第二次世界大战的战败国，但日本在随后的制造业转型中却逐渐落后于德国。因此，本书借鉴丁扬阳、郑健壮（2016）的研究，对日德两国转型成果差异的原因进行了对比分析，并探讨了这对中国制造业转型的启示。

3.4.2.1　日本制造业停滞的成因分析

1990 年以来，日本经济发展停滞的其中一个突出表现是日本制造业的国际竞争力下降。在此期间，日本制造业产值增速呈现出明显的停滞现象。其中，代表性表现为曾经以"电子立国"出名的半导体产业的衰退，以及曾经因技术实力强大而享誉全球的著名家电企业的衰败。

许多学者将日本制造业的衰退原因简单地归咎于"广场协议"，及其造成的日元升值和出口竞争力下降。但是，从 20 世纪 70 年代开始，日本也曾经历过多次大幅度的日元升值，却仍能保持较高的增长速度，为什么签订广场协议之后国民经济却一蹶不振？之所以形成 20 多年的停滞发展，可归纳为以下三个主要方面的原因。

第一，日本政府错误的宏观调控政策。

1985 年，面对日元突如其来的大幅度升值，日本政府在货币利率与外汇储备上实施了许多错误的调控政策。一方面，是基于对升值后果的过度悲观误判而采取的大幅度降息行为。例如，一年期存款利率由 1985 年的 3.5% 急剧下调至 1987 年的 1.76%。此举叠加上持续的外贸盈余后，大大增加了货币的投放，并刺激了投机行为。当时，日经指数每年以 30%、日本地价每年以 15% 的幅度增长，而同期名义 GDP 的年增幅仅为 5%。持续宽松的货币政策催生虚拟经济热潮，虚拟经济的收益率远远高于实体经济，民间资本从实体经济流出，并进入炒股、炒楼、收购海外资产的狂热之中。实体经济部门缺乏足够的资金推进必要的产业升级与新兴产业的研发投入，实体经济的发展潜力遭到了严重破坏。尽管日本制造业 20 世纪 70 年代赶上了美国，并于 20 世纪 80 年代几乎垄断了家用电子产品的所有创新，然而 20 世纪 80 年代后期开始明显减少对新兴产业的研发投入和对新生产设备的投资。从 20 世纪 90 年开始，与德国、美国相比，日本制造业的生产设备平均年龄呈现出明显的老化，日本企业没有足够的资金投入置换生产效率高的新设备，这导致了制造业整体生产效率低迷。在意识到资产投机导致的泡沫问题后，日本央行于 1990 年大幅度提高利率，但是，此时资产泡沫已经很大，利率的急剧上升加剧了泡沫的迅速破裂，股市、楼市崩盘，全社会的负债率激增，再度引发了制造业的融资渠道受阻，制造业陷入停滞发展的泥潭。另一方面，是为遏制日元升值进行了大规模的外汇市场干预，进而造成了日本外汇储备的迅速增加。1991—2004 年，为了遏制日元升值，日本政府通过抛售日元买入美元，大规模地干预外汇市场，这造成了日本外汇储备的快速增加。日本大量的外汇储备主要用于购买美国国债。2004 年之后，日本政府逐渐意识到巨额的外汇储备并不利于本土实体经济发展，却帮助了美国实体经济投资发展，这进一步拉开了两国差距。相反，在 20 世纪 90 年代"冷战"结束后，美国联邦政府加大了对实体经济的干预力度，积极推动产业结构的调整，增加政府研发投入，重振美国制造业的国际综合竞争力。以 1995 年为例，美国研发总经费约为 1830.2 亿美元，总额居世界第一。此外，美国 20 世纪 90 年代的设备投资远远超过德国与日本。与日本的经济停滞相比，美国经济从 1991 年 3 月开始持续增长，到 2000 年平均增长率达 4%，通货膨胀率仅仅为 1.9%，且失业率维持在 4% 左右，呈现出"两低一高"的经济繁荣景象。

第二，日本制造业成本上升导致产业空心化。

从 20 世纪 70 年代日元升值开始，日本的制造成本不断攀升，日本企业开始向落后国家与地区进行产业转移，逐渐成为了全球主要的对外投资大国。早期是以杂货和纤维等劳动密集型产业为主，其主要成因在于寻求低工资。广场协议签订后，随着日元大幅度升值，日本企业掀起了新一波的海外迁移浪潮。此次迁移以电子、电机、机械为主要领域。20世纪90年代后半期，由于中国制造的迅速崛起，以中国为中心的亚洲各国技术与工艺水平快速提高，海外迁移对象从劳动密集型行业逐渐向资本密集型行业扩展。不少工厂几乎将生产部门全面转移，日本企业开始呈现出工厂关闭、失业率上升等现象，日本国内内需与投资不足。最终形成了日本国内的产业空心化，并陷入了"升值萧条"的困境。

第三，日本企业经营理念、企业架构和人口结构导致其制造业创新力下降。

缺乏创新动力是造成日本制造业发展停滞的另一个重要原因。一方面，从20世纪90年代开始，美国几乎垄断了以互联网为代表的信息技术领域的创新；另一方面，日本在汽车、轮船、钢铁等传统行业中也缺乏新的经济增长动力，出现了技术创新和产业升级的"断档"现象。究其原因，主要有以下三点。首先，日本制造企业的经营理念是束缚企业创新的重要因素。目前学者们普遍的观点是"产品的货品化陷阱"是束缚日本制造业创新力的重要原因之一。以电子产业为例，其作为日本曾经的强势产业，因产品货品化导致产业发展停滞，而引起产品货品化的主要原因是日本企业的经营理念。日本企业不应该再以"怎么生产"为中心，而是应该重点考虑"生产什么"，并把重心从"生产质优产品"转移至"开发畅销新产品"。其次，日本企业架构和组织安排也是影响日本创新力的重要因素。虽然日本中小企业数量众多，但是其主要为大企业提供配套零部件，一直处于大企业主导的产业链底层，与大企业之间是一种从属和依赖的关系。因此，与其他发达国家相比，日本的中小企业在自主创新方面较为欠缺。同时，在经济低迷时，日本政府的资金投入重点是救济中小企业，而不是支援创新创业。虽然此举稳定了社会秩序，但导致了众多企业无法按照最低限的利率标准给银行支付利息并成为僵尸企业，最终形成了"僵尸经济"。不断增加的"僵尸企业"不仅消耗了大量的社会资金，而且阻碍了产业结构的优化调整，拖累了整个日本制造业，最终导致经济停滞，并落入"僵尸经济陷阱"。最后，人口结构老龄化也严重影响了日本的创新力。众所周知，一方面，日本的人均寿命稳居全世界第一，这导致了人口老龄化。依据国际标准，日本恰好于广场协议签订的 1985 年步入老龄化社会，即 65 岁及以上人口在总人口中占比达到 10%。另一方面，由于日本是单一民族国家，其为了保持民族的"纯洁性"，实行了严格的移民政策，这也加速了老龄化。虽然人口老龄化也有利于中老年产品的需求及相关产品的创新，但 20 世纪 90 年代以来的新技术革命与产业升级换代更需要大量掌握信息技术的年轻人才，因此，人口老龄化会阻碍国家整体的创新能力。相反，美国之所以能够长期保持其科技领先地位，与其开放的移民政策密不可分。

3.4.2.2　德国制造业转型的成功经验

广场协议中同时要求升值的货币并不只是日元，事实上，当时参与广场协议的 G5（英国、美国、日本、德国、法国）中的其他四国货币都对美元升值且幅度相近，为何只有日本陷入了"失落的二十年"呢？同样是以制造业为经济支柱的德国，在广场协议之后几十年，还经历了德国统一等难题，为何仍然能取得经济发展的巨大成功？主要原因分析如下。

第一，德国采用了正确的宏观货币政策。

广场协议后，马克的大幅升值也造成了德国 GDP 增速的连续两年下滑。1985 年，德国央行将存款利率由 4.44% 下调到 3.20% 以刺激经济，同时还提高了存款准备金率以对冲流动性的膨胀；不但利率的降幅低于日本，德国在出口复苏后又数次上调利率，1989 年，更是将存款利率提升至 5.50%。上述政策都反映了德国央行在刺激本土需求的同时，自始至终采取抑通胀的政策，以防止由于刺激经济过度而形成的资产价格泡沫，将资金留存在实体经济部门，支持技术创新和产业升级，使德国的制造业始终处于全球产业链的最高端。另外，德国利用汇率联动机制缓解了出口冲击。在德国的对外贸易中，欧洲各国占据了较大比重，因此，德国对美国的贸易顺差集中度远低于日本。1972 年，欧洲共同体达成了汇率联动机制，各成员国货币间的波动幅度限定在 2.25% 之内，即使马克兑美元汇率发生了巨大变化，仍能够保持与周边国家之间汇率的稳定。正是由于德国对欧洲各国的出口稳步增长，才稀释了马克兑美元升值带来的负面影响。

第二，德国坚定不移地重视制造业的创新和发展。

从 1871 年以来，德国一直重视制造业的创新与发展。与日本制造业"空心化"不同，德国制造业通过技术创新使其产品呈现出专、精、特、高等特征。德国政府积极通过财政补贴直接或间接地支持企业的研发投入，资助一些投资周期长、利润低、风险大的生产行业。2011 年，德国政府率先提出了"工业 4.0"战略，并制定了更为全面、系统的《德国 2020 高技术战略》，旨在实现制造业的智能化，以保持德国制造业的全球领先地位。

第三，德国十分重视中小企业的发展。

首先，优秀的中小企业一直是德国制造业的中流砥柱，它们在全世界范围内都是相应细分市场中的佼佼者，善于对自身产品及流程工艺进行持续的创新，并拥有一批掌握关键技术诀窍的工程师。其次，德国"双元制"职业技能培训机制也为中小企业输送了一大批优秀的技术工人。最后，德国政府还成立了德国工业联盟（Deutscher Werkbund），专门负责实施政府对中小企业的创新支持项目，促进德国特有的应用技术大学和中小企业研发合作，为产学研联动研究提供了重要的公共平台。

第四，移民和难民潮缓解了人口老龄化对德国制造业的冲击。

德国老龄化问题在世界各国中仅次于日本，从 20 世纪 80 年代开始进入老龄化社会，2010 年德国 65 岁以上人口在总人口中占比 19.6%。但是，以下三个方面使其得到缓解。首先，第二次世界大战后，德国反省其纳粹时期的政治迫害，形成了对移民、政治避难者等较为宽松的包容性政策，许多难民涌入德国。其次，自欧盟成立后，欧盟扫除了成员国间劳动力流动的障碍，大量劳动者从周边失业率较高的国家涌入薪酬更高的德国工作。最后，近几年来，非洲局势动荡，大量难民迁入欧盟，许多欧盟国家持不欢迎的态度，德国则采取相对宽松的接纳政策。目前，德国八千多万国民中大约有 1/5 为外来移民，另有约 10% 的外来常住人员，主要来自意大利、波兰、土耳其等国。这些移民和难民预计将填补 2030 年德国劳动力缺口 600 万人中的大部分。

3.4.2.3 对中国制造业的启示

从宏观角度看，首先要注意科学地进行宏观调控，审慎使用短期刺激经济的政策措施，其核心是将资金留存在实体经济部门，避免资产价格泡沫化。2015年后，中国央行已实施数次降息。降息虽然可以降低制造企业融资成本，但是也可能导致产业资本外流到股市、楼市、金融业等投机行业，形成更大的资产泡沫。其原因归结于高通胀下实体经济部门的利润率往往低于虚拟经济，这极易造成实体经济资金的流出冲动。目前，中国的制造业仍处于低端水平，需要有充足的资金保障支持企业的技术创新和产业升级。此外，当前尤其要关注传统"经济梯度开发理论"的失灵问题。传统理论指出，中国幅员辽阔，东西部的经济发展水平差异较大，沿海地区许多传统制造企业会随着竞争优势的消失而渐渐向中西部转移，进而形成"经济梯度开发"。但是，随着经济全球化，东南亚许多国家的生产制造成本远低于中国中西部地区，中国许多沿海地区传统制造企业往往选择迁入诸如越南、印度、柬埔寨等国家。因此，当务之急是制定符合国情、切实可行的实体经济振兴政策，让中国制造业在东部、中部和西部之间真正形成合理的开发梯度，避免产业空心化和产业的大规模转移。另外，在应对人口老龄化和高失业率问题上，一方面要积极推进新型城镇化建设，革新户籍制度，释放农村人口，并鼓励中青年农村外来务工人员进入城市，补充制造业劳动力缺口；另一方面，积极开展职业教育，提升农村外来务工人员的技能水平和受教育程度，加强制造企业科技含量的整体水平。

从微观的角度看，关键在于提升企业的技术创新能力。首先，要扶持中小企业的发展。一方面，通过政府财政对中小企业进行直接或间接的补贴扶持，积极搭建产学研合作平台，鼓励技术创新和技术转移；另一方面，直面"僵尸经济"问题，采取倒逼机制逐步淘汰"僵尸企业"，将存量资本从"僵尸企业"中释放出来，支持新经济的发展。其次，鼓励大企业进行技术革新，通过大企业发展带动中小企业发展，形成新的支柱产业。最后，借鉴德国"双轨制"教育培训体制，重视职业教育，为中国制造业人才输送新鲜血液。

3.4.3 中国与美国的差异对比分析

考虑到中国和美国已成为全球最大的两个经济体，而未来相当一段时间内中美两国将处于半竞争与半合作的新常态时期。因此，本书借鉴盛朝迅（2020）的研究，选取中美两国进行对比分析，之后探讨产生差异的原因，并提出相应的建议。

3.4.3.1 差异对比分析

比较中美两国制造业实力和发展水平，不能只关注当年的产出，也应该对比制造业内部结构、制造业国际分工地位和收益等方面。为了更为系统地反映中美制造业实力和发展水平全貌，本书尽量从较长时间维度和历史演进的视角对中美两国制造业总量规模、内部结构及全球分工地位进行综合比较分析。

第一，总量规模和全球位次的差异性分析。

伴随着中国工业化进程的快速推进，中国制造业的规模体量和影响力都迅速提升，"中国制造"的身影遍布全世界230多个国家和地区，从2010年起中国已成为全球产出第一的制造大国。依据联合国工业大类目录，中国是唯一拥有全部工业门类制造能力的国家，并且在500多种主要工业品中有超过220种产品产量位居全球第一。联合国数据显示，2018年中国工业增加值规模首次突破30万亿元，制造业增加值占全球比重高达28.6%，超过排名第二的美国与排名第三的日本的总和。单从中美比较来看，中国占全球制造业增加值比重从1970年的可忽略不计，上升至2016年位居全球四强之一，2018年更进一步上升至28.6%。美国制造业增加值占全球比重曾于1984年达到29%，随着制造业外迁，到2018年比重仅有16%左右，居全球第二位，仍明显高于第三位的日本及第四位的德国。

第二，产业结构的差异性分析。

经济合作与发展组织与美国《2018科学与工程指标》提出了知识和技术密集型产业的概念，主要包括知识密集型服务业、高技术制造业和中高技术制造业等三大类共计15个行业，为制造业产业结构的比较提供了新的研究视角。从最近二十年的数据比较不难发现，中美在航空航天、半导体、通信、计算机、制药、科学仪器及测量设备等高技术制造领域差距逐渐缩小，美国高技术制造业产值在全球占比从 2005 年的 33.3% 下降至 2016 年的 30.6%，而中国高技术制造业产值在全球占比则从 2005 年的 8.9% 迅速上升至 2016 年的 23.5%。此外，在汽车及零部件、机械设备、电机电器、化学品、交通运输设备等中高技术制造业领域，中国于 2009 年反超美国（2009 年，中国中高技术制造业产值为 4930 亿美元，美国为 4220 亿美元），此后中国中高技术制造业不断快速增长，2016 年产值在全球占比已高达 31.5%，比美国中高技术制造业产值的全球占比高 12.9 个百分点。综合来看，2016 年，中国高技术和中高技术制造业产值在全球占比已高达 28.9%，而美国占比仅为 22.5%。但是，由于中国制造业体量规模大于美国，若从中国制造业的内部结构看，中国高技术产业在制造业中占比仍然偏低，高技术制造业增加值在规模以上工业中的比重仅为 13.9%，而美国该比重超过 30%。从制造业占比的波动看，世界银行的数据显示，中国制造业占 GDP 的比重从 2006 年的 32.5% 逐渐下降至 2016 年的 29.0%，2018 年回升至 29.4%，12 年之间共下降了 2.9%；而美国制造业增加值占 GDP 的比重在 1968 年之前一直稳定在 25% 以上，其同期人均 GDP 高达 2.3 万美元，随后从 1997 年的 16.0% 下降到 2017 年的 11.5%，经过 20 年之久仅下降 4.5%。相较而言，中国制造业占 GDP 比重下降较快，且在该占比开始下降的 2007 年，中国人均 GDP 仅为 2460 美元，经济发展水平远低于美国，这表明中国出现过早、过快的去工业化现象。

第三，国际分工地位与收益的差异性分析。

从国际分工地位与收益角度看，中美两国在制造业增加值率、制造业劳动生产率和制造业乘数效应等三个方面都存在较大差距。美国处于全球制造业第一梯队，是主导全球制造业的创新中心，也是现有全球制造业分工体系的主导者及主要利益获得者；欧盟和日本处于第二梯队，优势主要在高端制造领域；中国则处于第三梯队，仍以中低端制造为主。以装备制造业中的工程机械行业为例，2017 年中国工程机械行业总销量 21.7 万台，跃居全球第一，并占据全球销量的 1/4；但是，中国销售额 183 亿美元，仅为美国销售额 286 亿美元的 2/3。销售额差异主要源于价格差异，中国工程机械销售均价为 8.4 万美元 / 台，与日本、西欧基本一致，略高于印度的 5.1 万美元 / 台，但却远远低于美国的 16.5 万美元 / 台，销价差异体现折射出了议价能力与主导全球价值链分工层次的差异。

3.4.3.2　中国制造业发展存在的问题

改革开放后，中国制造业取得了举世瞩目的成就，但仍然存在不少问题，相较高质量发展要求仍有一定差距，如关键技术瓶颈突出、核心竞争力不足、产品质量有待提升、产品附加值不高等。这些问题是客观存在的，并非由于与美国进行比较才出现，但是，从中美比较的视角来分析上述问题，能让我们更加清晰地评估中国制造业发展与发达国家之间的差距，并明确未来制造业转型升级的方向。

第一，产品质量可提升空间较大、产品附加值偏低。

虽然中国是全球制造业规模最大的国家，主要产品产量长期稳居全球第一，但世界知名品牌数量、产品附加值、产品质量等方面与美国相比仍有较大差距。本书从以下三个方面进行分析。

一是产品质量差距较大。 目前，中国制造产品普遍以高性价比取胜，其基本参数和常规功能能够满足客户的大部分要求，但高附加值、高品质、高复杂性、定制化、个性化的产品供给能力有限，高端品牌培育不足，既不能满足制造业迈向高质量发展的紧迫要求，也不能满足消费升级的需求，甚至出现了两个"万亿元"现象：一方面，在高端芯片、数控机床、人工智能等中国紧缺的高技术领域的关键零部件、研发设备、精密器件和核心芯片高度依赖进口，部分产品对外依赖度高达 90%，仅芯片进口额就已经超过 3000 亿美元，接近 2 万亿元人民币；另一方面，在中国供应充足、量大面广、产能过剩的一般消费品领域却存在大量"海淘"现象。据统计，中国居民境外消费额从 2014 年起已连续 6 年突破万亿元，2019 年更高达 1.4 万亿元。这表明，中国制造的产品不仅在核心技术攻关上需要下功夫，而且在提升品牌档次和产品质量方面也需要加大力度。调研数据显示，中国制造与美国制造、德国制造在质量、档次和产品性能等方面的差距大约只有 5%，但这 5% 的差距却让国外厂商获得了超过 95% 的超额利润，并导致中国制造的产品在附加值方面与发达国家差距巨大。因此，中国制造业升级应注重花硬力气、下苦功夫来弥补这看起来"并不多"的差距，最终实现附加值的攀升和品牌质量的提升。

二是制造业劳动生产率差距较大。虽然过去数十年，美国制造业在国民经济中的占比不断下降，但由于美国高度重视研发投入、持续强化技术创新、大力发展高技术产业，美国制造业劳动生产率大幅提高。美国劳工统计局的数据显示，1987 年以来，美国制造业部门的劳动生产率显著高于农业部门及其他产品部门，其中，耐用品制造业部门的劳动生产率几乎增长了 3 倍，大大增强了美国制造的全球竞争力。尽管中国也高度重视创新在制造业发展中的驱动作用，加强了制造业队伍建设和研发投入，但是，总体仍以劳动密集型及加工组装环节为主的现状导致了中国制造业劳动生产率偏低，在全球产业链分工体系中的竞争力提升空间较大。2017 年，中国制造业劳动生产率仅为 31 069 美元 / 人，美国同期已高达 6 万美元 / 人，接近中国的两倍，而日本同期则为 99 215 美元 / 人，约为中国的 3 倍。从人均工业增加值来看，2017 年，中国人均工业增加值为 3243 美元，而美国、日本、韩国和欧盟则分别为 10 862 美元、10 127 美元、10 694 美元和 9616 美元。从制造业附加值率看，中国制造关键核心技术短板突出、质量水平偏低和低端恶性竞争等问题的存在，以及发达国家在高附加领域对中国遏制和封锁，导致了中国劳动生产率及人均工业增加值较低，制造附加值水平也偏低。如果中国不能打破现有全球分工体系，则存在被全球分工体系中低端产业链"锁定"的风险。

三是龙头企业与品牌数量偏少。世界 500 强企业数是衡量一国企业实力的重要指标。2019 年《财富》世界 500 强企业排名显示，中国有 129 家企业进入世界 500 强，位居世界第一，首次超过美国的 121 家。但从行业分布看，中国上榜企业主要分布在银行保险、采矿、金属冶炼和能源等行业，在高端制造业方面与美国差距较大。其中，在生命健康和食品饮料领域，美国共有 19 家，而中国仅有 2 家制药企业上榜。在信息技术领域，美国共有 15 家，而中国只有 12 家企业上榜，且中国信息技术企业集中于互联网服务和零售，在计算机软件与信息技术服务业则无一家企业上榜，而美国有 IBM、甲骨文股份有限公司和微软共 3 家企业上榜。在前 100 名的信息技术企业中，美国共有 8 家，而中国仅华为技术有限公司和中国移动通信集团有限公司 2 家，中国高端制造业仍有较大发展空间。

第二，成本上升较快，比较优势衰减。

近年来，中国制造业成本上升较快，与以美国为首的发达国家差距不断缩小，造成了制造企业比较优势与盈利能力下降。

一是中国制造业劳动力成本优势衰减。从制造业劳动者工资看，尽管中国制造劳动力成本仍显著低于美国，但是，由于中国制造业用工成本迅速上升，中国与美国制造业之间的成本差距正在缩小。从制造业劳动者工资看，2018 年，中国制造业城镇单位就业人员平均年工资约 72 088 元，对应每小时人工成本约为 4~5 美元，约为美国的 1/8，中国制造业的用工成本的绝对值仍具有明显的优势。但从增速看，2005 年至 2018 年美国制造业城镇单位就业人员平均年工资年均增幅仅为 3%，而同期中国制造业城镇单位就业人员平均年工资从 15 748 元增长到 72 088 元，增长了 4.6 倍，年均增长率约 12.5%，中国制造业增速显著高于美国。从劳动生产率看，2004 年至 2018 年美国制造业全员劳动生产率年均增速约 5%，而中国同期年均增速约 10%，表明中国制造业劳动生产率提高较快。但从劳动生产率和工资增速的相对比较看，美国制造业劳动生产率增速高于工资增速，而中国劳动生产率增速低于工资增速，这表明中国制造业劳动力成本的相对优势正在衰减。

二是中国制造业税费成本高于美国。如果仅从企业所得税率看，美国为 35%，中国为 15%~25%，美国高于中国。但是，中国制造业企业还须缴纳 16% 的增值税，而美国没有。同时，为促进制造业回归，美国采取了暂时削减或取消制造业原材料进口的关税政策，并对回流企业给予工资税减免和税收抵扣。此外，中国企业承担的养老保险缴费率等高于美国，目前美国企业承担的养老保险缴费率仅为 6.2%，而中国城镇职工基本养老保险单位缴费比例为 16%，中国企业实际缴费率是美国 2 倍以上。不仅如此，美国企业无须支付住房公积金缴纳额，而中国企业还须承担 12% 的住房公积金缴纳额。

　　三是中国制造业的融资成本虽有所下降，但仍高于美国。从贷款基准利率看，自 2015 年 12 月中国人民银行下调金融机构存款和贷款基准利率以来，中国一年期贷款基准利率一直为 4.35%，显著高于美国。在国家降成本等政策推动下，叠加金融机构手续费等因素后，从企业实际获得贷款的成本看，2019 年中国企业融资成本为 5.3% 左右，美国同期约为 3%，中国约为美国的 1.8 倍。

　　四是中国物流成本高于美国。近年来中国物流成本显著下降，特别是中国社会物流总费用与 GDP 的比率从 2000 年年初的 18% 左右下降到 2018 年的 14.8%，物流成本下降较为明显，但仍约为美国的 2 倍。从能源成本看，页岩气革命后，美国从天然气进口国转型为出口国，天然气成本大大降低，而中国天然气仍高度依赖进口，北方地区"煤改气"又进一步扩大了需求缺口，天然气价格居高不下，导致中国天然气成本显著高于美国。目前，美国天然气价格每立方米约 0.7 元人民币，而中国约 2.2 元人民币，约为美国的 3 倍。

　　综合来看，中国除劳动力以外的其他成本都高于美国，随着中国劳动力成本的较快上涨，"机器换人"步伐的加快和主导产业由劳动密集型向技术、资本密集型转变，中国劳动力比较优势渐渐减弱，成本攀升成为阻碍中国制造业升级的重要障碍之一。

　　第三，发展所需高端要素支撑不足。

　　党的十九大报告强调，要加快建设实体经济、科技创新、人力资源和现代金融协同发展的产业体系。这表明党和国家高度重视制造业发展所需要素及其协同发展。事实上，科技创新、人力资源、现代金融等都是支撑制造业发展的关键要素，但是，目前中国在上述高端要素的培育方面仍存在不少瓶颈和短板，科技、人力资源、金融等要素间协同机制不够顺畅，对制造业发展支撑不足。主要表现如下。

　　一是科技创新瓶颈凸显。尽管中国创新投入和产出水平都大幅提升，但在研发投入中，应用与开发研究比重过高，基础研究比重偏低，长期维持在 5% 左右，这导致中国科研基础能力偏弱、"卡脖子"技术较多，核心技术受制于人的矛盾较为突出。从研发投入看，2019 年，中国研发经费支出（R&D）首次突破 2 万亿元大关，达到 21 737 亿元，研发经费支出在 GDP 中占比达到 2.19%，超过欧盟的平均水平 2.17%，接近经济合作与发展组织成员国的平均水平 2.40%，但与日本 3.26%、美国 2.83% 等科技强国相比仍有较大距离。从研发支出的投向结构看，中国目前的研发活动侧重于试验发展阶段，2018 年中国基础研究占比仅为 5.5%，而同期美国、日本则分别为 17% 和 14%，特别是美国在基础研究及应用研究领域相对投入更多资源，合计占比高达 36%，美国联邦政府（包括 NASA、能源部等）的研究资助基本以基础研究和应用研究为主，上述研发支出结构差异也导致了中国原创性的科技成果较少。从人均研发经费来看，中国人均研发经费虽然近年来有较大幅度的提高，2018 年中国人均研发支出为 397 美元，但与发达国家相比仍有较大差距。例如，以购买力平价计算，2018 年美国的人均研发支出为 1776 美元，约为中国的 4.5 倍，德国、日本、韩国等创新型国家与美国人均研发支出水平相当，中国与上述发达国家的人均研发投入差距巨大。从研发人员密度来看，中国每万名劳动者中研发人员数量为 54 名，而德国、美国为 160 名 / 万人，韩国则高达 181 名 / 万人，比中国 3 倍还多。

从行业层面看，在制造业领域，中国与美国和日本两个研发强国之间也存在较大的追赶空间。2018 年，中国制造业研发投入强度为 1.16%，同期美国、日本均已超过了 4%，中国仅为两国的约四分之一。在电子、装备制造和医药三大高研发行业中，中国企业的研发投入强度也显著低于美国。2018 年，美国电子信息和生物医药行业研发投入强度均已超过 10%，而中国则不到 2%。另外，三方同族专利仍主要集中在美国、欧盟、日本，三者合计占全球比重高达 79.9%，而中国三方同族专利仅占全球比重的 7.62%，虽然近几年中国上升势头较快，但仍与中国专利数量全球第一的地位及产业发展体量极不相称，难以满足制造业高质量发展的需求。

二是金融体系支撑能力不足。美国拥有全球领先的金融业和强势的货币地位，是全球金融规则的制定者和金融秩序的主导者，也是全球最重要的金融中心之一。此外，美国金融业和制造业，特别是与高新技术产业发展关系密切，硅谷层出不穷的创新型企业如谷歌、苹果公司、甲骨文股份有限公司、微软、思科系统公司均只用了数年时间就发展成为世界级领军企业，它们的快速成长都受益于金融的支持，尤其是天使投资机构的帮助。而中国目前金融实力还相对落后，金融体系中间接融资占比过高，直接融资占比偏低，金融垄断及资金空转等问题突出，金融服务支持实体经济、促进制造业创新发展尚有较大的提升空间。中国人民银行数据显示，截至 2019 年年底，中国社会融资规模存量为 251.31 万亿元，其中，包括非金融企业境内股票和企业债券在内的直接融资规模只有 30.83 万亿元，在全社会融资规模的占比为 12.3%，而包含各种贷款在内的间接融资在全社会融资规模中占比高达 87.7%。这暴露出中国制造业发展的金融支撑能力尚显不足，与美国的差距较大。此外，金融发展和制造业发展需求脱节严重，直接融资与间接融资比例不协调，服务科技创新发展与中小微企业的现代金融力量不足，金融体系效率相对低下等因素，都制约了制造业的发展。从支持创新创业和新经济企业发展的风险投资情况来看，目前中国风险投资发展仍处于初级阶段，特别是国有背景的风险投资基金都有保值增值的考核要求，风险投资扎堆投向中后期成长阶段企业，而投向早中期的比例较低。

三是人力资源存在着结构性供需矛盾。尽管中国人才总量丰富，但人才结构不合理，主要矛盾是专业技能人才和高端人才缺乏，从事战略性新兴产业、先进制造的人才缺口较大，而一般性、通用型人才数量偏多，造成供需不匹配，结构性供需矛盾突出。2021 年科技部发布的《中国科技人才发展报告（2020）》指出，中国自 2013 年起成为科技人力资源全球第一大国，截至 2019 年年底已拥有超过 1 亿受过高等教育与掌握专业技能的人才资源，但是，年新增劳动力中研究生学历以上人才的比重较低，欧美大学毕业生中每 10 名就有 1 名博士研究生，而中国大学毕业生中每 50 名才有 1 名博士研究生。专业技能人才缺乏的现象也较为明显，近年来中等职业院校招生数与在校生数都"断崖式"滑坡，技能型劳动者仅占总就业人员的 19%。此外，人力资源可分为人力资本和劳动力两部分，从这个角度看，中国劳动力资源丰裕但人力资本不足，劳动力主要依靠数量扩张促进实体经济发展，而人力资本则通过效率驱动经济增长。人力资源错配的问题突出，"学非所用、用非所学"现象较为普遍。无论是从所学专业与从事工作的匹配度，还是从高层次人才专业结构看，中国人力资本过于扎堆金融及虚拟经济领域，从事制造业占比偏低，许多理工科学生毕业后进入金融行业工作，个体的"理性选择"却引致了集体的"合成谬误"，造成社会资源的错配和浪费，人力资本配置失衡，难以支撑实体经济的创新与健康发展。

第四，发展环境亟须改善。当下，中国制造业发展环境的短板较为突出，在营商环境、政策导向、体制机制和外部环境等方面都有很大提升空间。

一是营商环境有待优化。世界银行发布的《2020 年营商环境报告》指出，中国总体排名为全球第 31 位，比 2018 年上升 47 位。虽然为中国历史最好排名，但与美国排名第 6 位的水平相比仍有较大差距。同时，该报告在中国选取的样本地区为上海与北京，两者权重各占 55% 和 45%，仅代表中国营商环境的较高水平，而不能代表中国营商环境的平均水平。中国中部、西部地区的营商环境和样本地区相比，差距较大。此外，美国布鲁金斯学会 2018 年发布的《全球制造业记分卡：美国与 18 国比较研究》强调，在 19 个样本国家之中，中国制造业的营商环境排名垫底。

二是资源配置难以充分市场化。目前，中国制造业发展受到体制机制一定程度的制约，特别是国有企业改革和要素市场改革不彻底，导致市场要素竞争不充分、体系不健全，使得市场在要素配置中的决定性作用未能有效发挥。金融市场改革滞后，导致社会融资成本偏高，金融服务效率较低，且民营银行进入门槛高、数量偏少、竞争不充分。依据中国现行税收制度，税收总额的 7 成至 9 成来自企业，导致企业税负和宏观税负高度近似，综合税负成本偏高。天然气价格和电价形成机制改革滞后，致使企业用能成本较高。运输管理体制落后导致公路、水路、铁路联合运输程度较低，各运输环节之间衔接与联动不足，效率较低。卫生、医疗、教育等领域改革滞后，致使市场竞争不充分，公共服务成本过高，有效供给不足。

三是国际竞争日益激烈。一方面，美国、英国、德国等主要发达国家实施"再工业化战略"，旗帜鲜明地提出"制造业回流"。例如，美国从奥巴马政府时期开始就不遗余力地推动"制造业回流"，通过鼓励创新和研究、吸引高技能人才移民、培养多方面高科技人才、促进出口、减税、发动清洁能源革命等措施，鼓励及引导部分海外制造业回迁美国发展。另一方面，泰国、印度尼西亚、越南等新兴经济体加快制造业发展步伐，通过税收优惠和大量的补贴，吸引了许多制造业企业落户。例如，越南通过"革新开放"吸引了大量制造业企业落户，已经成为全球重要的智能手机、运动鞋和纺织服装生产基地。此外，受人口红利减弱、新型冠状病毒肺炎疫情等因素综合影响，中国制造业发展的外部需求持续减弱，外部订单转移现象增加，订单转移带来了供应链重组，并造成部分劳动密集型企业、加工装配环节及贸易型企业出现外迁现象。

3.4.3.3 当前中国制造业发展困难的原因

中国制造业发展困难存在多方面的原因，既有短期因素，也有长期因素，既有内因，也有外因。从中美两国制造业比较的视角看，本书认为，中国制造业发展困难的主因是内生发展动力不足、成本上升和收入下降"两头挤压"、垄断环节和虚拟经济"两头挤压"、新兴经济体和发达国家"两头挤压"。

一是内生发展动力不足。主要体现在自主可控的创新能力不强、品牌缺失、机制不活、缺乏工匠精神、信心不足等方面。受限于对知识产权保护不足，很多实体企业根本不愿意开展原创性研发，而倾向于依靠模仿维持生存；研发投入少、人才短缺，核心技术与高端装备受制于发达国家；企业经营与管理模式等方面的创新有待提高，缺乏新技术、新商业模式、新产业与新业态的推动。尤其是中国制造业中传统板块比重较大，技术创新能力相对薄弱，基础与共性关键技术"卡脖子"瓶颈制约突出，这导致中国产业发展对外资关键核心零部件和技术依赖严重，许多制造企业"轻产品设计、重生产制造""轻品牌建设、重价格竞争""出口低端品牌、贴标国际品牌"的市场形象与低水平恶性竞争的市场格局始终没有得到根本改变。

二是面临成本上升和收入下降"两头挤压"。近年来，中国制造PPI（工业生产者出厂价格指数）价格大幅下挫，制造企业主营业务收入下降。2018年，中国规模以上工业企业主营业务收入为102.2万亿元，比2016年的115.9万亿元的峰值降低 13.7 万亿元，连续两年下滑，累计降幅超过 11.8%。同时，随着工业化的推进，支撑中国实体经济 30 多年飞速发展的土地、劳动力、资源和能源等传统要素供求格局发生变化，支撑制造业迅速增长的传统势能逐步丧失，要素价格持续上升，尤其是近十年中国制造业劳动力成本年均增长率超过 10%，目前已相当于东南亚国家的 2~3 倍，制造业综合生产成本持续攀升，比较优势逐渐弱化。

三是面临垄断环节和虚拟经济"两头挤压"。金融、地产和其他虚拟经济的快速膨胀及过度的投机行为，吸引了超量的资金，导致实体经济出现融资难、融资贵等问题，部分企业甚至面临资金断裂的风险。随着工业化后期的到来，各行业市场需求饱和、产能过剩，竞争激烈，产业利润回报率下滑，大量过剩资本涌入虚拟经济领域，进而刺激了虚拟经济加速增长。不仅如此，在经济下行的时期，制造业发展还面临着流通等垄断环节的挤压。

四是面临新兴经济体和发达国家"两头挤压"。一方面，发达国家大力推动以科技创新为核心的制造业回流和再工业化；另一方面，一些新兴经济体积极吸引制造业转移，这对中国形成"两头挤压"。特别是从 2008 年国际金融危机开始，欧美发达国家的"再工业化"战略和东南亚新兴经济体工业化进程加快，国际引资日益激烈，各国相继减税以促进制造业发展，可能导致国际资本流向和全球制造业的重新洗牌。英美两国近年来外国直接投资（FDI）净流入快速增加，而中国外资净流入从 2014 年起已经呈现下降趋势。近年来，受人口红利消退、成本上升、资源与环境约束加大、中美贸易摩擦升级等多方面因素叠加影响，中国制造业的外迁现象加剧，部分行业甚至发生了供应链集群式外迁，其中，中国东南沿海地区的电子信息、橡胶、纺织服装等"两头在外"的劳动密集型产业外迁趋势明显。

此外，中国制造业发展环境也有待改善，尤其是在体制机制方面仍面临一些束缚，政府部分职能转变滞后、市场体系不够健全、许多行业领域存在过高准入壁垒等，都导致制造业发展受限。

3.4.3.4 策略与建议

针对中国制造业转型过程中面临的主要问题，本书建议在客观分析国情的基础上，学习、借鉴发达国家的先进举措，瞄准痛点，打通制约制造业升级的堵点，采取切实有效措施，优化制造业发展环境，有效增强制造业综合竞争力。具体策略如下。

第一，深化改革，切实降低制造业综合成本负担。

深入推动供给侧结构性改革，认真贯彻党中央提出的"巩固、增强、提升、畅通"八字方针，切实降低制造业综合成本。

一是深化要素市场改革。前文分析指出，要素配置的扭曲与失衡是造成制造业发展不协调及竞争力不足的主要原因。而要素配置失衡的根源在于体制机制改革不到位，要素价格不能适应市场，行政配置资源风气浓厚。为此，应该深入推进要素市场改革，并逐步形成以市场为主导的要素价格机制。改革资本要素定价机制，稳步放开银行存贷款利率，适度放宽金融业准入限制，敦促更多的社会资本参与竞争，有效降低制造业融资成本。同时，建立健全科学的土地使用权价格评估制度，客观、公正地核定不同时期的土地价格，力促要素优化配置。最后，改革能源要素定价机制，适度放开垄断行业中具有竞争性生产要素的价格，加快天然气直供、直购电等方面的改革，有效降低企业能源成本。

二是切实降低主流税率。中国制造业税费较美国水平偏高。目前中国制造业企业平均税负水平为40%，比美国平均水平高约15%。此外，美国大幅降低"回流"企业的税负，对回流的跨国企业统一只征收10%的税率，以此为制造业回流保驾护航。为应对全球制造业领域日益激烈的竞争，降税减负是关键。建议大幅降低增值税率和企业所得税，确保制造业税负水平不高于全球主要竞争对手，保障中国制造业税负水平维持较强竞争力。

第二，明确重点，实施"深度工业化"战略。

以技术密集型制造业为主体的工业在中国国民经济发展及参与国际竞争之中具有无可比拟的核心地位。必须消除传统思想和理论的误区，重新审视工业化的必要性、重要性，推进"深度工业化"战略。其主要实施路径为：在制造业占GDP比重保持稳定的原则下，通过大力发展技术密集型制造业，提升科技含量，培育领军企业，促进信息化和工业化深度融合、现代服务业和现代制造业深度融合，大幅提高制造业生产经营率，并努力在全球制造业产业链分工体系中占据自主可控的领先地位。

首先，明确发展目标。目前，中国在全球制造业产业链分工体系中仍处于第三梯队，未来十年中国制造业发展的目标应定位于中高端，主要任务为进军第二梯队，而非与第一梯队正面竞争。到 2030 年，制造业在 GDP 中占比稳定在 30% 左右，战略性新兴产业和先进制造业占制造业比重超过 50%，信息化和工业化、现代服务业和先进制造业融合程度加深，制造业劳动生产率达到欧美发达国家 2/3 左右水平。

其次，明确发展重点。要将新兴产业发展和传统优势产业升级相结合。一方面，要守住世界第一制造大国与 200 多个细分行业全球冠军的头衔，实现国内经济结构战略性升级并打造传统产业转型升级"双引擎"、稳步迈向"双中高"（经济长期保持中高速增长、迈向中高端水平）的现实需求，积极应用先进技术改造传统产业，加快发展服务型制造和新型制造新模式，提高产业发展质量与水平；另一方面，要面向新一轮科技革命的战略需求与发展方向，努力推动智能经济、数字经济、绿色经济、生物经济、海洋经济、创意经济、总部经济、平台经济等重点领域技术跨越式发展，力争在新一轮产业变革和科技革命中占领制高点。

再次，明确战略举措。重点通过供给侧结构性改革，积极推进传统工业经济的"去、补、提"，有序淘汰高能耗的低端落后产能，大力支持战略性新兴产业，提升技术密集型制造自主创新能力。此外，着力构建协同发展、绿色环保的产业体系，培育一批具有全球竞争力的领军企业，加强优质要素培育，促进关键环节和核心技术的提升，提高产业链本地化配套协作水平，打造若干个世界级产业集群，提升产业全球话语权、定价权与增值率。要促进现代服务业和先进制造业深度融合发展，加快培育服务型制造新业态，打造一批服务业和制造业融合的平台载体。

最后，对东、中、西部地区分类施策。东部地区应进一步加快实施创新驱动战略，充分发挥国家高新区、国家自主创新示范区、国家级新区等高端要素集聚平台作用，通过创新来提升制造业产品质量与国际竞争力，打造一批具有国际竞争力和全球影响力的世界级先进制造产业集群，筑牢中国打造制造强国的根基。中西部地区应启动"新工业基地建设"行动计划，建议选取发展基础较好、环境承载力较高、交通条件便利的中等城市积极打造一批先进制造产业基地，并在技术、资金、税收、土地供应等方面加大支持力度，形成要素成本相对较低的洼地，积极承接国内外产业转移，努力推动以创新驱动、绿色低碳、智慧高效为主题的新型工业化，逐渐形成一批新的制造业基地。同时，强化东部与中西部"雁阵"建设，大力支持中西部精准承接东部产业转移，加大技术、资金、人才、土地、环境容量等方面政策倾斜，打造制造业成本洼地，培育一批新兴的制造业集聚中心，深化"东部设计（品牌）—中西部生产"雁阵模式。

第三，瞄准痛点，加大产业政策精准扶持力度。

面对激烈的全球竞争，必须在坚持市场原则的基础上，更加重视产业政策的灵活与精准应用。

首先，实施国家重点产业技术升级计划。加快实施国家重大技术选择与技术预见工作，进一步落实国家重点支持产业技术方向，革新国家重大技术发展项目实施机制与模式，坚持增量带动存量，新成立一批先进制造业创新综合体和国家产业创新中心，并坚持由龙头企业牵头组织，集中科研院所、高校、产业链上下游和有关中介机构力量攻克技术瓶颈与要素约束。

其次，实施国家工业冠军建设计划。建议借鉴"德国工业战略2030"的主要措施，将重点企业发展作为政府及行业政策支持的主要发力点，通过支持技术研发、推动产学研互联互通、拓展市场应用等举措，在人工智能、生命科技、量子技术、航空航天等引领未来发展的关键领域培育一批全球领军企业。

最后，实施重点科技成果转化工程。针对制约科技成果转化的"品质关""激励关""渠道关"等痛点难点，着力夯实基础研究产业龙头地位，瞄准全球科技前沿，构建开放、高效、协同的科研平台，加大源头创新供给，促进高质量科研成果产出。加快建设一批集知识产权司法保护、行政执法、仲裁调解与市场运营于一体的"一站式"保护运营服务平台，吸引国内外优秀知识产权机构入驻，促进知识产权运营链、保护链、支撑链、协同链和转化链"五链联动"，令成果转化渠道畅通。完善薪酬激励、科技评价奖励、科研管理等制度，为科研主体松绑放权、简繁除苛，激发科研人员创新创造的活力。

第四，优化环境，夯实制造业发展的中国对比优势。

推动制造业升级需要加快新基础设施建设，优化发展环境，营造公平、和谐的市场氛围，给予企业家稳定的制度与政策预期，激发企业创新创业热情。

首先，优化政府服务，推动政府转型。尽管中国在营商环境方面所付出的努力与获得的成绩有目共睹，但全球引资竞争日益激烈，倒逼中国不得不加大营商环境的改革力度，尤其是大幅提升中西部地区与部分产业准入等方面的改革力度。同时，提升政府服务水平，以更简化的程序、更便捷的服务、更包容的市场准入和更优的营商环境，提升产业发展效率，加速推动形成更具吸引力的法治化、便利化、国际化营商环境。此外，要以敬民之心，行简政之道，有效推进"互联网＋政务服务"，在投资审批、行政审批、职业资格管理、商事制度及扩大高校、科研院所自主权等方面积极推进简政放权，做制造业发展的"服务员"和"店小二"，推动制造业高质量发展。

其次，加快新基础设施建设。加快人工智能、5G、工业互联网、数据中心、数字经济、智慧城市、医疗、教育等新型基础设施建设，深化体制机制改革，夯实产业发展根基，为创新型产业发展与培育新的经济增长点提供必备的软硬基础设施条件。此外，要把"新五通一平"作为制造业发展的"新基础设施"的重心（即推动大数据信息互联互通，互联网快速接通，符合新产业新动能发展特点的资金融通，高校企业人才培养供需沟通和关键共性技术的共享打通，并且，着力营造公平竞争的市场环境）。

再次，营造有益于制造业创新发展的社会氛围。大力弘扬"勇于创新、积极进取、宽容失败"的创新文化，营造有益于制造业创新升级的社会氛围和文化环境。激励敢于创新的企业家精神，推崇工匠精神，为制造业发展注入创新、包容、多元、开放的核心文化与灵魂，进而吸引更多拥有技术与才智的人才和聚焦于创新的长期资本汇聚到制造业创新领域，形成强大的发展新动力。加强知识产权和产权"两权"保护，认真贯彻落实2016年颁布的《中共中央、国务院关于完善产权保护制度依法保护产权的意见》与《关于实行以增加知识价值为导向分配政策的若干意见》等中央文件，加大对侵犯知识产权和产权行为的惩处力度，提升企业发展的安全感。加强与民营企业家的沟通，切实了解企业家的真实需求，做到为企业发展"搭台清障"，并激发民营企业投资信心与创新创业热情，吸引企业将更多目光、更多资源投向国内，扎根发展。

最后，营造制造业发展的良好外部环境。深化改革开放，适度放宽外资进入领域，持续优化投资环境，打造法治化的营商环境与公平的市场氛围，鼓励外资在华设立研发、制造与分销基地，发挥好外商投资的品牌、管理、技术等溢出效应，助推中国制造业稳步转型升级。加强经贸合作与磋商，减少中国和发达国家在经贸合作及制造业发展领域的分歧。合理调整制造业发展战略导向，更加聚焦于国内制造业"深度工业化"和转型升级发展，而非与制造业强国正面竞争。同时，注重舆论引导，既要充分肯定中国制造业发展已取得的巨大成就，也要看到差距和不足，防止夸大其词的宣传。

3.5　本章小结

本书以全球制造业中心的四次转移作为研究脉络，将英国、美国、德国、日本与中国这五个制造业中心进行了系统性的对比分析。

分析步骤及结论如下。

第一，对英国、美国、德国、日本四国的制造业转型战略进行系统性归纳。

第二，对英国、美国、德国、日本四国的战略制定背景进行层次性梳理。

第三，对英国、美国、德国、日本的创新转型战略成果进行结构性总结。

第四，对英国、美国、德国、日本四国差异比较进行溯源性分析。

本书从总量规模的差异性、产业结构的差异性、国际分工地位和收益的差异性等视角切入，指出了中国制造业存在"产品质量空间提升较大且附加值较低""成本上升较快令比较优势衰减""龙头企业和品牌数量偏少""发展环境亟须改善"等四个方面的问题，并总结了产生上述问题的四大主要原因——"内生发展动力不足""成本上升和收入下降两头挤压""垄断环节和虚拟经济两头挤压"与"新兴经济体和发达国家两头挤压"。在此基础上，本书提出了四种应对策略。首先，深化改革，切实降低制造业成本负担；其次，明确重点，实施深度工业化战略；再次，瞄准痛点，加大产业政策扶持力度；最后，优化环境，夯实制造业发展的中国对比优势。

综上所述，本章系统性地对比了五个制造业中心国家的制造业转型战略、转型战略制定背景及转型战略成果，并剖析了中国制造业发展存在的问题、产生问题的原因及应对的策略，这为后续的研究设计与数据建模提供了现实意义与逻辑基础。

④ 研究设计与研究方法

4.1 研究设计与研究假设

在第2章文献分析的基础上，本书提出假设，并构建研究架构如图4-1所示。

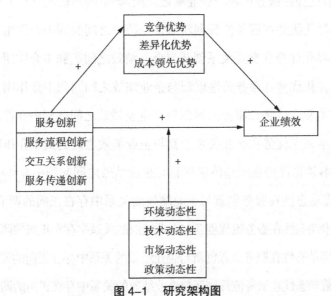

图4-1 研究架构图

本书的研究假设汇总如下：

H1：服务创新对竞争优势有正向的影响作用。

H1a：服务流程创新对差异化优势有正向的影响作用；

H1b：交互关系创新对差异化优势有正向的影响作用；

H1c：服务传递创新对差异化优势有正向的影响作用；

H1d：服务流程创新对成本领先优势有正向的影响作用；

H1e：交互关系创新对成本领先优势有正向的影响作用；

H1f：服务传递创新对成本领先优势有正向的影响作用。

H2：竞争优势对企业绩效有正向的影响作用。

H2a：差异化优势对企业绩效有正向的影响作用；

H2b：成本领先优势对企业绩效有正向的影响作用。

H3：服务创新对企业绩效有正向的影响作用。

H3a：服务流程创新对企业绩效有正向的影响作用；

H3b：交互关系创新对企业绩效有正向的影响作用；

H3c：服务传递创新对企业绩效有正向的影响作用。

H4：竞争优势在服务创新与企业绩效之间起到中介作用。

H4a：差异化优势在服务流程创新与企业绩效之间起到中介作用；

H4b：差异化优势在交互关系创新与企业绩效之间起到中介作用；

H4c：差异化优势在服务传递创新与企业绩效之间起到中介作用；

H4d：成本领先优势在服务流程创新与企业绩效之间起到中介作用；

H4e：成本领先优势在交互关系创新与企业绩效之间起到中介作用；

H4f：成本领先优势在服务传递创新与企业绩效之间起到中介作用。

H5：环境动态性在服务创新与企业绩效的关系中存在正向的调节影响作用。

H5a：技术动态性在服务流程创新与企业绩效的关系中存在正向的调节影响作用；

H5b：市场动态性在服务流程创新与企业绩效的关系中存在正向的调节影响作用；

H5c：政策动态性在服务流程创新与企业绩效的关系中存在正向的调节影响作用；

H5d：技术动态性在交互关系创新与企业绩效的关系中存在正向的调节影响作用；

H5e：市场动态性在交互关系创新与企业绩效的关系中存在正向的调节影响作用；

H5f：政策动态性在交互关系创新与企业绩效的关系中存在正向的调节影响作用；

H5g：技术动态性在服务传递创新与企业绩效的关系中存在正向的调节影响作用；

H5h：市场动态性在服务传递创新与企业绩效的关系中存在正向的调节影响作用；

H5i：政策动态性在服务传递创新与企业绩效的关系中存在正向的调节影响作用。

4.2　研究样本

本书选取智能家居龙头企业 G 公司作为技术密集型制造企业的范例进行实证分析。G 公司的代表性主要体现在行业地位的代表性，成长路径的代表性及服务转型困境的代表性。代表性的具体依据已于本书"1.1 选题背景"中详细论述，此处不再赘述。G 公司，成立于 1968 年，是一家覆盖暖通空调、消费电器、数字化业务、机器人与自动化系统四大业务板块的全球科技集团，提供多元化的服务与产品种类。其中，消费电器业务以冰箱、洗衣机、厨房电器及各类小家电为核心；暖通空调业务以中央空调、家用空调、通风及供暖系统为核心；机器人与自动化系统业务以库卡集团为核心；数字化业务以智能供应链、工业互联网和芯片等业务为核心。

由深度访谈与查阅近几年的年度公开报告得知，G 公司在全球拥有 34 个主要生产基地，生产基地旗下的制造车间是实施制造业服务创新的主体，而具体创新工作由生产基地的初级管理人员（如制造车间班组长）、中级管理人员（如制造车间主任）和高级管理人员（如生产基地副总经理）进行统筹。所以，只有这34 个生产基地旗下的初级、中级和高级管理人员是本书的研究对象。

本书采取随机抽样方式，从 34 个生产基地中随机抽取初级、中级和高级管理人员，通过问卷星将调查问卷制作成电子版，委托基地主管，并在网络平台进行发放及回收。运用因子分析与回归分析，研究制造业服务创新与企业绩效的相关关系、竞争优势对此相关关系的中介作用、环境动态性对此关系的调节作用，并分析问卷的信度和效度。

本书采用问卷调查方式，问卷内容分为技术密集型企业服务创新、竞争优势、环境动态性及企业绩效等四部分。关于各变量的问项，本书在问卷设计部分将进行详细的阐述。而受访者背景资料涵盖受访者性别、年龄、受教育程度、工龄、职位等。

4.3　研究路径

为了顺利开展研究，本书将依据以下步骤。

第一，检索文献、提出问题并建立研究模型。

本书首先通过阅读国内外关于技术密集型企业服务创新、竞争优势、环境动态性和企业绩效的文献和书籍，找出现有研究中的不足，结合技术密集型企业的发展动向，明确研究的方向及目的，锁定研究范围，提出有意义的研究问题。随后，系统梳理研究文献及相关理论，界定变量概念及维度，明确变量间的相关关系。基于研究目的，提出研究假设，建立测量模型。

第二，研究设计。

本书为了探究企业绩效背后的影响因子，找出技术密集型企业服务创新、竞争优势、环境动态性与企业绩效的关系，目标是进行现象解释。因此，属于解释性研究。鉴于本书的主要研究法为问卷调查法，调查工具的编制尤为关键。只有问卷编制得当，研究才具备价值性与可靠性。

依据研究的客观情况，针对服务创新、竞争优势、环境动态性与企业绩效这四个核心变量，在归纳现有量表的基础上进行修订及补充，并结合深度访谈成果，优化测量题项。若自行重新设计问卷，其内容应基于相关定义及维度，形成初始问卷。随后，对该问卷进行预测试及信度、效度评估，目的是评估问卷能否反映拟测量的变量、问卷语义是否得当、受访者作答时间是否具备鉴别度。进行探索性因子分析，若某个题项的因子载荷系数绝对值低于 0.4，或删除该题项后 Cronbach's α 值反而会增加，则删除该题项。最后，形成正式调查问卷。

信度代表可靠性，即采用相同方法进行重复测量并不影响测量结果。通常采用相关系数表示信度，而相关系数可分为三类：内在一致性系数、等价系数和稳定性系数。本书选择最常使用的 Cronbach's α 信度系数，其属内在一致性系数。

效度代表有效性，即测量工具能精准测量所需的程度。效度主要有三种类型：结构效度、内容效度和效标效度。调查问卷的预测试阶段主要评估内容效度，即分析所设计的内容能否精确地反映出拟测量的内容。一般而言，应结合逻辑分析及统计分析来评估效度。逻辑分析一般用于评估所选项目能否满足测量目的。而统计分析则为计算项目总得分与各项目得分间的相关系数。

第三，资料收集及分析。

针对 G 公司 34 个生产基地旗下的初级、中级和高级管理人员发出调查问卷并回收。对于无效填答或数据不全的回收问卷，应考虑将其删除，并对每个答题进行编号，为之后数据统计环节提供便利性。

运用 SPSS 26.0 软件对模型中每个变量进行因子分析及信度、效度检验，检验研究假设，评估技术密集型企业服务创新、竞争优势与企业绩效的关系，并检验在服务创新对竞争优势的影响中及在服务创新对企业绩效的影响中，环境动态性是否均存在调节效应。

第四，总结研究结论，提出相应对策及建议。

针对研究目标中所提问题，基于数据分析的成果，评判服务创新如何通过竞争优势影响企业绩效，环境动态性的不同维度是否真的有调节效果，展示支持或反对上述观点的数据或图表，得出研究结论。此外，要将研究结论应用到制造业服务创新实践中，提出有益于制造业服务创新、激发竞争优势、提振企业绩效的具体措施。

4.4   问卷设计

4.4.1   各变量的操作性定义及其测量

4.4.1.1   服务创新

本书认为，中国技术密集型企业服务创新的维度需满足下方三个标准。

标准一：应具备符合当下中国国情的技术密集型制造业转型特点。首先，现阶段的中国技术密集型制造业尚处于转型的关键时期，一方面较国外高端市场的竞争对手差距仍较为明显；另一方面在中高端市场已逐步迎来新的突破，但"硬创新"尚有不足，"微创新"仍为主流，仍需要用时间换空间。

标准二：虽然中国技术密集型制造业的服务创新投入增长较快，但绝对值仍较低，且较发达国家差距较大，对服务主导逻辑不可生搬硬套，并非所有技术密集型制造企业都适合服务主导。从普适性考虑，维度应适当体现针对不同类型企业或服务创新不同实施策略的差异化。

标准三：维度应适当体现技术要素，并实现产品与服务主导逻辑的平衡。在一定程度上，服务创新的基础是技术创新。从间接角度看，技术创新推动了服务内容、服务理念、服务手段和方式的不断创新（王秀山，刘则渊，2004）。从直接角度看，服务创新涵盖技术创新，尤其是以技术为基础的结构、组织、流程、管理、功能、界面等软技术创新。在服务生产及传递过程中，新技术的应用是生产效率、传递方式和服务质量的关键影响因素。但是，如上文所述，技术密集型企业服务创新并不适合直接套用技术创新分析框架。例如，部分已有研究中，服务创新题项只测量"是否已采用新技术"（Wang, Zhao, Voss, 2016）。该方法的瑕疵是只考虑供给侧，忽视了新技术在需求侧的客户感知及效果。因此，要平衡服务主导和产品主导两种逻辑，不宜对其中一种过度倾斜。

依据赫托格等（1998）的四维度模型，参考姜铸和李宁（2015）、康等（Kang et al., 2014）、谢等（Xie et al., 2013）的研究，本书借鉴张海军（2017）和赵晓煜等（2020）的观点，将技术密集型企业服务创新划分为服务流程创新、交互关系创新、服务传递创新和服务概念创新四个操作变量，并做了适当改写。从理论意义上，体现了服务和产品主导逻辑整合的思维；从现实意义上，既借鉴了技术角度的思路，又具备了整体解决方案的基因。

本书对四个操作变量界定如下。

服务流程创新指企业将涵盖新服务开发和交付在内的各个服务流程节点体系化、专业化、规范化及定制化。

交互关系创新指企业构建良好的客企互动关系，并通过客户参与的协同创新实现新服务开发与交付。

服务传递创新指企业通过构建服务网络持续对服务场景、服务界面、服务交付形式进行创新。

服务概念创新指企业针对动态的客户需求，运用新技术，持续进行解决方案的创新。

本书测量技术密集型企业服务创新的量表，见表4-1。

表4-1　技术密集型企业服务创新的具体测度指标

变量	测度题项	测度的来源
服务流程创新 S1	S1.1 企业通过信息管理系统和服务蓝图，把控服务流程的各个节点	
	S1.2 企业通过规范的控制体系和标准化的流程进行新服务开发与交付	
	S1.3 企业设置了独立的服务部门，并配备了专业的服务人员	
	S1.4 企业构建了规范的服务交付和服务质量考评体系	
	S1.5 企业能有效地为客户量身打造端到端服务	
交互关系创新 S2	S2.1 企业提供服务期间，客户可以及时进行信息反馈	
	S2.2 企业通常寻找新的服务方式以更好地满足客户需求	
	S2.3 在售前、售中及售后过程中，企业重视与客户进行沟通与互动	张海军（2017）
	S2.4 企业构建了信息化、数字化的客户关系管理系统	
	S2.5 企业鼓励客户参与新服务的开发、交付及服务流程管理	
服务传递创新 S3	S3.1 企业的服务场景和服务界面经常替换和更新	
	S3.2 企业采用移动终端和信息技术不断更新服务交付形式	
	S3.3 企业为客户建立了广泛、多元化、便利的服务网络	
服务概念创新 S4	S4.1 企业运用新技术定期更新和升级服务	
	S4.2 针对客户需求的变化，企业持续提供新的服务内容或解决方案	
	S4.3 企业致力于拓展新的服务细分领域或市场	
	S4.4 企业能够结合不同的产品特征，向客户推出有针对性的解决方案	

4.4.1.2　竞争优势

借鉴王磊（2015）和杜等（2020）的观点，本书将竞争优势划分为差异化优势、成本领先优势两个操作变量，并做了适当改写。

本书对两个操作变量界定如下。

差异化优势指企业提供给客户的服务或产品较竞争对手更具独特性，且客户基于对其认可，愿意支付超额溢价。

成本领先优势指企业通过技术手段实现可持续的、长期的低成本，并以较竞争对手更低的成本推出其服务或产品，进而获取竞争优势。

竞争优势的具体测度指标见表4-2。

表4-2　竞争优势的具体测度指标

变量	测度题项	测度的来源
差异化优势 C1	C1.1 企业解决方案的技术指标优于竞争对手	王磊 （2015）
	C1.2 企业解决方案的可靠性和运送速度优于竞争对手	
	C1.3 企业解决方案的售后服务和技术支持优于竞争对手	
	C1.4 企业解决方案的品牌个性优于竞争对手	
	C1.5 企业解决方案的品牌，在客户心中的分量高于竞争对手	
成本领先优势 C2	C2.1 企业技术的广泛应用，对降低成本发挥了显著作用	
	C2.2 企业解决方案的单位销售成本低于竞争对手	
	C2.3 企业解决方案的终端售价低于竞争对手	
	C2.4 企业解决方案的单位制造成本低于竞争对手	
	C2.5 企业解决方案的单位开发成本低于竞争对手	

4.4.1.3　环境动态性

鉴于本书侧重于技术密集型企业的服务创新，本书借鉴刘刚等（2013）和刘芸等（2020）的观点，将环境动态性分为技术动态性、市场动态性、政策法律动态性。

本书对三个操作变量界定如下。

技术动态性指企业所处行业中的技术创新变化速度。

市场动态性指市场供需及竞争者情况的变化速度。

政策法律动态性指企业所处行业中的政府、行业政策和社会文化环境的变化速度。

环境动态性的具体测度指针见表4-3。

表 4-3　环境动态性的具体测度指针

变量	测度题项	测度的来源
技术动态性 E1	E1.1 行业技术更新的速度和频率很快	刘刚等（2013）
市场动态性 E2	E2.1 产品供给因素的变化快	
	E2.2 顾客需求因素的变化快	
	E2.3 竞争者因素的变化快	
政策动态性 E3	E3.1 政府、行业政策的变化快	
	E3.2 社会文化环境的变化快	

4.4.1.4　企业绩效

鉴于本书侧重于技术密集型企业的服务创新，结合已有研究成果，本书采用胡查平（2018）及胡查平等（2019）的划分方式，通过销售利润率提高、投资回报率提高、产品销售量增加、市场份额提高来测量企业绩效。

企业绩效的具体测度指标见表4-4。

表 4-4　企业绩效的具体测度指标

变量	测度题项	测度的来源
企业绩效 P	P1 销售利润率提升	胡查平、张莉娜、胡琴芳（2019）
	P2 投资回报率提升	
	P3 服务或产品销售量增加	
	P4 市场份额提升	

4.4.2　问卷的设计

受限于客观条件，本书的调查内容无法从公开渠道获取，因此，本书的数据收集采取了以问卷调查为主，以深度访谈为辅的方式。依据前述研究模型和研究假设，明确需测量的方面包括：服务创新、竞争优势、环境动态性、企业绩效和受访者背景信息。通常而言，调查问卷所需量表可从相关文献或依据定义自行设计这两方面获得。本书依此原则设计问卷，相关过程如下。

4.4.2.1　量表收集及整理

一方面，大量阅读服务创新、竞争优势、环境动态性、企业绩效相关文献，明确每个变量的操作性定义。同时，检索国内外相关文献，重点关注近五年发表在顶级期刊中且被引用次数较多的相关量表。另一方面，对 G 公司管理层进行深度访谈，并记录访谈成果。

随后，对上述相关文献及访谈结果进行总结、归纳，并结合本书的研究对象、量表的操作便利性及成熟度进行严格筛选。首先，选出现有研究中已被验证具备研究价值、有较好信度和效度、也有较好实证分析结果的成熟量表。其次，选择与深度访谈结果较契合的文献量表，综合研究的实际情形作出适当调整。最后，根据本书的目标，若现有量表中尚存瑕疵，则对其进行适当优化，继而形成初步问卷。

4.4.2.2　评估内容效度

内容效度应以经验丰富的专家判定为准（Hinkin et al., 1997）。本书选取 6 位专家，其中 2 位为 G 公司的高级管理人员（战略部副总经理与生产基地副总经理），2 位为 G 公司的中级管理人员（生产车间两位主任），2 位为在企业管理、创新管理相关领域核心期刊中发表学术论文超过 2 篇的学者或研究人员（某理工学院经济与管理学院书记、工商管理系原主任）。

被选中的专家将完成内容效度评估问卷，问卷均为配对题，左侧为研究模型中每个变量的操作性定义，右侧为所有题项。专家依据定义将每个题项与最合适的变量匹配，检验题项是否能代表相应的变量。若至少 4 位专家认可某题项和测量某变量相关，该题项可保留。

4.4.2.3 问卷预测试

首先，向 10 位 G 公司生产基地的初级、中级和高级管理人员发放问卷，进一步完善相关题项。借鉴受访者的实践经验与技巧，一方面明确受访者是否准确理解每个题项，另一方面针对某些可能表达不清或容易造成误解的题项进行修改。

其次，将修订后的调查问卷发放给 60 位 G 公司生产基地的初级、中级和高级管理人员。删除 Cronbach's α 小于 0.7 的题项。若量表 Cronbach's α 超过 0.7，说明问卷具有较好的信度（Kline，1998）。荣泰生（2012）强调，运用 Likert 量表时，为减少数据过度偏态，宜采用 5 点量尺，因此，本问卷采用 Likert 5 点量尺，1 代表"非常不同意"，5 代表"非常同意"，均为正向问题。最终，形成本书的正式调查问卷。最终问卷共包括 38 个题项，其中，技术密集型企业服务创新共 13 个题项，竞争优势共 10 个题项，环境动态性共 6 个题项，企业绩效共 4 个题项，受访者背景资料 5 个题项，具体内容见表 4–5。

表 4–5　正式调查问卷各变量的具体测度指标

变量	测度题项	测度的来源
服务流程创新 S1	S1.1 企业通过信息管理系统和服务蓝图，把控服务流程的各个节点	
	S1.2 企业通过规范的控制体系和标准化流程进行新服务开发与交付	
	S1.3 企业设置了独立的服务部门，并配备了专业的服务人员	
	S1.4 企业构建了规范的服务交付和服务质量考评体系	
	S1.5 企业能有效地为客户量身打造端到端服务	张海军（2017）
交互关系创新 S2	S2.1 企业提供服务期间，客户可以及时进行信息反馈	
	S2.2 企业通常寻找新的服务方式以更好地满足客户需求	
	S2.3 在售前、售中及售后过程中，企业重视与客户进行沟通与互动	
	S2.4 企业构建了信息化、数字化的客户关系管理系统	
	S2.5 企业鼓励客户参与新服务的开发、交付及服务流程管理	

续表

变量	测度题项	测度的来源
服务传递创新 S3	S3.1 企业的服务场景和服务界面经常替换和更新	
	S3.2 企业采用移动终端和信息技术，不断更新服务交付形式	
	S3.3 企业为客户建立了广泛、多元化、便利的服务网络	
服务概念创新 S4	S4.1 企业运用新技术定期更新和升级服务	张海军（2017）
	S4.2 针对客户需求的变化，企业持续提供新的服务内容或解决方案	
	S4.3 企业致力于拓展新的服务细分领域或市场	
	S4.4 企业能够结合不同的产品特征，向客户推出有针对性的解决方案	
差异化优势 C1	C1.1 企业解决方案的技术指标优于竞争对手	
	C1.2 企业解决方案的可靠性和运送速度优于竞争对手	
	C1.3 企业解决方案的售后服务和技术支持优于竞争对手	
	C1.4 企业解决方案的品牌个性优于竞争对手	
	C1.5 企业解决方案的品牌，在客户心中的分量高于竞争对手	王磊（2015）
成本领先优势 C2	C2.1 企业技术的广泛应用，对降低成本发挥了显著作用	
	C2.2 企业解决方案的单位销售成本低于竞争对手	
	C2.3 企业解决方案的终端售价低于竞争对手	
	C2.4 企业解决方案的单位制造成本低于竞争对手	
	C2.5 企业解决方案的单位开发成本低于竞争对手	
技术动态性 E1	E1.1 行业技术更新的速度和频率很快	
市场动态性 E2	E2.1 产品供给因素的变化快	
	E2.2 顾客需求因素的变化快	刘刚等（2013）
	E2.3 竞争者因素的变化快	
政策动态性 E3	E3.1 政府、行业政策的变化快	
	E3.2 社会文化环境的变化快	

变量	测度题项	测度的来源
企业绩效 P	P1 销售利润率提升	胡查平等（2019）
	P2 投资回报率提升	
	P3 服务 / 产品销售量增加	
	P4 市场份额提升	

4.5　数据收集

本书通过问卷进行数据收集，问卷共由五部分内容组成：技术密集型企业服务创新量表、竞争优势量表、环境动态性量表、企业绩效量表、受访者背景资料。为使研究结果具备普适性，本书采取简单随机抽样。首先，通过 G 公司的管理人员获取 34 个生产基地的管理部门员工名单，并对名单人员进行编号。然后，采用随机抽样的方式选择 350 名编号人员。最后，向 350 名入选的编号人员发放正式问卷。编号人员包括初级管理人员（如制造车间班组长）、中级管理人员（如制造车间主任）和高级管理人员（如生产基地副总经理）。

问卷主要通过互联网发放，网络问卷优点包括但不限于访问速度、讯息反馈速度均较快，不受空间或时间的限制。但是，其也存在明显缺点，如受访者可能敷衍了事。因此，为提高有效性，本书采取了两种措施。第一，在问卷中设置填答时间，并剔除掉填写时间明显过短的无效问卷。第二，委托 G 公司战略部负责问卷收发与统筹等工作。研究者通过 G 公司战略部向各生产基地负责人发出电子问卷，再由各基地负责人向旗下各级管理人员发出问卷，包括初级管理人员（如制造车间班组长）、中级管理人员（如制造车间主任）和高级管理人员（如生产基地副总经理）。本书共发放问卷 350 份，回收 331 份，回收率为 94.57%；去除信息填答不完全，以及完全选择一个选项等无效问卷，得到有效问卷 304 份，有效率为 86.8%。

4.6　研究方法

4.6.1　深度访谈法

在文献分析的基础上，本书采用半结构化的深度访谈法，通过收集第一手数据，优化问卷的设计，提高问卷的效度。访谈的设计主要分为三个方面，访谈目标、访谈法的选用及访谈的步骤，具体如下。

4.6.1.1　访谈目标

找出适合技术密集型企业服务创新、竞争优势、环境动态性和企业绩效这四个研究变量的维度与题项，进而使调查问卷中的量表更符合客观现实。

4.6.1.2　访谈法的选用

访谈法是一种广泛应用于管理研究的资料收集方法与调查方法。在访谈的过程中，访问者与受访者针对特定的研究问题进行交流与互动，收集关于访谈对象态度、知觉、感情或事实的资料。访谈法的类型有多种划分形式，可以将访谈者与访谈对象的关系作为标准，划分为"一对多"的焦点小组访谈及"一对一"的深度访谈；也可以将访谈的结构作为标准，划分为结构化、半结构化及非结构化。

本书的访谈需要深入了解每一名受访的专家学者对量表的优化建议，这与"一对一"的深度访谈较为契合。此外，本书的访谈是访谈者依据事先设计的访谈提纲进行提问，访谈者可能结合具体情况对访谈的内容及流程进行灵活调整，同时也鼓励访谈对象积极参与，这与半结构化的访谈较为契合。因此，本书采用"一对一"的半结构化的深度访谈法。

4.6.1.3　访谈的步骤

第一，选取访谈对象。

本书选择 6 名技术密集型制造领域的专家作为访谈对象。其中，2 位为 G 公司的高级管理人员，2 位为 G 公司的中级管理人员，2 位为在企业管理、创新管理相关领域核心期刊中发表学术论文超过 2 篇的学者或研究人员。

第二，设计访谈提纲。

访谈提纲是访问者向访谈对象出具的问题列表。与调查问卷的封闭式问题不同，访谈提纲的主要功能是提示访问者与访谈对象。本书在文献分析的基础上对访谈提纲进行了设计。具体请参考"附录 1 G 公司高管及管理学专家学者访谈提纲"。

第三，实施访谈。

访问者于 2020 年 12 月 19 日至 2021 年 1 月 30 日期间，走访了访谈对象。访谈前，向访谈对象介绍到访目的及与技术密集型企业服务创新、竞争优势、环境动态性、企业绩效等方面相关的背景知识。同时，表明将对访谈内容进行技术处理，相关信息仅限于学术用途，且不会泄露个人或企业的信息。访谈时，以"一对一"、半结构化访谈的形式进行。按照事先准备好的访谈提纲推进，并结合实际情况对某些问题进行适当的灵活调整。此外，与每个访谈对象的交流时间控制在 40~50 分钟。

第四，整理访谈资料与总结结论。

通过上述深度访谈，本书发现，技术密集型制造企业较为重视服务创新，它们正在积极尝试通过服务创新转型来应对动态环境，增强竞争优势，提升企业绩效。同时，6 位专家也针对量表给出了一些切实可行的优化建议。基于少数服从多数的原则，若 6 位专家中至少有 4 位都认同某一个建议，则本书接受该建议。通过对访谈资料的分析与整理，本书得出如下结论：删除服务创新的"服务概念创新"维度及其题项，保留服务创新的"服务流程创新""交互关系创新"及"服务传递创新"这三个维度及其题项；保留"竞争优势""环境动态性"与"企业绩效"的维度及其题项。具体的访谈内容请参考"附录 2 G 公司高管及管理学专家学者访谈纪要"。

4.6.2　问卷调查法

本书采用问卷进行数据收集。问卷发放对象为 G 公司生产基地的管理部门员工。第一步，通过小样本预调查来保证问卷内容的有效性及科学性。本书向 60 名 G 公司生产基地的初级、中级和高级管理人员发放预调查问卷。然后，对预调查数据进行信度分析及效度分析，并对预调查问卷的题项进行优化，形成正式问卷。第二步，进行正式的问卷调查。向 350 名 G 公司生产基地的初级、中级和高级管理人员进行正式的问卷调查。关于正式问卷发放及回收的详细流程请参考"4.5 数据收集"。

4.6.3　统计分析法

本书借助 SPSS 26.0 统计软件，将问卷受访者的人口统计学背景变量作为控制变量，进行了信度分析、效度分析、描述统计分析、因子分析及回归分析，对研究假设进行了检验。其中，运用探索性因子分析验证量表结构的合理性，如因子与变量对应关系的合理性。

4.7　本章小结

本章详细阐述了研究设计的步骤，具体如下。

第一，构建研究架构，提出研究假设。

在第 2 章文献分析的基础上，提出了关于技术密集型企业服务创新、竞争优势、环境动态性及企业绩效四者关系的研究架构与研究假设。

第二，明确研究样本。

以智能家居龙头企业 G 公司作为技术密集型制造企业的范例，并选择 G 公司生产基地的初级、中级和高级管理人员作为研究对象进行实证研究。

第三，问卷的分析与整理。

首先，基于文献分析，明确各变量的操作性定义，构建各变量初始测量量表，形成初始问卷。其次，经过对 6 位专家的深度访谈后确认，只将初始量表中"服务创新"变量的"服务概念创新"维度及其题项进行删除，保留其他维度及题项，优化了初始量表。之后，对优化后的初始量表进行 60 份小样本预测试。预测试的信度与效度良好，优化后的初始量表通过了检测，形成正式问卷。最后，进行正式问卷数据收集。通过随机抽样，向 G 公司生产基地中被选中的 350 名初级、中级和高级管理人员发放正式问卷，共回收 304 份有效问卷，有效回收率 86.8%。

第四，梳理并论述主要研究方法。

详细阐述本书如何通过文献分析法、深度访谈法、问卷调查法及统计分析法进行研究设计。

综上所述，在第 2 章文献研究的基础上，本章提出了研究框架与研究假设，明确了研究样本，并通过定性与定量研究相结合的方法进行了问卷设计。这为第 5 章的数据分析与讨论打下了良好的基础。

⑤ 数据分析与讨论

5.1 问卷预测试

5.1.1 预测试问卷样本的描述统计分析

预测试共发放 60 份问卷，回收的有效问卷为 51 份。预测试问卷样本的描述统计分析见表 5–1。

表 5–1 预测试问卷受访者背景情况

背景变量		样本数	占比 /%
性别	男	28	54.90
	女	23	45.10
年龄	20 岁及以下	1	1.96
	21~30 岁	12	23.53
	31~40 岁	21	41.18
	41~50 岁	15	29.41
	51 岁及以上	2	3.92
学历	高中及以下	15	29.41
	本科	31	60.78
	硕士研究生	4	7.84
	博士研究生及以上	1	1.96
工龄	1 年及以下（含 1 年）	3	5.88
	1~3 年（含 3 年）	23	45.10
	3~5 年（含 5 年）	16	31.37
	5~10 年（含 10 年）	7	13.73
	10 年以上	2	3.92

背景变量		样本数	占比 /%
职位	初级管理人员	28	54.90
	中级管理人员	16	31.37
	高级管理人员	7	13.73

5.1.2　服务创新量表预测试结果

5.1.2.1　信度检验

根据表 5-2，在服务创新量表的预测试中，服务创新的三个操作变量服务流程创新、交互关系创新及服务传递创新的信度值分别为 0.961、0.963 及 0.864，都大于阈值标准 0.7。因此，预测试问卷的信度检验通过，保留服务创新的 13 个题项作为正式问卷的量表题项。

表 5-2　服务创新量表预测试问卷信度检验

操作变量	变量名称	Cronbach's α
A1	服务流程创新	0.961
A2	交互关系创新	0.963
A3	服务传递创新	0.864

5.1.2.2　效度检验

对服务创新量表（13 个题项）进行探索性因子分析，结果见表 5-3 至表 5-6。服务创新量表 KMO 值为 0.82，大于判断标准 0.7，Bartlett 球形检验卡方值为 1049.435，$p<0.001$，符合探索性因子分析的前置条件。

通过主成分分析法对服务创新量表进行分析，结果显示共得到三个因子（特征值都大于 1），三个因子的方差累计贡献率为 85.77%，大于 50% 的最低接受阈值。因此，提取三个公因子具备合理性。

通过最大方差法进行因子旋转，本书发现，每个题项的因子载荷系数都大于

0.5，这表明检验结果符合本书的理论假设。对旋转后的因子进行命名，分别为：服务流程创新（AX1、AX2、AX3、AX4、AX5），交互关系创新（AX6、AX7、AX8、AX9、AX10）及服务传递创新（AX11、AX12、AX13）。

表 5-3　服务创新量表探索性因子分析结果

因子	因素 1	因素 2	因素 3	KMO 与 Bartlett 球形检验			特征值	累计贡献率 /%
				KMO	近似卡方	自由度		
AX1	0.857	—	—					
AX2	0.866	—	—					
AX3	0.893	—	—				7.203	
AX4	0.913	—	—					
AX5	0.847	—	—					
AX6	—	0.900	—					
AX7	—	0.899	—	0.82	1049.435***	78		85.77
AX8	—	0.914	—				2.642	
AX9	—	0.934	—					
AX10	—	0.890	—					
AX11	—	—	0.824					
AX12	—	—	0.819				1.305	
AX13	—	—	0.860					

$***p < 0.001$。

表 5-4　服务创新量表 KMO 与 Bartlett 球形检验

KMO 检验		0.82
Bartlett 球形检验	近似卡方	1049.435
	df	78
	Sig.	0.000

表 5-5 服务创新量表解说总变异量

成分	初始特征值			提取载荷平方和			旋转载荷平方和		
	总计	总方差中的占比 /%	总方差中的累计占比 /%	总计	总方差中的占比 /%	总方差中的累计占比 /%	总计	总方差中的占比 /%	总方差中的累计占比 /%
1	7.203	55.410	55.410	7.203	55.410	55.410	4.431	34.086	34.086
2	2.642	20.323	75.733	2.642	20.323	75.733	4.243	32.639	66.725
3	1.305	10.038	85.771	1.305	10.038	85.771	2.476	19.046	85.771
4	0.387	2.974	88.745	—	—	—	—	—	—
5	0.322	2.480	91.224	—	—	—	—	—	—
6	0.284	2.183	93.408	—	—	—	—	—	—
7	0.237	1.823	95.230	—	—	—	—	—	—
8	0.207	1.595	96.825	—	—	—	—	—	—
9	0.169	1.297	98.122	—	—	—	—	—	—
10	0.092	0.707	98.829	—	—	—	—	—	—
11	0.071	0.544	99.372	—	—	—	—	—	—
12	0.052	0.402	99.774	—	—	—	—	—	—
13	0.029	0.226	100.000	—	—	—	—	—	—

注：提取方法为主成分分析法。

表 5-6 服务创新量表旋转成分矩阵

因子	题项	成分		
		1	2	3
AX1	贵企业通过信息管理系统和服务蓝图把控服务流程的各个节点	0.857	—	—
AX2	贵企业有规范的控制体系和标准化的流程进行新服务开发与交付	0.866	—	—
AX3	贵企业设置了独立的服务部门并配备了专业的服务人员	0.893	—	—
AX4	贵企业构建了规范的服务交付和服务质量考评体系	0.913	—	—
AX5	贵企业能有效地为客户量身打造端到端服务	0.847	—	—

因子	题项	成分		
		1	2	3
AX6	贵企业提供服务期间，客户可以及时进行信息反馈	—	0.900	—
AX7	贵企业常常寻找新的服务方式以更好地满足客户需求	—	0.899	—
AX8	贵企业重视在售前、售中及售后与客户进行沟通与互动	—	0.914	—
AX9	贵企业构建了信息化、数字化的客户关系管理系统	—	0.934	—
AX10	贵企业鼓励客户参与新服务的开发与交付和服务流程管理	—	0.890	—
AX11	贵企业的服务场景和服务界面经常替换和更新	—	—	0.824
AX12	贵企业采用移动终端和信息技术不断更新服务交付形式	—	—	0.819
AX13	贵企业为客户建立了广泛、多元化、便利的服务网络	—	—	0.860

注：撷取方法为主成分分析法。

5.1.3 竞争优势量表预测试结果

5.1.3.1 信度检验

根据表 5-7，在竞争优势量表的预测试中，竞争优势的两个操作变量，即差异化优势及成本领先优势的信度值分别为 0.975 及 0.900，都大于阈值标准 0.7。因此，预测试问卷的信度检验通过，保留竞争优势的 10 个题项作为正式问卷的量表题项。

表 5-7　竞争优势量表预测试问卷信度检验

操作变量	变量名称	Cronbach's α
$B1$	差异化优势	0.975
$B2$	成本领先优势	0.900

5.1.3.2 效度检验

对竞争优势量表（10 个题项）进行探索性因子分析，结果见表 5-8 至表 5-11。服务创新量表 KMO 值为 0.836，大于判断标准 0.7，Bartlett 球形检验卡方值为 1466.769，$p<0.001$，符合探索性因子分析的前置条件。

通过主成分分析法对服务创新量表进行分析，结果显示共得到两个因子，两个因子的方差累计贡献率为90.73%，大于50%的最低接受阈值。因此，提取两个公因子具备合理性。

通过最大方差法进行因子旋转，本书发现，每个题项的因子载荷系数都大于0.5，这表明检验结果符合本书的理论假设。对旋转后的因子进行命名，分别为：差异化优势（BX1、BX2、BX3、BX4、BX5）及成本领先优势（BX6、BX7、BX8、BX9、BX10）。

表 5-8　竞争优势量表探索性因子分析结果

因子	因素 1	因素 2	KMO	近似卡方	自由度	特征值	累计贡献率 /%
BX1	0.883	—					
BX2	0.786	—					
BX3	0.871	—				8.536	
BX4	0.802	—					
BX5	0.724	—	0.836	1466.769***	45		90.73
BX6	—	0.818					
BX7	—	0.807					
BX8	—	0.818				0.537	
BX9	—	0.78					
BX10	—	0.808					

***$p < 0.001$。

表 5-9　竞争优势量表 KMO 与 Bartlett 球形检验

KMO 检验		0.836
Bartlett 球形检验	近似卡方	1466.769
	df	45
	Sig.	0.000

表 5-10　竞争优势量表解说总变异量

成分	初始特征值			提取载荷平方和			旋转载荷平方和		
	总计	总方差中的占比/%	占比累积/%	总计	总方差中的占比/%	占比累积/%	总计	总方差中的占比/%	占比累积/%
1	8.536	85.361	85.361	8.536	85.361	85.361	4.556	45.555	45.555
2	0.537	5.368	90.730	0.537	5.368	90.730	4.517	45.174	90.730
3	0.365	3.648	94.378	—	—	—	—	—	—
4	0.223	2.234	96.613	—	—	—	—	—	—
5	0.146	1.461	98.074	—	—	—	—	—	—
6	0.135	1.353	99.426	—	—	—	—	—	—
7	0.028	0.278	99.704	—	—	—	—	—	—
8	0.013	0.131	99.835	—	—	—	—	—	—
9	0.012	0.118	99.953	—	—	—	—	—	—
10	0.005	0.047	100.000	—	—	—	—	—	—

注：提取方法为主成分分析法。

表 5-11　竞争优势量表旋转成分矩阵

因子	题项	成分	
		1	2
BX1	贵企业解决方案的技术指标优于竞争对手	0.883	—
BX2	贵企业解决方案的可靠性和运送速度优于竞争对手	0.786	—
BX3	贵企业解决方案售后服务和技术支持优于竞争对手	0.871	—
BX4	贵企业解决方案的品牌个性优于竞争对手	0.802	—
BX5	贵企业解决方案品牌在客户心中的分量高于竞争对手	0.724	—
BX6	贵企业广泛的技术应用对降低成本发挥了显著作用		0.818
BX7	贵企业单位解决方案的销售成本低于竞争对手		0.807
BX8	贵企业解决方案的终端售价低于竞争对手		0.818
BX9	贵企业单位解决方案的制造成本低于竞争对手		0.780
BX10	贵企业单位解决方案的开发成本低于竞争对手		0.808

注：撷取方法为主成分分析法。

5.1.4 环境动态性量表预测试结果

5.1.4.1 信度检验

根据表 5–12，在环境动态性量表的预测试中，环境动态性的三个操作变量，即技术动态性、市场动态性及政策动态性的信度值分别为 0.849、0.937 及 0.871，都大于阈值标准 0.7。因此，预测试问卷的信度检验通过，保留环境动态性的 6 个题项作为正式问卷题项。

表 5–12　环境动态性量表预测试问卷信度检验

操作变量	变量名称	Cronbach's α
$M1$	技术动态性	0.849
$M2$	市场动态性	0.937
$M3$	政策动态性	0.871

5.1.4.2 效度检验

对环境动态性量表（6 个题项）进行探索性因子分析，结果见表 5–13 至表 5–16。服务创新量表 KMO 值为 0.828，大于判断标准 0.7，Bartlett 球形检验卡方值为 1377.044，显著性值 $p<0.001$，符合探索性因子分析的前置条件。

通过主成分分析法对服务创新量表进行分析，结果显示共得到三个因子，三个因子的方差累计贡献率为 78.17%，大于 50% 的最低接受阈值。因此，提取三个公因子具备合理性。

通过最大方差法进行因子旋转，本书发现，每个题项的因子载荷系数都大于 0.5，这表明检验结果符合本书的理论假设。对旋转后的因子进行命名，分别为：技术动态性（MX1），市场动态性（MX2、MX3、MX4）及政策动态性（MX5、MX6）。

表 5-13 环境动态性量表探索性因子分析结果

因子	因素 1	因素 2	因素 3	KMO 与 Bartlett 检定			特征值	累计贡献率 /%
				KMO	近似卡方	自由度		
MX1	0.735						2.23	
MX2		0.974						
MX3		0.663		0.828	1377.044***	38	1.533	78.17
MX4		0.767						
MX5			0.861				0.928	
MX6			0.513					

***$p < 0.001$。

表 5-14 环境动态性量表 KMO 与 Bartlett 检验

KMO 检验		0.828
Bartlett 球形检验	近似卡方	1377.044
	df	38
	Sig.	0.000

表 5-15 环境动态性量表解说总变异量

成分	初始特征值			提取载荷平方和			旋转载荷平方和		
	总计	总方差中的占比 /%	占比累积 /%	总计	总方差中的占比 /%	占比累积 /%	总计	总方差中的占比 /%	占比累积 /%
1	2.230	37.168	37.168	2.230	37.168	37.168	2.012	33.533	33.533
2	1.533	25.544	62.712	1.533	25.544	62.712	1.386	23.107	56.640
3	0.928	15.459	78.171	0.928	15.459	78.171	1.292	21.531	78.171
4	0.871	14.513	92.684	—	—	—	—	—	—
5	0.372	6.198	98.882	—	—	—	—	—	—
6	0.067	1.118	100.000	—	—	—	—	—	—

注：提取方法为主成分分析法。

表 5-16　环境动态性量表旋转成分矩阵

因子	题项	成分		
		1	2	3
MX1	行业技术更新的速度和频率很快	0.735	—	—
MX2	产品供给因素的变化较快	—	0.974	—
MX3	顾客需求因素的变化较快	—	0.663	—
MX4	竞争者因素的变化较快	—	0.767	—
MX5	政府、行业政策的变化较快	—	—	0.861
MX6	社会文化环境的变化较快	—	—	0.513

注：撷取方法为主成分分析法。

5.1.5　企业绩效量表预测试结果

5.1.5.1　信度检验

根据表 5-17，在企业绩效量表的预测试中，企业绩效的信度值为 0.836，大于阈值标准 0.7。因此，预测试问卷的信度检验通过，保留企业绩效的 4 个题项作为正式问卷的量表题项。

表 5-17　企业绩效量表预测试问卷信度检验

操作变量	变量名称	Cronbach's α
C	企业绩效	0.836

5.1.5.2　效度检验

对企业绩效量表（4 个题项）进行探索性因子分析，结果见表 5-18 至表 5-21。企业绩效量表 KMO 值为 0.795，大于判断标准 0.7，Bartlett 球形检验卡方值为 104.562，显著性值 $p<0.001$，符合探索性因子分析的前置条件。

通过主成分分析法对服务创新量表进行分析，结果显示共得到一个因子，因子的方差累计贡献率为 67.287%，大于 50% 的最低接受阈值。因此，提取一个公因子具备合理性。

通过最大方差法进行因子旋转，本书发现，每个题项的因子载荷系数都大于 0.5，这表明检验结果符合本书的理论假设。将旋转后的因子命名为企业绩效（CX1、CX2、CX3、CX4）。

表 5-18　企业绩效量表探索性因子分析结果

因子	因素 1	KMO 与 Bartlett 球形检验			特征值	累计贡献率 /%
		KMO	近似卡方	自由度		
CX1	0.813					
CX2	0.828	0.795	104.562***	16	2.691	67.287
CX3	0.776					
CX4	0.862					

***$p < 0.001$。

表 5-19　企业绩效量表 KMO 与 Bartlett 球形检验

KMO 检验		0.795
Bartlett 球形检验	近似卡方	104.562
	df	16
	Sig.	0.000

表 5-20　企业绩效量表解说总变异量

成分	初始特征值			提取载荷平方和			旋转载荷平方和		
	总计	总方差中的占比 /%	占比累积 /%	总计	总方差中的占比 /%	占比累积 /%	总计	总方差中的占比 /%	占比累积 /%
1	2.691	67.287	67.287	2.691	67.287	67.287	2.691	67.287	67.287
2	0.558	13.942	81.229	—	—	—	—	—	—
3	0.415	10.377	91.606	—	—	—	—	—	—
4	0.336	8.394	100.000	—	—	—	—	—	—

注：提取方法为主成分分析法。

表 5-21　企业绩效量表旋转成分矩阵

因子	题项	成分
		1
CX1	销售利润率提升	0.813
CX2	投资回报率提升	0.828
CX3	服务/产品销售量增加	0.776
CX4	市场份额提升	0.862

5.1.6　预测试小结

上述检验结果表明，服务创新、竞争优势、环境动态性及企业绩效的量表都具有较好的信度和效度，各变量操作变量的划分也较为清晰。因此，保留上述四个量表的所有题项。

鉴于预测试问卷通过信度与效度检验，本书直接将预测试问卷作为正式问卷，以进行大规模正式调研。正式问卷中，服务创新量表包含13个题项，竞争优势量表包含10个题项，环境动态性量表包含6个题项，企业绩效量表包含4个题项。

5.2　正式问卷数据分析

在预测试问卷结果的基础上，本书进一步扩大样本量，并进行正式问卷调研。正式问卷由三个部分构成：第一部分旨在告知受访者本次问卷的调研背景与用途。第二部分旨在统计受访者的背景信息，包含5个题项。第三部分为问卷主题，共计33个题项，分别为服务创新（13个题项）、竞争优势（10个题项）、环境动态性（6个题项）、企业绩效（4个题项）。本书严格把控受访者的问卷填答回答时间，保证问卷的有效性及完整性。

本书共发放正式问卷350份，回收331份，回收率为94.57%；去除信息填答不完全，以及完全选择一个选项等无效问卷，得到有效问卷304份，有效率为86.86%。

5.2.1 正式问卷的描述统计分析

5.2.1.1 受访者背景情况统计

主要从受访者的性别、年龄、学历、工龄、职位这 5 个方面进行统计。结果见表 5-22。

表 5-22　正式问卷受访者背景情况

背景变量		样本数	占比 /%
性别	男	161	52.96
	女	143	47.04
年龄	20 岁及以下	14	4.61
	21~30 岁	68	22.37
	31~40 岁	122	40.13
	41~50 岁	57	18.75
	51 岁及以上	43	14.14
学历	高中及以下	88	28.95
	本科	179	58.88
	硕士研究生	24	7.89
	博士研究生及以上	13	4.28
工龄	1 年及以下（含 1 年）	50	16.45
	1~3 年（含 3 年）	131	43.09
	3~5 年（含 5 年）	83	27.30
	5~ 年（含 10 年）	30	9.87
	10 年以上	10	3.29
职位	初级管理人员	183	60.20
	中级管理人员	90	29.61
	高级管理人员	31	10.20

经与 G 公司管理层访谈得知，表 5-22 受访者背景情况结构比例与 G 公司生产部门的实际员工结构比例较为相近。因此，正式问卷的样本数据具有一定的代表性。

5.2.1.2 变量的描述统计分析

表 5-23 变量的描述统计分析列示了本书涉及的变量及其操作变量的数据特征，包括均值、标准偏差、最小值、最大值。其中，服务创新、竞争优势、环境动态性及企业绩效的均值分别为 3.826、3.921、4.285、3.855，其标准偏差都大于 0.5，表明数据分散合理。每个变量及其操作变量的数据特征都未出现异常。因此，下文适合对数据开展进一步的实证分析。

表 5-23　变量的描述统计分析

变量	N	均值	标准偏差	最小值	最大值
服务流程创新	304	3.841	1.230	1	5
交互关系创新	304	3.836	1.259	1	5
服务传递创新	304	3.803	1.304	1	5
服务创新	304	3.826	1.258	1	5
差异化优势	304	3.910	1.181	1	5
成本领先优势	304	3.932	1.117	1	5
竞争优势	304	3.921	1.149	1	5
技术动态性	304	4.224	0.683	1	5
市场动态性	304	4.294	0.740	1	5
政策动态性	304	4.339	0.650	1	5
环境动态性	304	4.285	0.674	1	5
企业绩效	304	3.855	1.206	1	5

5.2.2　正式问卷的信度检验

在前文的问卷预测试阶段，本书已对变量的信度检验方法进行了详细的论述。下文采用相同的方法进一步检验正式问卷中数据整体的可信度。分析结果见表 5-24。

表 5-24　正式问卷的信度检验结果

操作变量名称	题项数	Cronbach's α	结论
服务流程创新	5	0.944	通过
交互关系创新	5	0.951	通过
服务传递创新	3	0.885	通过
差异化优势	5	0.972	通过
成本领先优势	5	0.968	通过
企业绩效	4	0.864	通过
技术动态性	1	0.747	通过
市场动态性	3	0.703	通过
政策动态性	2	0.865	通过

根据表 5-24 可知，服务创新的操作变量服务流程创新、交互关系创新、服务传递创新的信度值分别为 0.944、0.951、0.885，竞争优势的操作变量差异化优势、成本领先优势的信度值分别为 0.972、0.968，都大于阈值标准 0.7。此外，企业绩效的信度值为 0.864，环境动态性的操作变量技术动态性、市场动态性、政策动态性的信度值分别为 0.747、0.703、0.865，也都在 0.7 以上。以上数据说明正式问卷的信度较好。

5.2.3　正式问卷的效度检验

效度分析用于评估题项是否能有效地表达变量的概念信息。问卷效度主要分为内容效度和结构效度。

内容效度主要评估问卷设计的合理性、科学性，关注测量题项是否能精确地反映研究内容。为了保证问卷的内容效度，本书在问卷设计过程中采用成熟的量表及题项，同时征询了技术密集型制造企业管理专家学者的意见，持续修改问卷。

结构效度指测量理论结构及特质的程度，通常使用因子分析法评估变量与题项的对应关系。使用因子分析法的前置条件是数据的 Bartlett 球形检验显著性

$p < 0.05$，并且 KMO 值 > 0.7。运用 SPSS 26.0 对每个量表数据进行 Bartlett 球形检验和 KMO 检验，最终都表现出较好的结果。因此，本书采用因子分析法进行效度分析。

为了探究变量的内在结构，本书对每个量表进行探索性因子分析，选择主成分分析法和最大方差旋转进行公因子的提取。当因子载荷 > 0.5 时，接受因子与题项的对应关系。

5.2.3.1 探索性因子分析的前置条件

根据表 5-25 可知，服务创新、竞争优势、环境动态性、企业绩效的 KMO 值分别为 0.866、0.862、0.824、0.643，对应 Bartlett 球形检验的显著性 p 值都小于 0.001。这表明，正式问卷中，服务创新、竞争优势、环境动态性及企业绩效这四个量表都适合采用探索性因子分析，且四个量表都有较好的结构效度。

表 5-25 各量表 KMO 及 Bartlett 球形检验

项目		服务创新	竞争优势	环境动态性	企业绩效
KMO		0.866	0.862	0.824	0.643
Bartlett 的球形检验	近似卡方检验	4463.015	6364.078	545.169	387.767
	自由度	78	45	6	15
	显着性	0.000	0.000	0.000	0.000

***$p < 0.001$。

5.2.3.2 服务创新正式量表的探索性因子分析

通过对服务创新正式量表（13 个题项）进行探索性因子分析，结果见表 5-26、表 5-27。

通过主成分分析法对服务创新量表进行分析，结果显示共得到 3 个因子，3 个因子的方差累计贡献率为 82.891%，大于 50% 的最低接受阈值。因此，提取 3 个公因子具备合理性。

通过最大方差法进行因子旋转，本书发现，每个题项的因子载荷系数都大于 0.5，这表明检验结果符合本书的理论假设。对旋转后的因子进行命名，分别为：

服务流程创新（AX1、AX2、AX3、AX4、AX5），交互关系创新（AX6、AX7、AX8、AX9、AX10）及服务传递创新（AX11、AX12、AX13）。

表 5-26　服务创新正式量表解说总变异量

成分	初始特征值			提取载荷平方和			旋转载荷平方和		
	总计	总方差中的占比 /%	占比累积 /%	总计	总方差中的占比 /%	占比累积 /%	总计	总方差中的占比 /%	占比累积 /%
1	7.689	59.146	59.146	7.689	59.146	59.146	4.209	32.377	32.377
2	1.920	14.772	73.918	1.920	14.772	73.918	3.947	30.359	62.736
3	1.166	8.973	82.891	1.166	8.973	82.891	2.620	20.155	82.891
4	0.674	5.185	88.076	—	—	—	—	—	—
5	0.336	2.587	90.662	—	—	—	—	—	—
6	0.285	2.192	92.854	—	—	—	—	—	—
7	0.246	1.892	94.746	—	—	—	—	—	—
8	0.197	1.516	96.262	—	—	—	—	—	—
9	0.155	1.189	97.451	—	—	—	—	—	—
10	0.113	0.868	98.319	—	—	—	—	—	—
11	0.104	0.803	99.122	—	—	—	—	—	—
12	0.067	0.513	99.635	—	—	—	—	—	—
13	0.047	0.365	100.000	—	—	—	—	—	—

注：提取方法为主成分分析法。

表 5-27　服务创新正式量表旋转成分矩阵

因子	题项	成分		
		1	2	3
AX1	贵企业通过信息管理系统和服务蓝图把控服务流程的各个节点	0.887	—	—
AX2	贵企业有规范的控制体系和标准化的流程进行新服务开发与交付	0.880	—	—
AX3	贵企业设置了独立的服务部门并配备了专业的服务人员	0.870	—	—

因子	题项	成分		
		1	2	3
AX4	贵企业构建了规范的服务交付和服务质量考评体系	0.852	—	—
AX5	贵企业能有效地为客户量身打造端到端服务	0.824	—	—
AX6	贵企业提供服务期间，客户可以及时进行信息反馈	—	0.849	—
AX7	贵企业常常寻找新的服务方式以更好地满足客户需求	—	0.847	—
AX8	贵企业重视在售前、售中及售后与客户进行沟通与互动	—	0.838	—
AX9	贵企业构建了信息化、数字化的客户关系管理系统	—	0.810	—
AX10	贵企业鼓励客户参与新服务的开发与交付和服务流程管理	—	0.790	—
AX11	贵企业的服务场景和服务界面经常替换和更新	—	—	0.846
AX12	贵企业采用移动终端和信息技术不断更新服务交付形式	—	—	0.821
AX13	贵企业为客户建立了广泛、多元化、便利的服务网络	—	—	0.818

注：撷取方法为主成分分析法。

5.2.3.3 竞争优势正式量表的探索性因子分析

对竞争优势量表（10个题项）进行探索性因子分析，结果见表5-28、表5-29。

通过主成分分析法对服务创新量表进行分析，结果显示共得到2个因子，2个因子的方差累计贡献率为89.702%，大于50%的最低接受阈值。因此，提取2个公因子具备合理性。

通过最大方差法进行因子旋转，本书发现，每个题项的因子载荷系数都大于0.5，这表明检验结果符合本书的理论假设。对旋转后的因子进行命名，分别为：差异化优势（BX1、BX2、BX3、BX4、BX5）及成本领先优势（BX6、BX7、BX8、BX9、BX10）。

表 5-28　竞争优势正式量表解说总变异量

成分	初始特征值			提取载荷平方和			旋转载荷平方和		
	总计	总方差中的占比 /%	占比累积 /%	总计	总方差中的占比 /%	占比累积 /%	总计	总方差中的占比 /%	占比累积 /%
1	7.140	71.403	71.403	7.140	71.403	71.403	4.498	44.979	44.979
2	1.830	18.299	89.702	1.830	18.299	89.702	4.472	44.724	89.702
3	0.402	4.017	93.720	—	—	—	—	—	—
4	0.246	2.459	96.179	—	—	—	—	—	—
5	0.174	1.741	97.919	—	—	—	—	—	—
6	0.159	1.591	99.511	—	—	—	—	—	—
7	0.020	0.202	99.713	—	—	—	—	—	—
8	0.012	0.119	99.832	—	—	—	—	—	—
9	0.011	0.106	99.938	—	—	—	—	—	—
10	0.006	0.062	100.000	—	—	—	—	—	—

注：提取方法为主成分分析法。

表 5-29　竞争优势正式量表旋转成分矩阵

因子	题项	成分	
		1	2
BX1	贵企业解决方案的技术指标优于竞争对手	0.923	—
BX2	贵企业解决方案的可靠性和运送速度优于竞争对手	0.921	—
BX3	贵企业解决方案售后服务和技术支持优于竞争对手	0.908	—
BX4	贵企业解决方案的品牌个性优于竞争对手	0.898	—
BX5	贵企业解决方案品牌在客户心中的分量高于竞争对手	0.859	—
BX6	贵企业广泛的技术应用对降低成本发挥了显著作用	—	0.932
BX7	贵企业单位解决方案的销售成本低于竞争对手	—	0.931
BX8	贵企业解决方案的终端售价低于竞争对手	—	0.913
BX9	贵企业单位解决方案的制造成本低于竞争对手	—	0.911
BX10	贵企业单位解决方案的开发成本低于竞争对手	—	0.790

注：撷取方法为主成分分析法。

5.2.3.4 环境动态性正式量表的探索性因子分析

对环境动态性量表（6个题项）进行探索性因子分析，结果见表5-30至表5-31。

通过主成分分析法对服务创新量表进行分析，结果显示共得到三个因子，三个因子的方差累计贡献率为78.105%，大于50%的最低接受阈值。因此，提取三个公因子具备合理性。

通过最大方差法进行因子旋转，本书发现，每个题项的因子载荷系数都大于0.5，这表明检验结果符合本书的理论假设。对旋转后的因子进行命名，分别为：技术动态性（MX1），市场动态性（MX2、MX3、MX4）及政策动态性（MX5、MX6）。

表 5-30　环境动态性正式量表解说总变异量

成分	初始特征值			提取载荷平方和			旋转载荷平方和		
	总计	总方差中的占比/%	占比累积/%	总计	总方差中的占比/%	占比累积/%	总计	总方差中的占比/%	占比累积/%
1	2.150	35.833	35.833	2.150	35.833	35.833	2.144	35.730	35.730
2	1.533	25.548	61.381	1.533	25.548	61.381	1.535	25.590	61.320
3	1.003	16.724	78.105	1.003	16.724	78.105	1.007	16.784	78.105
4	0.482	8.035	86.140	—	—	—	—	—	—
5	0.439	7.322	93.462	—	—	—	—	—	—
6	0.392	6.538	100.000	—	—	—	—	—	—

注：提取方法为主成分分析法。

表 5-31　环境动态性正式量表旋转成分矩阵

因子	题项	成分		
		1	2	3
MX1	行业技术更新的速度和频率很快	0.997	—	—
MX2	产品供给因素的变化较快	—	0.857	—
MX3	顾客需求因素的变化较快	—	0.844	—
MX4	竞争者因素的变化较快	—	0.834	—
MX5	政府、行业政策的变化较快	—	—	0.876
MX6	社会文化环境的变化较快	—	—	0.875

注：撷取方法为主成分分析法。

5.2.3.5 企业绩效正式量表的探索性因子分析

对企业绩效量表（4个题项）进行探索性因子分析，结果如表5-32至表5-33所示。

通过主成分分析法对服务创新量表进行分析，结果显示共得到1个因子，因子的方差累计贡献率为70.859%，大于50%的最低接受阈值。因此，提取1个公因子具备合理性。

通过最大方差法进行因子旋转，本书发现，每个题项的因子载荷系数都大于0.5，这表明检验结果符合本书的理论假设。将旋转后的因子命名为企业绩效（CX1、CX2、CX3、CX4）。

表 5-32 企业绩效量表解说总变异量

成分	初始特征值			提取载荷平方和			旋转载荷平方和		
	总计	总方差中的占比/%	占比累积/%	总计	总方差中的占比/%	占比累积/%	总计	总方差中的占比/%	占比累积/%
1	2.834	70.859	70.859	2.834	70.859	70.859	2.834	70.859	70.859
2	0.433	10.826	81.686	—	—	—	—	—	—
3	0.400	9.997	91.682	—	—	—	—	—	—
4	0.333	8.318	100.000	—	—	—	—	—	—

注：提取方法为主成分分析法。

表 5-33 企业绩效量表旋转成分矩阵

因子	题项	成分
		1
CX1	销售利润率提升	0.855
CX2	投资回报率提升	0.846
CX3	服务/产品销售量增加	0.840
CX4	市场份额提升	0.826

5.2.4　背景因素下的变量差异性分析

对服务创新（维度分别为服务流程创新、交互关系创新、服务传递创新）、竞争优势（维度分别为差异化优势、成本领先优势），环境动态性（维度分别为技术动态性、市场动态性、政策动态性）和企业绩效 4 个变量在被调研人员的背景因素各方面不同组别之间的差异进行分析。

5.2.4.1　性别在变量结果上的差异性分析

使用独立样本 t 检验进行分析，见表 5-34，在不同性别之间，成本领先优势、环境动态性、政策动态性、企业绩效的差异显著性小于 0.05，存在显著差异；其余指标差异显著性大于 0.05，不存在显著差异。由均值差异检验结果可知，女性员工在成本领先优势、环境动态性、政策动态性、企业绩效等方面都高于男性员工。

表 5-34　不同性别在结果上的显著性差异性分析

变量名称	性别	N	平均值	标准差	标准误平均值	t	p	是否有差异
服务流程创新	男	161	3.5602	1.21219	0.09553	-1.656	0.099	否
	女	143	3.7776	1.07706	0.09007			
交互关系创新	男	161	3.4820	1.28130	0.10098	-1.949	0.052	否
	女	143	3.7497	1.11342	0.09311			
服务传递创新	男	161	3.4886	1.31763	0.10384	-1.360	0.175	否
	女	143	3.6853	1.20301	0.10060			
差异化优势	男	161	3.5503	1.19834	0.09444	-1.892	0.059	否
	女	143	3.7888	0.99796	0.08345			
成本领先优势	男	161	3.5280	1.18460	0.09336	-3.074	0.002	是
	女	143	3.8979	0.90845	0.07597			
环境动态性	男	161	3.5280	1.07855	0.08500	-2.392	0.017	是
	女	143	3.8112	0.98547	0.08241			
市场动态性	男	161	3.5631	1.10065	0.08674	-1.951	0.052	否
	女	143	3.8019	1.03176	0.08628			

变量名称	性别	N	平均值	标准差	标准误平均值	t	p	是否有差异
政策动态性	男	161	3.6025	1.13622	0.08955	−2.975	0.003	是
	女	143	3.9650	0.98876	0.08268			
企业绩效	男	161	3.5186	1.15534	0.09105	−2.009	0.045	是
	女	143	3.7605	0.94192	0.07877			

5.2.4.2　年龄在变量结果上的差异性分析

使用单因素方差分析进行检验，见表5-35，在不同年龄之间，服务流程创新、交互关系创新、服务传递创新的差异显著性小于0.05，存在显著差异；其余指标差异显著性大于0.05，不存在显著差异。

由均值差异检验结果可知，51岁及以上年龄的员工在服务流程创新、交互关系创新、服务传递创新等方面都高于其他年龄段的员工。

表5-35　不同年龄在结果上的显著性差异性分析

变量名称	年龄	N	平均值	标准差	标准误平均值	F	p	是否有差异
服务流程创新	20岁及以下	14	3.0143	1.40431	0.37532	2.753	0.028	是
	21~30岁	68	3.4971	1.15564	0.14014			
	31~40岁	122	3.6230	1.18871	0.10762			
	41~50岁	57	3.8912	1.05022	0.13910			
	51岁及以上	43	3.9442	0.99074	0.15109			
交互关系创新	20岁及以下	14	3.0286	1.37864	0.36846	2.571	0.038	是
	21~30岁	68	3.4118	1.25157	0.15178			
	31~40岁	122	3.5820	1.22319	0.11074			
	41~50岁	57	3.7544	1.17109	0.15511			
	51岁及以上	43	3.9860	0.99847	0.15227			

变量名称	年龄	N	平均值	标准差	标准误平均值	F	p	是否有差异
服务传递创新	20 岁及以下	14	2.7619	1.47590	0.39445			
	21~30 岁	68	3.3676	1.30840	0.15867			
	31~40 岁	122	3.5191	1.31534	0.11909	4.008	0.003	是
	41~50 岁	57	3.8538	1.14784	0.15203			
	51 岁及以上	43	4.0000	0.91721	0.13987			
差异化优势	20 岁及以下	14	3.3000	1.21718	0.32531			
	21~30 岁	68	3.4765	1.20300	0.14588			
	31~40 岁	122	3.6836	1.09025	0.09871	1.326	0.260	否
	41~50 岁	57	3.8105	1.00315	0.13287			
	51 岁及以上	43	3.8186	1.11851	0.17057			
成本领先优势	20 岁及以下	14	3.1857	1.39331	0.37238			
	21~30 岁	68	3.5647	1.13975	0.13822			
	31~40 岁	122	3.7000	1.07111	0.09697	1.702	0.149	否
	41~50 岁	57	3.8667	0.91130	0.12071			
	51 岁及以上	43	3.8744	1.05381	0.16070			
环境动态性	20 岁及以下	14	3.5000	0.75955	0.20300			
	21~30 岁	68	3.6029	0.99461	0.12061			
	31~40 岁	122	3.6311	1.09997	0.09959	0.757	0.554	否
	41~50 岁	57	3.6491	1.02628	0.13593			
	51 岁及以上	43	3.9070	1.06489	0.16239			
市场动态性	20 岁及以下	14	3.5714	0.94669	0.25301			
	21~30 岁	68	3.5980	1.09053	0.13225			
	31~40 岁	122	3.6503	1.14018	0.10323	0.446	0.776	否
	41~50 岁	57	3.7135	0.98085	0.12992			
	51 岁及以上	43	3.8527	1.03203	0.15738			
政策动态性	20 岁及以下	14	3.6071	0.96434	0.25773			
	21~30 岁	68	3.7574	1.08756	0.13189			
	31~40 岁	122	3.7951	1.09044	0.09872	0.131	0.971	否
	41~50 岁	57	3.7456	1.13831	0.15077			
	51 岁及以上	43	3.8256	1.05720	0.16122			

变量名称	年龄	N	平均值	标准差	标准误平均值	F	p	是否有差异
企业绩效	20 岁及以下	14	3.1607	1.26189	0.33726	1.479	0.208	否
	21~30 岁	68	3.5037	1.12593	0.13654			
	31~40 岁	122	3.6352	1.04355	0.09448			
	41~50 岁	57	3.7456	1.02152	0.13530			
	51 岁及以上	43	3.8314	0.99361	0.15152			

5.2.4.3 学历在变量结果上的差异性分析

使用单因素方差分析进行检验，见表 5-36，在不同学历间，服务流程创新、差异化优势、成本领先优势、企业绩效的差异显著性小于 0.05，存在显著差异；其余指标显著性大于 0.05，差异不显著。

由均值差异检验结果可知，博士研究生员工在服务流程创新、差异化优势、成本领先优势、企业绩效等方面都高于其他学历的员工。

表 5-36 不同学历在结果上的显著性差异性分析

变量名称	学历	N	平均值	标准差	标准误平均值	F	p	是否有差异
服务流程创新	高中及以下	88	3.3068	1.35272	0.14420	4.875	0.003	是
	本科	179	3.7821	1.03648	0.07747			
	硕士研究生	24	3.7417	1.01206	0.20659			
	博士研究生	13	4.2769	0.94353	0.26169			
交互关系创新	高中及以下	88	3.3591	1.33637	0.14246	2.062	0.105	否
	本科	179	3.6872	1.14813	0.08582			
	硕士研究生	24	3.7083	1.03164	0.21058			
	博士研究生	13	4.0154	1.31266	0.36407			

变量名称	学历	N	平均值	标准差	标准误平均值	F	p	是否有差异
服务传递创新	高中及以下	88	3.3674	1.38689	0.14784	1.371	0.252	否
	本科	179	3.6648	1.18801	0.08880			
	硕士研究生	24	3.5694	1.18150	0.24117			
	博士研究生	13	3.8974	1.55388	0.43097			
差异化优势	高中及以下	88	3.5000	1.23512	0.13166	3.316	0.020	是
	本科	179	3.6447	1.09227	0.08164			
	硕士研究生	24	3.9917	0.70397	0.14370			
	博士研究生	13	4.4000	0.76158	0.21122			
成本领先优势	高中及以下	88	3.6159	1.12535	0.11996	3.064	0.028	是
	本科	179	3.6458	1.10011	0.08223			
	硕士研究生	24	4.0667	0.63429	0.12947			
	博士研究生	13	4.3846	0.75038	0.20812			
环境动态性	高中及以下	88	3.4886	1.05039	0.11197	2.600	0.052	否
	本科	179	3.6872	1.03988	0.07772			
	硕士研究生	24	3.7500	0.89685	0.18307			
	博士研究生	13	4.3077	1.10940	0.30769			
市场动态性	高中及以下	88	3.5644	1.16610	0.12431	1.448	0.229	否
	本科	179	3.6778	1.04332	0.07798			
	硕士研究生	24	3.7778	0.95638	0.19522			
	博士研究生	13	4.2051	0.96742	0.26831			
政策动态性	高中及以下	88	3.6477	1.16500	0.12419	0.988	0.399	否
	本科	179	3.8073	1.06818	0.07984			
	硕士研究生	24	3.7708	0.89660	0.18302			
	博士研究生	13	4.1538	1.00798	0.27956			

变量名称	学历	N	平均值	标准差	标准误平均值	F	p	是否有差异
企业绩效	高中及以下	88	3.5682	1.14579	0.12214	3.043	0.029	是
	本科	179	3.5726	1.05981	0.07921			
	硕士研究生	24	3.9063	0.73282	0.14959			
	博士研究生	13	4.3846	0.78139	0.21672			

5.2.4.4 工龄在变量结果上的差异性分析

使用单因素方差分析进行检验，见表 5-37，不同工龄之间环境动态性差异显著性小于 0.05，存在显著差异；其余指标差异显著性大于 0.05，不存在显著差异。

由均值差异检验结果可知，工龄 10 年以上的员工在环境动态性方面高于其他工龄的员工。

表 5-37　不同工龄在结果上的显著性差异性分析

变量名称	工龄	N	平均值	标准差	标准误平均值	F	p	是否有差异
服务流程创新	1 年及以下（含 1 年）	50	3.5320	1.17845	0.16666	1.473	0.21	否
	1~3 年（含 3 年）	131	3.6382	1.17070	0.10228			
	3~5 年（含 5 年）	83	3.6120	1.17550	0.12903			
	5~10 年（含 10 年）	30	3.8867	1.08492	0.19808			
	10 年以上	10	4.3800	0.46619	0.14742			
交互关系创新	1 年及以下（含 1 年）	50	3.5120	1.17814	0.16661	2.058	0.086	否
	1~3 年（含 3 年）	131	3.5435	1.24364	0.10866			
	3~5 年（含 5 年）	83	3.5325	1.26887	0.13928			
	5~10 年（含 10 年）	30	4.0067	0.98609	0.18003			
	10 年以上	10	4.3600	0.57194	0.18086			

变量名称	工龄	N	平均值	标准差	标准误平均值	F	p	是否有差异
服务传递创新	1年及以下（含1年）	50	3.5400	1.19692	0.16927	1.231	0.298	否
	1~3年（含3年）	131	3.5903	1.23660	0.10804			
	3~5年（含5年）	83	3.4578	1.33304	0.14632			
	5~10年（含10年）	30	3.6889	1.45147	0.2650			
	10年以上	10	4.3667	0.53171	0.16814			
差异化优势	1年及以下（含1年）	50	3.4720	1.20662	0.17064	2.391	0.051	否
	1~3年（含3年）	131	3.6443	1.09300	0.09550			
	3~5年（含5年）	83	3.5807	1.15890	0.12721			
	5~10年（含10年）	30	4.0667	0.93120	0.17001			
	10年以上	10	4.3200	0.46380	0.14667			
成本领先优势	1年及以下（含1年）	50	3.5120	1.10225	0.15588	2.151	0.075	否
	1~3年（含3年）	131	3.7221	1.02958	0.08996			
	3~5年（含5年）	83	3.6072	1.18175	0.12971			
	5~10年（含10年）	30	3.9467	1.01293	0.18493			
	10年以上	10	4.4400	0.26331	0.08327			
环境动态性	1年及以下（含1年）	50	3.3200	1.18563	0.16767	2.636	0.034	是
	1~3年（含3年）	131	3.6565	0.97485	0.08517			
	3~5年（含5年）	83	3.7349	1.04863	0.11510			
	5~10年（含10年）	30	3.8333	1.05318	0.19228			
	10年以上	10	4.3000	0.67495	0.21344			
市场动态性	1年及以下（含1年）	50	3.3733	1.25382	0.17732	2.324	0.057	否
	1~3年（含3年）	131	3.6539	1.00885	0.08814			
	3~5年（含5年）	83	3.7590	1.06218	0.11659			
	5~10年（含10年）	30	3.8111	1.08872	0.19877			
	10年以上	10	4.3667	0.53171	0.16814			

续表

变量名称	工龄	N	平均值	标准差	标准误平均值	F	p	是否有差异
政策动态性	1年及以下（含1年）	50	3.4700	1.15798	0.16376	1.807	0.127	否
	1~3年（含3年）	131	3.8282	1.04287	0.09112			
	3~5年（含5年）	83	3.7831	1.05690	0.11601			
	5~10年（含10年）	30	3.8167	1.21402	0.22165			
	10年以上	10	4.3500	0.78351	0.24777			
企业绩效	1年及以下（含1年）	50	3.4350	1.08187	0.15300	2.331	0.056	否
	1~3年（含3年）	131	3.6336	1.04619	0.09141			
	3~5年（含5年）	83	3.5452	1.13168	0.12422			
	5~10年（含10年）	30	3.9833	0.94443	0.17243			
	10年以上	10	4.2750	0.58274	0.18428			

5.2.4.5 职位在变量结果上的差异性分析

使用单因素方差分析进行检验，见表5-38，不同职位之间，交互关系创新、服务传递创新的差异显著性小于0.05，存在显著差异；其余指标差异显著性大于0.05，不存在显著差异。

由均值差异检验结果可知，高级管理人员在交互关系创新、服务传递创新等方面都高于中级管理人员与初级管理人员。

表5-38 不同职位在结果上的显著性差异性分析

变量名称	职位	N	平均值	标准差	标准误平均值	F	p	是否有差异
服务流程创新	初级管理人员	183	3.6164	1.16202	0.08590	2.704	0.069	否
	中级管理人员	90	3.6000	1.21637	0.12822			
	高级管理人员	31	4.1161	0.79293	0.14241			
交互关系创新	初级管理人员	183	3.4503	1.28921	0.09530	5.343	0.005	是
	中级管理人员	90	3.7422	1.08607	0.11448			
	高级管理人员	31	4.1484	0.84533	0.15183			

变量名称	职位	N	平均值	标准差	标准误平均值	F	p	是否有差异
服务传递创新	初级管理人员	183	3.5191	1.28748	0.09517	4.930	0.008	是
	中级管理人员	90	3.4778	1.31926	0.13906			
	高级管理人员	31	4.2473	0.68836	0.12363			
差异化优势	初级管理人员	183	3.6579	1.09962	0.08129	0.077	0.926	否
	中级管理人员	90	3.6467	1.12101	0.11817			
	高级管理人员	31	3.7355	1.20265	0.21600			
成本领先优势	初级管理人员	183	3.6940	1.09239	0.08075	0.026	0.974	否
	中级管理人员	90	3.7044	1.05414	0.11112			
	高级管理人员	31	3.7419	1.09446	0.19657			
环境动态性	初级管理人员	183	3.6230	1.06127	0.07845	0.957	0.385	否
	中级管理人员	90	3.6556	0.99618	0.10501			
	高级管理人员	31	3.9032	1.07563	0.19319			
市场动态性	初级管理人员	183	3.6448	1.08863	0.08047	1.099	0.335	否
	中级管理人员	90	3.6444	1.03110	0.10869			
	高级管理人员	31	3.9462	1.10251	0.19802			
政策动态性	初级管理人员	183	3.7459	1.10552	0.08172	0.173	0.841	否
	中级管理人员	90	3.8000	1.05681	0.11140			
	高级管理人员	31	3.8548	1.05035	0.18865			
企业绩效	初级管理人员	183	3.6230	1.05867	0.07826	0.110	0.896	否
	中级管理人员	90	3.6222	1.03739	0.10935			
	高级管理人员	31	3.7177	1.21062	0.21743			

5.2.5 相关性分析

考虑性别、年龄、职位、学历、职位作为控制变量可能会影响本书结果,因此,我们先进行相关性检验。

相关性检验的判定标准主要有两个方面。第一,若 $p < 0.05$,则说明具有显著相关性。第二,基于皮尔逊相关性数值判定是正相关还是负相关,以及相关程

度的强弱。下文从服务创新、竞争优势、环境动态性及企业绩效的变量整体及其维度进行相关性研究。

从变量整体角度看，变量间正相关性成立。为了检验性别、年龄、学历、工龄、职位、服务创新、竞争优势、企业绩效、环境动态性之间的相关性，采用皮尔逊相关进行分析，分析结果见表 5-39。其中，服务创新、竞争优势、企业绩效、环境动态性两两之间显著正相关，相关系数从 0.384 至 0.945 不等，每个相关系数的 p 值 <0.01。

表 5-39　变量间相关性分析

变量	性别	年龄	学历	工龄	职位	服务创新	竞争优势	企业绩效	环境动态性
性别	1								
年龄	0.030	1							
学历	0.081	0.132*	1						
工龄	−0.033	0.06	0.090	1					
职位	0.005	0.007	0.034	0.112	1				
服务创新	0.103	0.210**	0.152**	0.105	0.147*	1			
竞争优势	0.116*	0.201**	0.168**	0.102	0.128*	0.945**	1		
企业绩效	0.113*	0.132*	0.136*	0.135*	0.020	0.620**	0.652**	1	
环境动态性	0.147*	0.065	0.123*	0.156**	0.059	0.386**	0.341**	0.384**	1

$**p < 0.01$；$*p<0.05$。

从维度角度看，变量间正相关性也成立。

首先，见表 5-40，服务创新与竞争优势具有显著的正相关性。具体而言，服务流程创新与差异化优势具有显著的正相关性，其系数为 0.610，与成本领先优势具有显著的正相关性，其系数为 0.586。交互关系创新与差异化优势具有显著的正相关性，其系数为 0.583，与成本领先优势具有显著的正相关性，其系数为 0.559。服务传递创新与差异化优势具有显著的正相关性，其系数为 0.498，与成本领先优势具有显著的正相关性，其系数为 0.490。

表 5-40 服务创新与竞争优势的相关性分析

研究变量	统计检验指标	服务流程创新	交互关系创新	服务传递创新
差异化优势	皮尔逊相关性	0.610**	0.583**	0.498**
	Sig.（双尾）	0	0	0
成本领先优势	皮尔逊相关性	0.586**	0.559**	0.490**
	Sig.（双尾）	0	0	0

$**p < 0.01$。

其次，见表 5-41，服务创新与企业绩效具有显著的正相关性。具体而言，服务流程创新与企业绩效具有显著的正相关性，其系数为 0.623。交互关系创新与企业绩效具有显著的正相关性，其系数为 0.590。服务传递创新与企业绩效具有显著的正相关性，其系数为 0.511。

表 5-41 服务创新与企业绩效的相关性分析

研究变量	统计检验指标	服务流程创新	交互关系创新	服务传递创新
企业绩效	皮尔逊相关性	0.623**	0.590**	0.511**
	Sig.（双尾）	0	0	0

$**p < 0.01$。

最后，见表 5-42，竞争优势与企业绩效具有显著的正相关性。具体而言，差异化优势与企业绩效具有显著的正相关性，其系数为 0.929。成本领先优势与企业绩效具有显著的正相关性，其系数为 0.906。

表 5-42 竞争优势与企业绩效的相关性分析

研究变量	统计检验指标	差异化优势	成本领先优势
企业绩效	皮尔逊相关性	0.929**	0.906**
	Sig.（双尾）	0	0

$**p < 0.01$。

5.2.6 回归分析

通过上述差异性分析和相关性分析发现，本书的背景因素变量与研究变量之

间存在一定的关系，初步验证了本书提出的部分假设。为了进一步研究变量之间的关系，下文采运用多元线性回归分析，进一步阐释变量间的作用关系。

5.2.6.1 服务创新与竞争优势的回归分析

第一步，从竞争优势变量整体的角度进行检验。

服务创新与竞争优势的回归关系检验见表 5-43。M_1 检验了背景变量作为控制变量对竞争优势的影响。在 M_1 的基础上，加入服务创新变量，构建 M_2。之后，加入服务创新的操作变量，构建 M_3。

表 5-43　服务创新与竞争优势的回归分析

变量分类	变量名称	竞争优势		
		M_1	M_2	M_3
控制变量	性别	0.103	0.018	0.017
	年龄	0.176**	−0.001	0.013
	学历	0.126*	0.024	0.001
	工龄	0.071	0.003	−0.007
	职位	0.114*	−0.012	−0.001
自变量	服务创新		0.941***	
	服务流程创新			0.569***
	交互关系创新			0.315***
	服务传递创新			0.135***
	R^2	0.090	0.894	0.917
	Adj R^2	0.075	0.891	0.915
	F	5.921***	415.669***	409.633***

*$p<0.05$；**$p<0.01$；***$p<0.001$。

从 M_1 的结果看，该模型检验值（$F=5.921$，$p<0.001$）表明该模型具有统计学意义；进一步，从 M_2 的结果看，加入服务创新变量后，该模型 F 值显著提升（$F=415.669$，$p<0.001$），其模型的 Adj R^2 值为 0.891，说明该模型具有较好的解释力度。最终研究发现，服务创新对竞争优势的影响系数为 0.941（$p<0.001$），说明

服务创新对竞争优势具有正向的影响作用。最后，从 M_3 的结果看，服务流程创新、交互关系创新、服务传递创新对竞争优势也具有正向的影响作用，其系数分别为 0.569（$p<0.001$）、0.315（$p<0.001$）、0.135（$p<0.001$），说明无论是整体来看，还是从操作变量的影响结果来看，服务创新对竞争优势的影响是显著正向的。

第二步，从竞争优势的操作变量差异化优势的角度进行检验。

服务创新与差异化优势的回归关系检验见表 5-44。M_4 检验了背景变量作为控制变量对差异化优势的影响。在 M_4 的基础上，加入服务创新变量，构建 M_5。之后，加入服务创新的操作变量，构建 M_6。

表 5-44　服务创新与差异化优势的回归分析

变量分类	变量名称	差异化优势		
		M_4	M_5	M_6
控制变量	性别	0.097	0.044	0.042
	年龄	0.095	−0.016	−0.004
	学历	0.138*	0.073	0.054
	工龄	0.127*	0.084	0.074
	职位	−0.006	−0.086	−0.078
自变量	服务创新	—	0.594***	—
	服务流程创新	—	—	0.399***
	交互关系创新	—	—	0.218**
	服务传递创新	—	—	0.124*
	R^2	0.063	0.384	0.402
	Adj R^2	0.048	0.371	0.386
	F	4.026**	30.828***	24.788***

*$p<0.05$；**$p<0.01$；***$p<0.001$。

从 M_4 的结果看，该模型检验值（$F=4.026$，$p<0.01$）表明该模型具有统计学意义；进一步，从 M_5 的结果看，加入服务创新变量后，该模型 F 值显著提升（$F=30.828$，$p<0.001$），其模型的 Adj R^2 值为 0.371，说明该模型具有较好的解释

力度。最终研究发现，服务创新对差异化优势的影响系数为 0.594（$p<0.001$），说明服务创新对差异化优势具有正向的影响作用。最后，从 M_6 的结果看，服务流程创新、交互关系创新、服务传递创新对差异化优势也具有正向的影响作用，其系数分别为 0.399（$p<0.001$）、0.218（$p<0.001$）、0.124（$p<0.001$），说明无论是整体来看，还是从操作变量的影响结果来看，服务创新对差异化优势存在正向影响作用，研究假设 H1a、H1b、H1c 得到验证。

服务创新与成本领先优势的回归关系检验见表 5-45。M_7 检验了背景变量作为控制变量对成本领先优势的影响。在 M_7 的基础上，加入服务创新变量，构建 M_8。之后，加入服务创新的操作变量，构建 M_9。

表 5-45　服务创新与成本领先优势的回归分析

变量分类	变量名称	成本领先优势		
		M_7	M_8	M_9
控制变量	性别	0.163**	0.110*	0.108*
	年龄	0.112*	0.001	0.012
	学历	0.106	0.042	0.026
	工龄	0.109	0.067	0.057
	职位	−0.005	−0.084	−0.08
自变量	服务创新		0.591***	
	服务流程创新			0.356***
	交互关系创新			0.250**
	服务传递创新			0.033
	R^2	0.072	0.389	0.404
	Adj R^2	0.056	0.376	0.388
	F	4.608***	31.469***	25.032***

*$p<0.05$；**$p<0.01$；***$p<0.001$。

从 M_7 的结果看，该模型检验值（$F=4.608$，$p<0.001$）表明该模型具有统计学意义；进一步，从 M_8 的结果看，加入服务创新变量后，该模型 F 值显著提升（$F=31.469$，$p<0.001$），其模型的 Adj R^2 值为 0.376，说明该模型具有较好的解释

力度。最终研究发现，服务创新对成本领先优势的影响系数为 0.591（$p<0.001$），说明服务创新对成本领先优势具有正向的影响作用。最后，从 M_9 的结果看，服务流程创新、交互关系创新对成本领先优势也具有正向影响作用，其系数分别为 0.356（$p<0.001$）、0.250（$p<0.001$）。但是，服务传递创新对成本领先优势的正向影响不显著，相关系数仅为 0.033。这说明无论是整体来看，还是从操作变量服务流程创新、交互关系创新来看，服务创新对成本领先优势存在正向影响作用，验证了研究假设 H1d、H1e。

因此，研究假设 H1a、H1b、H1c、H1d、H1e 都成立，而 H1f 不成立。

5.2.6.2　竞争优势与企业绩效的回归分析

竞争优势与企业绩效的回归关系检验见表 5-46。M_{10} 检验了背景变量作为控制变量对企业绩效的影响。在 M_{10} 的基础上，加入竞争优势变量，构建 M_{11}。之后，加入竞争优势的操作变量，构建 M_{12}。

表 5-46　竞争优势与企业绩效的回归分析

变量分类	变量名称	企业绩效		
		M_{10}	M_{11}	M_{12}
控制变量	性别	0.106	0.040	−0.018
	年龄	0.108	−0.006	0.007
	学历	0.102	0.020	−0.021
	工龄	0.123*	0.077	0.005
	职位	0.002	−0.072	0.007
自变量	竞争优势		0.646***	
	差异化优势			0.569***
	成本领先优势			0.420***
	R^2	0.057	0.437	0.906
	Adj R^2	0.041	0.425	0.904
	F	3.589**	38.373***	409.277***

*$p<0.05$；**$p<0.01$；***$p<0.001$。

从 M_{10} 的结果看,该模型检验值(F=3.589,$p<0.01$)表明该模型具有统计学意义;进一步,从 M_{11} 的结果看,加入竞争优势变量后,该模型 F 值显著提升(F=38.373,$p<0.001$),其模型的 Adj R^2 值为 0.425,说明该模型具有较好的解释力度。最终研究发现,竞争优势对企业绩效的影响系数为 0.646($p<0.001$),说明竞争优势对企业绩效具有正向的影响作用。最后,从 M_{12} 的结果看,差异化优势、成本领先优势对企业绩效也具有正向的影响作用,其系数分别为 0.569($p<0.001$)、0.420($p<0.001$),说明无论是整体来看,还是从操作变量的影响结果来看,竞争优势对企业绩效存在正向影响作用,研究假设 H2、H2a、H2b 得到验证。

5.2.6.3 服务创新与企业绩效的回归分析

服务创新与企业绩效的回归关系检验见表 5–47。M_{13} 检验了背景变量作为控制变量对企业绩效的影响。在 M_{13} 的基础上,加入服务创新变量,构建 M_{14}。之后,加入服务创新的操作变量,构建 M_{15}。

表 5–47 服务创新与企业绩效的回归分析

变量分类	变量名称	企业绩效		
		M_{13}	M_{14}	M_{15}
控制变量	性别	0.106	0.051	0.048
	年龄	0.108	−0.008	0.006
	学历	0.102	0.035	0.015
	工龄	0.123*	0.079	0.068
	职位	0.002	−0.081	−0.074
自变量	服务创新	—	0.615***	
	服务流程创新	—	—	0.404***
	交互关系创新	—	—	0.314***
	服务传递创新	—	—	0.246**
	R^2	0.057	0.400	0.421
	Adj R^2	0.041	0.388	0.405
	F	3.589**	33.024***	26.830***

*$p<0.05$;**$p<0.01$;***$p<0.001$。

从 M_{13} 的结果看，该模型检验值（F=3.589，p<0.01）表明该模型具有统计学意义；进一步，从 M_{14} 的结果看，加入服务创新变量后，该模型 F 值显著提升（F=33.024，p<0.001），其模型的 Adj R^2 值为 0.388，说明该模型具有较好的解释力度。最终研究发现，服务创新对企业绩效的影响系数为 0.615（p<0.001），说明服务创新对企业绩效具有正向的影响作用。最后，从 M_{15} 的结果看，服务流程创新、交互关系创新、服务传递创新对企业绩效也具有正向的影响作用，其系数分别为 0.404（p<0.001）、0.314（p<0.001）、0.246（p<0.01），说明无论是整体来看，还是从操作变量的影响结果来看，服务创新对企业绩效的影响是显著正向的。

因此，研究假设 H3、H3a、H3b、H3c 都成立。

5.2.7　竞争优势的中介作用检验

巴伦和肯尼（Baron，Kenny，1986）提出了经典的中介效应路径图，阐释了自变量 X、中介变量 M 以及因变量 Y 之间的关系，具体如图 5-1 所示。中介效应涉及三个回归模型的检验。模型 1 为 $Y=cX+\varepsilon_1$；模型 2 为 $M=aX+\varepsilon_2$；模型 3 为 $Y= c'X+bM+\varepsilon_3$。第一步，对变量 X、M、Y 分别进行数据标准化处理。第二步，分别检验三个回归模型中系数的显著性。若系数 c 不显著，则说明无中介效应；仅当系数 c 显著，才可进行下一步检验。第三步，若模型 2 和模型 3 中的系数 a 和系数 b 都显著，且模型 3 的系数 c' 也显著，则说明中介变量 M 具有部分中介效应；若模型 2 和模型 3 中的系数 a 和系数 b 都显著，但模型 3 的系数 c' 不显著，则说明中介变量 M 具有完全中介效应；若模型 2 和模型 3 中的系数 a 和系数 b 至少有一个不显著，且 Sobel 检验显著，则说明中介变量 M 具有部分中介效应；若模型 2 和模型 3 中的系数 a 和系数 b 至少有一个不显著，且 Sobel 检验不显著，则无中介效应。

此外，系数 c 是自变量 X 对因变量 Y 的总效应；系数 c' 是在控制中介变量 M 的影响下，自变量 X 对因变量 Y 的直接效应；系数乘积 $a \times b$ 是中介效应，也是间接效应。三种效应间的关系为 $c= c'+ab$。

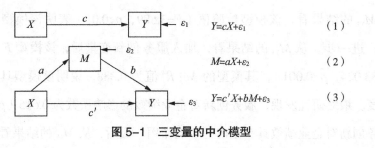

$Y=cX+\varepsilon_1$ （1）

$M=aX+\varepsilon_2$ （2）

$Y=c'X+bM+\varepsilon_3$ （3）

图 5-1　三变量的中介模型

本书采用 bootstrap 方法检验竞争优势在服务创新与企业绩效之间的中介作用。bootstrap 方法的优势在于，不但能通过系数 c' 的显著性识别中介变量类型，判定中介变量具备完全中介效应或部分中介效应，而且有效降低了扭曲路径中的倒 U 形关系。

本书中，自变量为服务创新（X），操作变量分别为服务流程创新（X_1）、交互关系创新（X_2）及服务传递创新（X_3）；中介变量为竞争优势（M），操作分别为差异化优势（M_1）及成本领先优势（M_2）；因变量为企业绩效（Y）。下文在 SPSS 22.0 软件中采用普利士和海斯（Preacher，Hayes，2008）提供的 SPSS 宏，通过 bootstrap 方法检验中介效应。陈阳阳（2018）及于晓宇和陶向明（2015）的研究均指出，在创新与企业绩效的关系研究中,bootstrap 样本量选择 5000 次抽样，95% 的置信区间较适合。本书基于此思路进行 bootstrap 检验。

5.2.7.1　竞争优势的中介效应检验（变量整体的角度）

其一，从表 5-48 的模型系数看，竞争优势的中介效应成立。为检验竞争优势在服务创新与企业绩效之间的中介作用，本书把企业绩效设为因变量，将控制变量、服务创新加入回归方程，构建服务创新与企业绩效模型 M_{16}；再将控制变量、服务创新加入回归方程中，构建服务创新与竞争优势模型 M_{17}；最终将控制变量、服务创新、竞争优势加入回归中，构建服务创新、竞争优势与企业绩效模型 M_{18}，见表 5-48。从该表不难发现，模型 M_{16} 的系数为 0.615（$p<0.001$），模型 M_{17} 的系数为 0.941（$p<0.001$），模型 M_{18} 的系数分别为 0.161（$p<0.01$）、0.589（$p<0.001$）。这表明竞争优势部分中介了服务创新对企业绩效的影响作用。

表 5-48　竞争优势的中介效应检验

变量分类	变量名称	企业绩效	竞争优势	企业绩效
		M_{16}	M_{17}	M_{18}
控制变量	性别	0.051	0.018	0.040
	年龄	−0.008	−0.001	−0.007
	学历	0.035	0.024	0.021
	工龄	0.079	0.003	0.077
	职位	−0.081	−0.012	−0.074
自变量	服务创新	0.615***	0.941***	0.161**
中介变量	竞争优势	—	—	0.589***
R^2		0.400	0.894	0.437
Adj R^2		0.388	0.891	0.424
F		33.024***	415.669***	32.833***

*$p<0.05$；**$p<0.01$；***$p<0.001$。

其二，从表 5-49 的置信区间看，竞争优势的中介效应成立。

表 5-49　Bootstrap 竞争优势中介效应检验

假设	系数	标准差	p	置信区间下确界（LLCI）	置信区间上确界（ULCI）
$X_1 \rightarrow M$	0.566	0.043	0.00	0.481	0.651
$M \rightarrow Y$	0.524	0.12	0.00	0.289	0.759
M 的中介作用	0.459	0.143	—	0.101	0.634
控制 M 后，X_1 对 Y 的直接影响	0.207	0.113	0.00	0.115	0.329
$X_2 \rightarrow M$	0.515	0.043	0.00	0.431	0.599
$M \rightarrow Y$	0.551	0.090	0	0.374	0.728
M 的中介作用	0.434	0.082	—	0.248	0.585
控制 M 后，X_2 对 Y 的直接影响	0.082	0.082	0.01	0.079	0.242
$X_3 \rightarrow M$	0.403	0.043	0.00	0.318	0.488
$M \rightarrow Y$	0.662	0.071	0	0.523	0.801

续表

假设	系数	标准差	p	置信区间下确界（LLCI）	置信区间上确界（ULCI）
M 的中介作用	0.439	0.051		0.342	0.54
控制 M 后，X_3 对 Y 的直接影响	0.036	0.06	0.036	0.015	0.082

注：X_1、X_2、X_3 分别代表服务流程创新、交互关系创新、服务传递创新，代表竞争优势，Y 代表企业绩效。

（1）第一行数据为竞争优势（M）在服务流程创新（X_1）与企业绩效（Y）之间的中介作用检验结果。其中，间接效应的置信区间未包含 0（LLCI=0.101，ULCI=0.634），这表明中介作用显著，且中介效应的大小为 0.459。此外控制了中介变量竞争优势后，自变量服务流程创新对企业绩效的影响显著，区间（LLCI=0.115，ULCI=0.329），未包含 0，效应大小为 0.207。因此，竞争优势在服务流程创新对企业绩效的影响中发挥了中介作用。

（2）第二行数据为竞争优势（M）在交互关系创新（X_2）与企业绩效（Y）之间的中介作用检验结果。其中，间接效应的置信区间未包含 0（LLCI=0.248，ULCI=0.585）。这表明中介作用显著，且中介效应的大小为 0.434。此外控制了中介变量竞争优势后，自变量交互关系创新对企业绩效的影响显著，区间（LLCI=0.079，ULCI=0.242），未包含 0，效应大小为 0.082。因此，竞争优势在交互关系创新对企业绩效的影响中发挥了中介作用。

（3）第三行数据为竞争优势（M）在服务传递创新（X_3）与企业绩效（Y）之间的中介作用检验结果。其中，间接效应的置信区间未包含 0（LLCI=0.342，ULCI=0.540）。这表明中介作用显著，且中介效应的大小为 0.439。此外控制了中介变量竞争优势后，自变量服务流程创新对企业绩效的影响显著，区间（LLCI=0.015，ULCI=0.082），未包含 0，效应大小为 0.036。因此，竞争优势在服务传递创新对企业绩效的影响中发挥了中介作用。

5.2.7.2 差异化优势与成本领先优势的中介效应检验

从表 5-50 的系数看，差异化优势与成本领先优势的中介效应都成立。为检验差异化优势与成本领先优势在服务创新与企业绩效之间的中介作用，本书把企业绩效设为因变量，将控制变量、服务创新加入回归方程，构建服务创新与企业绩效模型 M_{19}；再将控制变量、服务创新加入回归方程中，构建服务创新与差异化优势模型 M_{20}；再将控制变量、服务创新加入回归方程中，构建服务创新与成本领先优势模型 M_{21}；最终将控制变量、服务创新、差异化优势、成本领先优势加入回归中，构建服务创新、差异化优势、成本领先优势与企业绩效模型 M_{22}，见表 5–50。从该表不难发现，模型 M_{19} 的系数为 0.615（$p<0.001$），模型 M_{20} 的系数为 0.594（$p<0.001$），模型 M_{21} 的系数为 0.591（$p<0.001$），模型 M_{22} 的系数分别为 0.146（$p<0.01$）、0.555（$p<0.001$）、0.406（$p<0.001$）。这表明差异化优势与成本领先优势分别中介了服务创新对企业绩效的影响作用。因此，假设 H4 成立。

表 5–50　差异化优势与成本领先优势的中介效应检验

变量分类	变量名称	企业绩效	差异化优势	成本领先优势	企业绩效
		M_{19}	M_{20}	M_{21}	M_{22}
控制变量	性别	0.051	0.044	0.110*	−0.018
	年龄	−0.008	−0.016	0.001	0.001
	学历	0.035	0.073	0.042	−0.023
	工龄	0.079	0.084	0.067	0.005
	职位	−0.081	−0.086	−0.084	0.001
自变量	服务创新	0.615***	0.594***	0.591***	0.146**
中介变量	差异化优势	—	—	—	0.555***
	成本领先优势	—	—	—	0.406***
R^2		0.400	0.384	0.389	0.908
Adj R^2		0.388	0.371	0.376	0.905
F		33.024***	30.828***	31.469***	362.008***

*$p<0.05$；**$p<0.01$；***$p<0.001$。

其一，从表 5–51 的置信区间看，差异化优势的中介效应成立。

表 5-51　Bootstrap 差异化优势中介效应检验

假设	系数	标准差	p	LLCI	ULCI
$X_1 \rightarrow M$	0.566	0.043	0.000	0.481	0.651
$M \rightarrow Y$	0.835	0.025	0.000	0.784	0.886
M 的中介作用	0.478	0.048	—	0.384	0.575
控制 M 后，X_1 对 Y 的直接影响	0.088	0.025	0.001	0.039	0.138
$X_2 \rightarrow M$	0.515	0.043	0.000	0.431	0.599
$M \rightarrow Y$	0.840	0.025	0.000	0.790	0.889
M 的中介作用	0.433	0.046	—	0.345	0.525
控制 M 后，X_2 对 Y 的直接影响	0.083	0.023	0.000	0.037	0.129
$X_3 \rightarrow M$	0.403	0.043	0.000	0.318	0.488
$M \rightarrow Y$	0.862	0.024	0.000	0.816	0.909
M 的中介作用	0.354	0.046	—	0.269	0.447
控制 M 后，X_3 对 Y 的直接影响	0.049	0.021	0.020	0.008	0.090

注：X_1、X_2、X_3 分别代表服务流程创新、交互关系创新、服务传递创新，M 代表差异化优势，Y 代表企业绩效。

（1）第一行数据为差异化优势（M）在服务流程创新（X_1）与企业绩效（Y）之间的中介作用检验结果。其中，间接效应的置信区间未包含 0（LLCI=0.384，ULCI=0.575），这表明中介作用显著，且中介效应的大小为 0.478。此外控制了中介变量差异化优势后，自变量服务流程创新对企业绩效的影响显著，区间（LLCI=0.039，ULCI=0.138），未包含 0，效应大小为 0.088。因此，差异化优势在服务流程创新对企业绩效的影响中发挥了中介作用，H4a 成立。

（2）第二行数据为差异化优势（M）在交互关系创新（X_2）与企业绩效（Y）之间的中介作用检验结果。其中，间接效应的置信区间未包含 0（LLCI=0.345，ULCI=0.525）。这表明中介作用显著，且中介效应的大小为 0.433。此外控制了中介变量差异化优势后，自变量交互关系创新对企业绩效的影响显著，区间（LLCI=0.037，ULCI=0.129），未包含 0，效应大小为 0.083。因此，差异化优势在交互关系创新对企业绩效的影响中发挥了中介作用，H4b 成立。

（3）第三行数据为差异化优势（M）在服务传递创新（X_3）与企业绩效（Y）之间的中介作用检验结果。其中，间接效应的置信区间未包含 0（LLCI=0.269，ULCI=0.447）。这表明中介作用显著，且中介效应的大小为 0.354。此外控制了中介变量差异化优势后，自变量服务流程创新对企业绩效的影响显著，区间（LLCI=0.008，ULCI=0.090），未包含 0，效应大小为 0.049。因此，差异化优势在服务传递创新对企业绩效的影响中发挥了中介作用，H4c 成立。

其二，从表 5-52 的置信区间看，成本领先优势的中介效应成立。

表 5-52　Bootstrap 成本领先优势中介效应检验

假设	系数	标准差	p	LLCI	ULCI
$X_1 \rightarrow M$	0.566	0.043	0.000	0.481	0.651
$M \rightarrow Y$	0.830	0.028	0.000	0.060	0.888
M 的中介作用	0.451	0.047	—	0.362	0.547
控制 M 后，X_1 对 Y 的直接影响	0.115	0.028	0.000	0.060	0.169
$X_2 \rightarrow M$	0.515	0.043	0.000	0.431	0.599
$M \rightarrow Y$	0.843	0.029	0.000	0.786	0.901
M 的中介作用	0.423	0.043	—	0.338	0.508
控制 M 后，X_2 对 Y 的直接影响	0.092	0.026	0.001	0.040	0.144
$X_3 \rightarrow M$	0.403	0.043	0.000	0.318	0.488
$M \rightarrow Y$	0.868	0.028	0.000	0.813	0.922
M 的中介作用	0.060	0.024	—	–0.013	0.106
控制 M 后，X_3 对 Y 的直接影响	0.343	0.044	0.012	0.256	0.429

注：X_1、X_2、X_3 分别代表服务流程创新、交互关系创新、服务传递创新，M 代表成本领先优势，Y 代表企业绩效。

（1）第一行数据为成本领先优势（M）在服务流程创新（X_1）与企业绩效（Y）之间的中介作用检验结果。其中，间接效应的置信区间未包含 0（LLCI=0.362，ULCI=0.547），这表明中介作用显著，且中介效应的大小为 0.451。此外控制了中介变量成本领先优势后，自变量服务流程创新对企业绩效的影响显著，区间（LLCI=0.060，ULCI=0.169），未包含 0，效应大小为 0.115。因此，成本领先优势在服务流程创新对企业绩效的影响中发挥了中介作用，H4d 成立。

（2）第二行数据为成本领先优势（M）在交互关系创新（X_2）与企业绩效（Y）之间的中介作用检验结果。其中，间接效应的置信区间未包含 0（LLCI=0.338，ULCI=0.508）。这表明中介作用显著，且中介效应的大小为 0.423。此外控制了中介变量成本领先优势后，自变量交互关系创新对企业绩效的影响显著，区间（LLCI=0.040，ULCI=0.144），未包含 0，效应大小为 0.092。因此，成本领先优势在交互关系创新对企业绩效的影响中发挥了中介作用，H4e 成立。

（3）第三行数据为成本领先优势（M）在服务传递创新（X_3）与企业绩效（Y）之间的中介作用检验结果。其中，间接效应的置信区间包含 0（LLCI=-0.013，ULCI=0.106），这表明中介作用不显著。因此，成本领先优势在服务传递创新对企业绩效的影响中的中介作用不显著，H4f 不成立。

综上所述，竞争优势在服务创新对企业绩效的影响中发挥了部分中介作用，研究假设 H4a、H4b、H4c、H4d、H4e 都成立，而 H4f 不成立。

5.2.8　环境动态性的调节作用检验

5.2.8.1　第一步：从环境动态性变量整体的角度进行检验

将控制变量、自变量服务创新和调节变量环境动态性加入模型 M_{23} 中，分析对因变量企业绩效的影响。再将自变量服务创新和调节变量环境动态性的交互项加入模型 M_{24} 中，检验环境动态性在服务创新与企业绩效的关系中的调节效应。

回归模型 M_{23} 至 M_{24} 的检验结果见表 5-53。对比无交互项的模型 M_{23} 与加入交互项后的模型 M_{24} 的检验结果发现，模型 M_{24} 的交互项系数为 0.184，显著性值 $p<0.001$。同时，模型 M_{24} 较 M_{23} 的 Adj R^2 有所增加。这表明环境动态性在服务创新与企业绩效的关系中的具有正向调节效应，且调节效应显著。因此，研究假设 H5 成立。

表 5-53 环境动态性在服务创新与企业绩效间的调节检验

变量分类	变量名称	企业绩效	
		M_{23}	M_{24}
控制变量	性别	0.034	0.029
	年龄	−0.003	−0.001
	学历	0.027	0.045
	工龄	0.060	0.050
	职位	−0.079	−0.071
自变量	服务创新	0.559***	0.556***
调节变量	环境动态性	0.156**	0.194***
交互项	服务创新 × 环境动态性	—	0.184***
R^2		0.420	0.452
Adj R^2		0.406	0.437
F		30.627***	30.433***

*$p<0.05$；**$p<0.01$；***$p<0.001$。

5.2.8.2 第二步：从环境动态性的操作变量的角度进行检验

1.环境动态性（N）在服务流程创新（X_1）和企业绩效（Y）之间的调节作用

下文分别从技术动态性（N_1）、市场动态性（N_2）及政策动态性（N_3）这三个操作变量的调节效应进行检验。

首先，将控制变量、自变量服务流程创新和调节变量技术动态性加入模型 M_{25} 中，分析对因变量企业绩效的影响。再将自变量服务流程创新和调节变量技术动态性的交互项 $X_1 \times N_1$ 加入模型 M_{26} 中，检验技术动态性在服务流程创新与企业绩效的关系中的调节效应。

其次，将控制变量、自变量服务流程创新和调节变量市场动态性加入模型 M_{27} 中，分析对因变量企业绩效的影响。再将自变量服务流程创新和调节变量市场动态性的交互项 $X_1 \times N_2$ 加入模型 M_{28} 中，检验市场动态性在服务流程创新与企业绩效的关系中的调节效应。

最后，将控制变量、自变量服务流程创新和调节变量政策动态性加入模型 M_{29} 中，分析对因变量企业绩效的影响。再将自变量服务流程创新和调节变量政策动态性的交互项 $X_1 \times N_3$ 加入模型 M_{30} 中，检验政策动态性在服务流程创新与企业绩效的关系中的调节效应。

回归模型 M_{25} 至 M_{30} 的检验结果见表 5-54。

表 5-54　环境动态性在服务流程创新与绩效间的调节检验

变量分类	变量名称	企业绩效		企业绩效		企业绩效	
		M_{25}	M_{26}	M_{27}	M_{28}	M_{29}	M_{30}
控制变量	性别	0.040	0.029	0.044	0.033	0.032	0.019
	年龄	0.014	0.013	0.015	0.016	0.022	0.023
	学历	−0.006	−0.001	0.000	0.010	0.001	0.020
	工龄	0.053	0.047	0.054	0.045	0.059	0.051
	职位	−0.051	−0.052	−0.050	−0.052	−0.047	−0.050
自变量	服务流程创新	0.563***	0.590***	0.564***	0.588***	0.566***	0.567***
调节变量	技术动态性	0.165***	0.172***	—	—	—	—
	市场动态性	—	—	0.163***	0.187***	—	—
	政策动态性	—	—	—	—	0.175***	0.208***
交互项	$X_1 \times N_1$	—	0.174***	—	—	—	—
	$X_1 \times N_2$	—	—	—	0.019	—	—
	$X_1 \times N_3$	—	—	—	—	—	0.165***
	R^2	0.425	0.458	0.425	0.435	0.429	0.455
	Adj R^2	0.412	0.445	0.411	0.421	0.416	0.440
	F	31.27***	30.71***	31.23***	30.82***	31.78***	32.75***

注：$X_1 \times N_1$、$X_1 \times N_2$、$X_1 \times N_3$ 分别代表服务流程创新与技术动态性、市场动态性、政策动态性的交互项。

*$p<0.05$；**$p<0.01$；***$p<0.001$。

（1）对比无交互项的模型 M_{25} 与加入交互项后的模型 M_{26} 的检验结果发现，模型 M_{26} 的交互项 $X_1 \times N_1$ 系数为 0.174，显著性值 $p<0.001$。同时，模型 M_{26} 较 M_{25} 的调整后 R^2 有所增加。这表明，技术动态性在服务流程创新与企业绩效的关

系中的具有正向调节效应，且调节效应显著。因此，研究假设 H5a 成立。

（2）对比无交互项的模型 M_{27} 与加入交互项后的模型 M_{28} 的检验结果发现，模型 M_{28} 的交互项 $X_1 \times N_2$ 系数为 0.019，不显著。这表明，市场动态性在服务流程创新与企业绩效的关系中的正向调节效应不显著。因此，研究假设 H5b 不成立。

（3）对比无交互项的模型 M_{29} 与加入交互项后的模型 M_{30} 的检验结果发现，模型 M_{30} 的交互项 $X_1 \times N_3$ 系数为 0.165，显著性值 $p<0.001$。同时，模型 M_{30} 较 M_{29} 的调整后 R^2 有所增加。这表明，政策动态性在服务流程创新与企业绩效的关系中的具有正向调节效应，且调节效应显著。因此，研究假设 H5c 成立。

2. 环境动态性（N）在交互关系创新（X_2）和企业绩效（Y）之间的调节作用

下文分别从技术动态性（N_1）、市场动态性（N_2）及政策动态性（N_3）这三个操作变量的调节效应进行检验。

首先，将控制变量、自变量交互关系创新和调节变量技术动态性加入模型 M_{31} 中，分析对因变量企业绩效的影响。再将自变量交互关系创新和调节变量技术动态性的交互项 $X_2 \times N_1$ 加入模型 M_{32} 中，检验技术动态性在交互关系创新与企业绩效的关系中的调节效应。

其次，将控制变量、自变量交互关系创新和调节变量市场动态性加入模型 M_{33} 中，分析对因变量企业绩效的影响。再将自变量交互关系创新和调节变量市场动态性的交互项 $X_2 \times N_2$ 加入模型 M_{34} 中，检验市场动态性在交互关系创新与企业绩效的关系中的调节效应。

最后，将控制变量、自变量交互关系创新和调节变量政策动态性加入模型 M_{35} 中，分析对因变量企业绩效的影响。再将自变量交互关系创新和调节变量政策动态性的交互项 $X_2 \times N_3$ 加入模型 M_{36} 中，检验政策动态性在交互关系创新与企业绩效的关系中的调节效应。

回归模型 M_{31} 至 M_{36} 的检验结果见表 5-55。

表 5-55　环境动态性在交互关系创新与绩效间的调节检验

变量分类	变量名称	企业绩效		企业绩效		企业绩效	
		M_{31}	M_{32}	M_{33}	M_{34}	M_{35}	M_{36}
控制变量	性别	0.032	0.039	0.035	0.040	0.023	0.032
	年龄	0.015	0.006	0.016	0.011	0.022	0.018
	学历	0.036	0.037	0.042	0.051	0.043	0.058
	工龄	0.049	0.046	0.051	0.046	0.055	0.051
	职位	−0.096*	−0.083	−0.096*	−0.084	−0.092*	−0.078
自变量	交互关系创新	0.533***	0.556***	0.533***	0.553***	0.535***	0.539***
调节变量	技术动态性	0.160***	0.182***	—	—	—	—
	市场动态性	—	—	0.159***	0.192***	—	—
	政策动态性	—	—	—	—	0.178***	0.207***
交互项	$X_2 \times N_1$	—	0.196***	—	—	—	—
	$X_2 \times N_2$	—	—	—	0.136***	—	—
	$X_2 \times N_3$	—	—	—	—	—	0.028
	R^2	0.389	0.425	0.389	0.404	0.395	0.405
	Adj R^2	0.374	0.410	0.374	0.399	0.381	0.390
	F	26.90***	27.28***	26.90***	27.20***	27.64***	27.28***

注：$X_2 \times N_1$、$X_2 \times N_2$、$X_2 \times N_3$ 分别代表交互关系创新与技术动态性、市场动态性、政策动态性的交互项。

*$p<0.05$；**$p<0.01$；***$p<0.001$。

（1）对比无交互项的模型 M_{31} 与加入交互项后的模型 M_{32} 的检验结果发现，模型 M_{32} 的交互项 $X_2 \times N_1$ 系数为 0.196，显著性值 $p<0.001$。同时，模型 M_{32} 较 M_{31} 的调整后 R^2 有所增加。这表明，技术动态性在交互关系创新与企业绩效的关系中的具有正向调节效应，且调节效应显著。因此，研究假设 H5d 成立。

（2）对比无交互项的模型 M_{33} 与加入交互项后的模型 M_{34} 的检验结果发现，模型 M_{34} 的交互项 $X_2 \times N_2$ 系数为 0.136，显著性值 $p<0.001$。同时，模型 M_{34} 较 M_{33} 的调整后 R^2 有所增加。这表明，市场动态性在交互关系创新与企业绩效的关系中的具有正向调节效应，且调节效应显著。因此，研究假设 H5e 成立。

（3）对比无交互项的模型 M_{35} 与加入交互项后的模型 M_{36} 的检验结果发现，模型 M_{36} 的交互项 $X_2 \times N_3$ 系数为 0.028，不显著。这表明，政策动态性在交互关系创新与企业绩效的关系中的正向调节效应不显著。因此，研究假设 H5f 不成立。

3. 环境动态性（N）在服务传递创新（X_3）和企业绩效（Y）之间的调节作用

下文分别从技术动态性（N_1）、市场动态性（N_2）及政策动态性（N_3）这三个操作变量的调节效应进行检验。

首先，将控制变量、自变量服务传递创新和调节变量技术动态性加入模型 M_{37} 中，分析对因变量企业绩效的影响。再将自变量服务传递创新和调节变量技术动态性的交互项 $X_3 \times N_1$ 加入模型 M_{38} 中，检验技术动态性在服务传递创新与企业绩效的关系中的调节效应。

其次，将控制变量、自变量服务传递创新和调节变量市场动态性加入模型 M_{39} 中，分析对因变量企业绩效的影响。再将自变量服务传递创新和调节变量市场动态性的交互项 $X_3 \times N_2$ 加入模型 M_{40} 中，检验市场动态性在服务传递创新与企业绩效的关系中的调节效应。

最后，将控制变量、自变量服务传递创新和调节变量政策动态性加入模型 M_{41} 中，分析对因变量企业绩效的影响。再将自变量服务传递创新和调节变量政策动态性的交互项 $X_3 \times N_3$ 加入模型 M_{42} 中，检验政策动态性在服务传递创新与企业绩效的关系中的调节效应。

回归模型 M_{37} 至 M_{42} 的检验结果见表 5–56。

表 5–56 环境动态性在服务传递创新与绩效间的调节检验

变量分类	变量名称	企业绩效		企业绩效		企业绩效	
		M_{37}	M_{38}	M_{39}	M_{40}	M_{41}	M_{42}
控制变量	性别	0.053	0.040	0.058	0.045	0.043	0.037
	年龄	0.012	0.010	0.013	0.009	0.021	0.026
	学历	0.056	0.067	0.063	0.083	0.065	0.085
	工龄	0.081	0.067	0.083	0.067	0.088	0.078
	职位	−0.056	−0.054	−0.055	−0.053	−0.051	−0.052

变量分类	变量名称	企业绩效		企业绩效		企业绩效	
		M_{37}	M_{38}	M_{39}	M_{40}	M_{41}	M_{42}
自变量	服务传递创新	0.414***	0.453***	0.415***	0.458***	0.422***	0.423***
调节变量	技术动态性	0.195***	0.218***				
	市场动态性			0.190***	0.225***		
	政策动态性					0.210***	0.244***
交互项	$X_3 \times N_1$		0.229***				
	$X_3 \times N_2$				0.251***		
	$X_3 \times N_3$						0.157**
	R^2	0.301	0.351	0.300	0.359	0.309	0.332
	Adj R^2	0.285	0.333	0.284	0.341	0.292	0.314
	F	18.22***	19.93***	18.15***	20.62***	18.89***	18.31***

注：$X_3 \times N_1$、$X_3 \times N_2$、$X_3 \times N_3$ 分别代表服务传递创新与技术动态性、市场动态性、政策动态性的交互项。

*$p<0.05$；**$p<0.01$；***$p<0.001$。

（1）对比无交互项的模型 M_{37} 与加入交互项后的模型 M_{38} 的检验结果发现，模型 M_{38} 的交互项 $X_3 \times N_1$ 系数为 0.229，显著性值 $p<0.001$。同时，模型 M_{38} 较 M_{37} 的调整后 R^2 有所增加。这表明，技术动态性在服务传递创新与企业绩效的关系中的具有正向调节效应，且调节效应显著。因此，研究假设 H5g 成立。

（2）对比无交互项的模型 M_{39} 与加入交互项后的模型 M_{40} 的检验结果发现，模型 M_{40} 的交互项 $X_3 \times N_2$ 系数为 0.251，显著性值 $p<0.001$。同时，模型 M_{40} 较 M_{39} 的调整后 R^2 有所增加。这表明，市场动态性在服务传递创新与企业绩效的关系中的具有正向调节效应，且调节效应显著。因此，研究假设 H5h 成立。

（3）对比无交互项的模型 M_{41} 与加入交互项后的模型 M_{42} 的检验结果发现，模型 M_{42} 的交互项 $X_3 \times N_3$ 系数为 0.157，显著性值 $p<0.001$。同时，模型 M_{42} 较 M_{41} 的调整后 R^2 有所增加。这表明，政策动态性在服务传递创新与企业绩效的关系中的具有正向调节效应，且调节效应显著。因此，研究假设 H5i 成立。

5.3　本章小结

本书以 G 公司的初级、中级和高级管理人员为研究对象，以 51 份有效的预测试问卷和 304 份有效的正式问卷为样本，从技术密集型企业服务创新的角度出发，检验其对企业绩效的影响机制、竞争优势的中介效应及环境动态性的调节效应。

分析步骤及结论如下。

第一，对预测试问卷进行描述统计分析，并进行信度检验与效度检验。

结果显示，预测试问卷样本具有代表性，且通过了信度检验与效度检验；预测试问卷可直接作为正式问卷使用。

第二，对正式问卷进行描述性统计分析，并进行信度检验与效度检验。

结果显示，正式问卷样本具有代表性，且每个变量及其操作变量的数据特征未出现异常。同时，经过信度分析和探索性因子分析发现，正式问卷量表的信度和效度良好。

第三，检验服务创新、竞争优势、环境动态性及企业绩效等四个变量之间的关系。

经过相关性分析与多元线性回归分析发现，服务创新、竞争优势及企业绩效等三个变量之中，任意两个变量之间都存在显著的正相关关系。

同时，结果显示，竞争优势在服务创新与企业绩效的关系之间具有正向的部分中介效应，而环境动态性在服务创新与企业绩效的关系之间则具有正向的调节效应。

综上所述，本书以 304 份有效的正式问卷为样本，对研究假设进行验证，大部分研究假设都成立。假设检验结果见表 5–57。

表 5–57　研究假设的检验结果汇总

假设	假设内容	结果
H1	服务创新对竞争优势有正向的影响作用	部分成立

假设	假设内容	结果
H1a	服务流程创新对差异化优势有正向的影响作用	成立
H1b	交互关系创新对差异化优势有正向的影响作用	成立
H1c	服务传递创新对差异化优势有正向的影响作用	成立
H1d	服务流程创新对成本领先优势有正向的影响作用	成立
H1e	交互关系创新对成本领先优势有正向的影响作用	成立
H1f	服务传递创新对成本领先优势有正向的影响作用	不成立
H2	竞争优势对企业绩效有正向的影响作用	成立
H2a	差异化优势对企业绩效有正向的影响作用	成立
H2b	成本领先优势对企业绩效有正向的影响作用	成立
H3	服务创新对企业绩效有正向的影响作用	成立
H3a	服务流程创新对企业绩效有正向的影响作用	成立
H3b	交互关系创新对企业绩效有正向的影响作用	成立
H3c	服务传递创新对企业绩效有正向的影响作用	成立
H4	竞争优势在服务创新与企业绩效之间起到中介作用	部分成立
H4a	差异化优势在服务流程创新与企业绩效之间起到中介作用	成立
H4b	差异化优势在交互关系创新与企业绩效之间起到中介作用	成立
H4c	差异化优势在服务传递创新与企业绩效之间起到中介作用	成立
H4d	成本领先优势在服务流程创新与企业绩效之间起到中介作用	成立
H4e	成本领先优势在交互关系创新与企业绩效之间起到中介作用	成立
H4f	成本领先优势在服务传递创新与企业绩效之间起到中介作用	不成立
H5	环境动态性在服务创新与企业绩效的关系中存在正向的调节影响影响作用	部分成立
H5a	技术动态性在服务流程创新与企业绩效的关系中存在正向的调节影响作用	成立
H5b	市场动态性在服务流程创新与企业绩效的关系中存在正向的调节影响作用	不成立
H5c	政策动态性在服务流程创新与企业绩效的关系中存在正向的调节影响作用	成立
H5d	技术动态性在交互关系创新与企业绩效的关系中存在正向的调节影响作用	成立
H5e	市场动态性在交互关系创新与企业绩效的关系中存在正向的调节影响作用	成立

假设	假设内容	结果
H5f	政策动态性在交互关系创新与企业绩效的关系中存在正向的调节影响作用	不成立
H5g	技术动态性在服务传递创新与企业绩效的关系中存在正向的调节影响作用	成立
H5h	市场动态性在服务传递创新与企业绩效的关系中存在正向的调节影响作用	成立
H5i	政策动态性在服务传递创新与企业绩效的关系中存在正向的调节影响作用	成立

⑥ 案例研究

本书的核心问题是分析制造业服务创新对企业绩效的影响机制。该问题基于现实背景抽象而来，具有较强的探索性。因此，在前文文献研究与实证分析的基础上，有必要从管理实践的角度进行补充，并通过案例分析进一步探索服务创新与企业绩效之间的关系。

6.1 案例研究设计

依据殷（Yin，2012）对案例研究设计的建议，本书根据以下六个标准筛选企业作为研究对象：第一，所选企业成立时间较长且主营业务发展稳定，在所属行业中具备一定优势，代表性突出；第二，所选企业归属于计算机通信与其他设备、仪表仪器及装备制造等多个细分行业，以保证所选企业的行业分散度；第三，所选企业涉及服务创新转型；第四，所选企业限定在主营 B2B 生产性服务的技术密集型制造企业中，以避免行业差异引发的外部变异；第五，所选企业中有管理者和本课题研究者有人脉关系，可保证相关数据的可获取性；第六，所选企业在服务创新等主要变量上存在差异，有利于做到多重检验。

遵循以上因素考虑，本书最终选取了陕鼓、华为、三一三家企业作为本书案例分析的对象。

从行业代表性与发展稳定性来看：陕鼓成立于 1968 年，是设计制造以透平机械为核心的大型成套装备的集团企业，先后荣获全国用户满意企业、全国质量效益型先进企业、国家重大技术装备国产化突出贡献企业、全国诚信企业、国家重大装备制造企业先进集体等 200 多项荣誉，发展持续稳定，是中国行业排头兵企业；华为成立于 1987 年，是全球领先的信息和通信设备制造商、技术解决方案供应商，服务于全球运营商 50 强中的 45 家及全球 1/3 的人口，在 Interbrand 发布的《2021 年全球最佳品牌排名》中名列第 85 位，也是唯一上榜的中国品牌，在美国《财富》杂志发布的 2021 年世界 500 强名单中位列第 44 位，发展持续稳定且势头强劲；三一创始于 1989 年，目前已经发展成为国内最大的工程机械制造商与混凝土机械制造商，在全球工程机械制造商中排名第五，其核心子公司三一重工股份有限公司于 2003 年上市，并于 2011 年成为唯一上榜入围《金融时报》(Financial Times) 全球市值 500 强的中国工程机械企业。由此可见，以上三家企业均发展稳定并具有领先企业的行业代表性，分析其服务创新、竞争优势及成效，能够获得重要的管理启示。

从服务转型实践特点来看：陕鼓是国家重大装备制造企业，其专业化的产品为石化、冶金、制药、电力、环保等国民经济支柱产业提供透平机械系统综合解决方案和系统服务，更重要的是，在实施服务创新转型的过程中，陕鼓通过员工驻场与远程监控等不同的形式为客户企业提供即时服务；华为是全球第一大电信设备制造商，除了生产程控交换机、数据通信设备、传输设备、无线通信设备、宽带多媒体设备、电源、微电子产品等通信类产品外，华为也为全球 170 多个国家和地区的通信运营商提供一揽子解决方案，此外，华为还通过应用数字化、智能化技术及员工驻场的方式和客户保持持续互动；三一是一家以"工程机械"为主体的重型制造企业，其产品属于基础产业，但服务同样是三一的核心竞争力，其贯彻"一生无忧服务承诺"的原则，从服务质量、成本与效率等多维度标准构建为客户提供设备全生命周期的闭合服务体系，整合出了全新的价值链条，为行业树立了多项服务标杆，此外，三一在行业首创 ECC 企业控制中心，对设备工况实施监控与远程故障排除，并且匹配了 7000 余名行业资深服务专家和专业服务工程师、万余名总部研发精英等联动实现的一、二、三线协调的高效服务模式。因此，这三家企业都在稳步发展服务创新转型实践，并充分涉及不同维度的服务创新，符合本书案例分析的选择要求。

从数据可获取性来看：陕鼓的服务业务已稳健运行超过 20 年，不仅在国内行业领先，也占据了一定的国际市场地位，其作为知名的上市企业，新闻报道、公司年报、内部刊物、专题研究及企业网站等二手资料源较为丰富；同样地，华为作为全球知名通信企业，其专题报道、媒体刊物、企业网站等二手资料源也较为翔实；三一作为中国老牌重工业上市公司，其二手资料源与以上两家公司一样，丰富多样，也有助于案例数据的获取。

案例企业选择标准核对见表 6-1。

表 6-1   案例企业选择标准核对

企业名称	陕鼓	华为	三一
代表性	行业领先	全球领先	行业领先
细分行业	动力装备制造	通信设备制造	重型工程设备制造
主要产品	能量回收透平、离心鼓风机、离心压缩机、工业汽轮机、工业锅炉、气体业务、污水处理等	传送网、无线接入网、宽带接入、软件、数据通信与服务等通信设备相关产品	起重机、挖掘机、港口机械、混凝土机械、桩工机械、筑路机械、非开挖施工设备等
实践特点	从出售单一产品向出售个性化的成套机组的解决方案和出售系统服务转型；外派员工驻场，提供远程监控	从生产用户交换机等数据通信技术基础设施转型为根据电信、移动运营商的特定需求定制、生产终端，帮助电信、移动运营商发展综合解决方案业务	从提供机器产品到全生命周期的定制化客户服务；应用 ECC 企业控制中心与万余名专业服务人员实时为客户服务
服务对象	钢铁、石化等企业	电信、移动等运营商	公路、房屋等建筑单位
数据来源	企业网站、公司年报、新闻报道、行业统计年鉴的相关数据、中国知网数据库中与案例企业相关的文献资料	企业网站、公司年报、新闻报道、行业统计年鉴的相关数据、中国知网数据库中与案例企业相关的文献资料	企业网站、公司年报、新闻报道、行业统计年鉴的相关数据、中国知网数据库中与案例企业相关的文献资料
变量差异	三家企业所属行业不同，服务创新转型时间节点不同，可以形成变量差异		

6.2 案例企业分析

6.2.1 陕西鼓风机集团有限公司服务创新分析

6.2.1.1 企业概况介绍

陕鼓是一家大型装备制造企业,由 1968 年成立并在 1975 年投产的陕西鼓风机厂于 1996 年改制而来。在企业发展初期,陕鼓是单一的产品制造商,当时陕鼓在其所处的风机行业中并没有明显的竞争优势,业绩水平长期维持在"保吃饭"的状态,而这种状态一直持续到 2000 年。2000 年时,陕鼓的工业总产值也仅有 3.4 亿元,净利润约 840 万元。

2001 年,陕鼓提出了"两个转变"战略,即定位企业发展"从出售单一产品向出售解决方案和出售服务转变,从产品经营向品牌经营转变"。从此,陕鼓开始正式进行服务创新转型,战略导向从产品主导逻辑逐渐向服务主导逻辑转变,并进行了一系列相应的内部改革,其生产总值和净利润也因此大幅增长,绩效指标增幅远远超过规模指标增幅。服务创新转型后,陕鼓 2010 年的生产总值与 2000 年相比,增长了 10 倍以上,同期净利润也以 46% 的年均增幅上涨。自 2005 年起,陕鼓服务相关的营业收入在其总收入中占比超过一半。此外,在进行服务创新转型以前,陕鼓服务业务的产值在总产值中的比重仅为 12%,而服务创新战略实施以后,服务领域的产值在总产值中的比重高达 70%。据风机行业统计年鉴数据显示,从 2002 年开始,陕鼓主要经济指标都位居国内同行业首位。其中,2005 年至 2012 年间,陕鼓更实现了总产值从 25.0 亿元到 71.4 亿元的跨越式增长。2012 年,陕鼓利润在风机行业总利润中占比约 34%,人均利润是行业人均利润的 4 倍以上。2013 年后,陕鼓的服务业务利润超过产品利润占比成为公司第一大利润来源。从以上数据不难看出,实施服务创新战略后,陕鼓的经营效益获得了快速增长。

此外,陕鼓多次入选"中国品牌 500 强"。作为中国机械工业 500 强企业之一，陕鼓从传统制造商成功转型为服务商，其转型成果已获得了各界高度认可。

6.2.1.2　服务创新战略描述

自进行服务创新转型以来，陕鼓的服务创新战略实施大致经历了初级与高级两个明显的转型阶段。依据两个阶段的不同战略要点，陕鼓创新地开发了一系列配套的服务业务。在转型初期，即服务创新战略实施的初级阶段，陕鼓主要针对其核心产品为客户提供配套服务。陕鼓内部将此战略称为"同心圆放大"。"同心圆放大"战略指在为客户提供产品的基础上，附带提供产品的关联服务，依托产品为切入点，逐步拓展服务范围与服务内容。这一转型阶段是服务创新战略实施的初级阶段，陕鼓在此时期提供给客户的服务类型主要有三类，具体如下。

第一类，专业化的维修检修服务。陕鼓提供给客户的产品以技术复杂型产品为主，因此，维修过程也较为复杂，需要专业的技术人员进行操作；与客户企业配备的维修人员相比，陕鼓的维修团队对产品的专业度和熟悉度有明显优势，可在高效解决产品故障的同时实现对客户原有设备的升级改造；此类专业化的维修改造服务也为客户降低了故障停机的损失，提高了设备故障维修的效率，降低了企业维修人员的雇佣成本，还进一步提高了陕鼓的产品销量。

第二类，远程的设备状态管理服务。尽管专业化的维修改造服务降低了客户企业设备的维修成本，但该类服务仍属于事后维修，并不能阻止设备故障引发的停机事件；为此，陕鼓联合多家科研院所开发出以网络为基础的过程检测与故障诊断系统，实现了对产品设备的实时远程监测，在故障发生前预测设备的故障率，提前做好检修维护工作，帮助客户有效降低停机损失；设备状态管理服务通过事中控制和事前预防为陕鼓客户提供了除事后维修检修服务外的又一项保障性服务，切实降低了客户的停机损失风险，显著增加了陕鼓的服务管理收益，并拓宽了提升产品销量的途径。

第三类，零库存的备用品、备用件租赁服务。陕鼓提供给客户的产品大多为价值高且对客户生产影响较大的关键动力设备，客户通常会购买相应的备品备件进行储藏以保障生产的可靠性，因此，这些更换频率低但价钱高的备品备件造成了客户企业严重的库存负荷和资金积压；陕鼓率先为客户提供备品备件租赁服务，在客户企业设备出现故障时保障客户在设备维修期的生产连续性；备品备件服务管理令客户实现了陕鼓产品备件的零库存，在降低客户企业资金积压和库存成本的同时，以低成本保障了客户设备运营的可靠性，并让陕鼓赚取了备件租金与管理费。

经过转型初期的服务业务发展，陕鼓逐步加深了对客户企业业务流程的理解，并在此过程中积累了较为丰厚的信用和资金。随后，陕鼓开始迈入服务创新战略实施的高级阶段，提出了"转型换跑道"的战略口号，并开始围绕客户运营流程深化服务业务。在此阶段，依托产品的相关服务依旧在发展，而陕鼓服务创新战略目标的重点已从"通过为客户提供产品附加服务来提高产品销量"转变为"直接通过为客户提供所需的服务来获取收益并创造价值"，关注点不再是"我们卖什么产品"，而是"客户需要什么"。基于此，陕鼓通过"做减法"果断放弃了如铸造、工具制造、备料下料、常规加工制造、木型制作等低端业务环节；通过"做加法"强化了其核心领域与有较强发展潜力的相关领域服务，如提供工业气体、融资租赁等服务；通过"做乘法"推进系统集成，为客户企业提供系统的工程成套服务等，全力驱动组织战略的完全转型。该时期陕鼓提供给客户的服务除之前已较成熟的设备维修检修、设备状态管理与备品备件管理之外，还重点推出了三类主要服务。第一类，融资租赁服务。针对一些发展前景较好但暂时资金不足，且因为信贷授信较低难以从银行等一般金融机构获取足够贷款的中小型客户企业，陕鼓发挥自身的资信优势为其提供担保，帮助这些客户获得发展资金；类似地，对于一些具有一定生产资源但设备购买经费不足的客户，陕鼓先免费为其提供配套的产品与服务，待设备投产运行且客户获得收益后再分期收取相应的租金，最后于约定年限期满后将产品设备移交给客户企业；陕鼓提供给客户的融资租赁服务不但为客户争取到发展所需的资金，还为陕鼓增加了新的利润源。第二类，气体运营与污水处理服务。陕鼓通过其掌握的合成气等特殊介质压缩机的气动设计技术优势及熟悉产品设备的经验优势，为石化、冶金、炼钢等领域客户企业直接提供其生产过程中所需的工业气体，从"淘金者"转为向淘金者提供"必备工具";陕鼓利用气体压缩分离技术，推广富氧无氮燃烧，使 PM2.5 近乎零排放，在企业研发分布式污水处理系统，并且在企业内部建立了污水处理工程试验中心，运转良好；同时，与一些集团签订水处理、水泥余热回收、自动化系列项目等，在污水处理过程中进一步降低生产成本，使环保项目产业化。第三类，工程成套服务。陕鼓的客户以制造企业为主，在购买鼓风机等生产设备之前，客户企业会面临选址和基础设施修建等工作，在购买设备之后，通常又要应对设备的安装与调试等客户不擅长的工作，而陕鼓对其产品设备的环境选择与基础设施要求都具备专业优势；于是，陕鼓不仅为客户企业提供陕鼓自产的动力设备主机，而且承担起包括厂址选择，设备的系统设计、安装调试、维护，外围设施建设等成套的工程承包工作；陕鼓为客户提供的上述工程总包服务，将客户企业从繁杂且不擅长的项目管理中解放出来，也为陕鼓赢取了大量的合同额与服务利润。

6.2.1.3 服务创新行为分析

服务创新战略的顺利实施需要一系列组织行为保驾护航。在深入客户企业内部进并与客户建立、保持紧密关系的跨组织行为中，陕鼓在不同转型阶段重点选取的行为模式不同。

陕鼓 2001 年启动服务转型，2002 年就开始与深圳创维实技术发展有限公司等技术企业及西安交通大学等科研团队合作，结合制造业与信息技术特点，基于互联网研发了旋转机械远程管理系统，并成立了远程监测与故障诊断中心。同时，陕鼓组建了系统服务事业部，在西安市临潼区设立了类似呼叫中心的工业支持中心，安排超过 200 名员工进行远程监测工作，在高新区设立故障诊断中心，拥有约 12 位内部诊断专家与若干名外围科研院校专家及 IBM、艾默生等合作企业专家支持该机械远程管理系统。陕鼓通过开发的这套远程系统围绕其产品全生命周期对客户端的机械组件进行全方位、全过程和全天候的状态管理，具体包括以下四个方面。第一，数据采集。通过植入客户运营设备中的数据采集装置记录客户运营过程中机组的工艺量和物理量，工艺量如机器生产的流量、气体温度等，物理量如机器内部的轴、震动、位移等。第二，数据分析。采集到的数据信息首先通过数据传输系统导入陕鼓监测中心，监测中心再将异常数据传输给诊断中心，随后诊断中心实时为机组使用客户答疑解惑，通常常规问题以电话、邮件等方式解决，较复杂问题由专家诊断后派维修工程师去客户现场解决，涉及更为复杂的问题则借力西安交通大学等合作科研院所与合作企业转介共同商讨解决。第三，知识交换。当传输回监测中心的数据通过数据分析无法马上直接给出客户解决方式时，陕鼓会派专家到达产品机组运行现场，与客户员工交流，交换彼此看法与相关专业知识，共同提出合适的问题解决方案。第四，数据应用。陕鼓已经存储了数个机器监测点的海量数据，拟通过积累到的大数据分析产品易出故障的问题点与客户的产品使用习惯，优化客户运营流程，并对产品进行改造升级。

随着服务创新转型的深入，陕鼓越来越重视客户企业的个性化需求，逐渐以特设项目组的形式派出陕鼓员工长期驻扎在客户企业运营现场，为客户购买的设备提供全方位托管服务。陕鼓的项目组成员代表工作时间内都在客户企业运营现场，并在客户企业设置专门的办公场地，此外，陕鼓成员代表每天工作时都会与客户企业现场人员工碰面。具体来说，陕鼓提供的产品全方位托管服务主要包括以下三大方面。第一方面，人际互动。陕鼓驻客户企业现场的员工代表联合客户企业的现场工作人员一起，针对运行机器组件出现的问题进行沟通，积极交流并共同提出方案、解决问题，逐渐在工作中熟悉彼此，并将这种熟悉延续至工作时间外，通过结伴吃饭甚至购物娱乐等私人交流方式建立起友谊。第二方面，知识交换。陕鼓在客户企业现场的员工代表因解决问题需要了解客户企业现场工作人员的一些专业知识，同时，客户企业员工为了能更高效地解决生产运营问题，将对陕鼓服务代表涉及其专业领域的提问给予积极回应，双方通过交流彼此的想法与工作经验进一步了解，互相学习到了对方更多的专业知识。第三方面，信息获取。陕鼓派驻客户企业现场的员工代表通过观察客户企业现场人员操作机器的习惯及通过与客户员工的交流，客观深入地了解客户对其正在使用的陕鼓产品真实的看法，以及客户期望使用的产品机器大致轮廓，进而捕捉到更多关于客户的潜在真实需求的信息，并能够更加熟悉客户的运营流程，进而搜寻到客户可能需要优化运营流程的相关信息。

6.2.1.4　实施服务创新后的企业绩效情况

陕鼓从 2001 年提出服务创新战略推进服务转型以来，先后重点采用智能设备植入与员工代表植入客户企业运营现场的方式，为客户购买设备在服务协议期间提供全程、全方位跟随服务，避免了客户运营时突然停机后需层层反馈而拖长服务流程，大大缩短了服务响应时间并提升了服务效率。与此同时，从 2001 年开始，陕鼓的主要经济指标年均增长率大幅提升，销售收入、利税、利润等三项主要经济指标累计值分别上升至建厂 33 年来的 2.5 倍、4.2 倍及 6.5 倍。此外，2001 年至 2004 年期间，订货量年均增速 43%；2005 年后，技术、管理和服务的合计收入占比超过总收入 60%；此外，服务响应时间缩短，客户满意度提升。2001 年至 2005 年，陕鼓总产值由 4 亿增长至 25 亿。截至 2010 年，陕鼓的生产总值增幅超过 10 倍，其中，服务业务产值占总产值约 70%，净利润年均增幅高达 46%；2012 年，陕鼓总产值已达 71 亿元，利润在整个风机行业总利润中占比高达 34%，人均利润 22 万元，是行业人均利润的 4.2 倍。从 2001 年到 2012 年，陕鼓的营业收入增长了近 20 倍，净利润增长了约 46 倍；2013 年，源于服务与运营的订货已在当年总订货量中占比近 50%，服务转型成果显著。此外，陕鼓与其业内国际标杆公司德国曼透平之间的差距也在逐步缩小，而相较国内其他风机企业的竞争优势仍在持续加大。

6.2.1.5　案例小结

从以上分析不难看出，陕鼓在服务转型的不同阶段重点实施的服务创新战略不同。

在转型初期，陕鼓提出了"同心圆放大"战略，即实施以产品为中心、逐步拓展产品相关服务的服务创新战略，围绕核心产品，为客户提供专业化的维修检修、远程的设备状态管理及零库存的备品备件等一系列产品配套关联服务，通过发展现有产品的售后服务，延长了产品生命周期与价值链，增强产品性能，提升有形产品的核心价值，进而促进产品销售，提升产品在市场中的竞争力。同时，向客户提供服务成为陕鼓锁定客户、提高客户转化率的有效途径；与客户建立服务关系也成为陕鼓获取未来新产品业务的一条极佳途径。2001 年以来，陕鼓产值从 4 亿元迅速增长至 40 亿元；利税也从当年的 5000 多万元，增长为 5 亿多元；企业总资产由 2001 年年末的 10 亿元增长为 2007 年年底的 73 亿元，净资产由 2.4 亿元增长至 28 亿元，翻了 11.6 倍有余，国有资产获得了极大的增值。

伴随着服务经济的兴起，陕鼓的服务创新战略重心从初期的产品销量转变为客户需求。在此基础上，陕鼓通过"做减法"放弃低端、"做加法"强化服务、"做乘法"推进系统集成，为客户提供生产运营所需的融资租赁、气体与污水处理、工程成套等多维度服务，全力驱动组织战略的完全转型，以新服务的引进为切入点开拓服务市场，直接通过服务来创造价值。在此期间，陕鼓以特设项目组的形式派驻企业员工长期驻扎在客户企业运营现场，为客户提供了全方位的产品机组托管服务，现场员工代表在服务合约期间全程驻扎客户企业运营现场，不但负责帮助客户维修其购买的陕鼓自产机器，也连带维护客户从其他供应商处购置的关联机器组件，切实保障了客户的生产运营，而且通过员工代表和客户企业现场员工的面对面沟通交流，在高效率解决客户实际问题的同时，还实现了相关专业知识的共享及客户精确需求信息的有效传递，有效增强了陕鼓与客户的关系黏性。2005 年，在陕鼓 25 亿元的总产值中，高端服务经济占比为 52%。2007 年，在陕鼓 40 亿元总产值中，企业通过"技术＋管理＋服务"整合资源来实现的服务业务占比 68%，而纯制造的产值仅占 32%。陕鼓从单卖主机的主机合同转型为工程总包合同模式，合同额从 684 万增加至 3080 万，是主机合同的 5 倍，且工程与项目管理产生的利润是主机利润的近 3 倍；2012 年，陕鼓的气体运营业务营业收入约 2 亿元，占公司主营业务的 3%，虽然比例不大，但该业务逐步发展成为营业收入的重要组成部分，并为服务创新转型作出了显著贡献。

6.2.2 华为技术有限公司服务创新分析

6.2.2.1 企业概况介绍

华为于 1987 年在深圳市正式注册成立，是生产与销售通信设备的一家民营科技公司，主要产品有固定和移动终端、无线产品、网络产品等。经过近 30 年的发展，华为目前已经成长为业内优秀的通信设备制造商和全球领先的信息与通信技术解决方案提供商，在电信运营商、企业、终端和云计算等领域构筑了端到端的解决方案优势，为运营商客户、企业客户和消费者提供有竞争力的信息通信技术解决方案、产品和服务。华为坚持以客户为中心的基本理念，围绕客户需求和技术领先持续创新，注重开放合作，持续为客户和社会创造价值。

2013 年，华为首超全球第一大电信设备商爱立信公司，排名《财富》世界500 强第 315 位。截至 2016 年，华为的产品和解决方案已应用于 170 多个国家（地区），服务于全球运营商 50 强中的 45 家及全球 1/3 的人口。在 Interbrand 发布的《2021 年全球最佳品牌排名》中名列第 85 位，也是唯一上榜的中国品牌，在美国《财富》杂志发布的 2021 年世界 500 强名单中位列第 44 位。由此可见，华为已踏入国内甚至世界信息通信科技行业的领先者队列中。

6.2.2.2　服务创新战略描述

20 世纪 90 年代，中国通信行业市场发展兴旺，催生出很多进军该行业的高科技企业，通信类产品市场竞争异常激烈。国内一线城市市场基本由国外知名品牌商占据，它们的产品操作规范严格，客户服务业务缺乏新意。此时，华为的技术实力和产品竞争力都比较薄弱，但华为敏锐地察觉到行业市场态势并准确抓住了市场竞争突破点，提出了"以周到的服务争取市场"的战略，视 IBM 为榜样，开始从电信设备制造商向服务商和解决方案提供商转型。华为于 1998 年出台了《华为基本法》，并提出"为客户服务是华为存在的唯一理由"，自此将服务提升到前所未有的高度。

转型初期，华为的服务化战略实施重点仍然在"产品"上，即围绕产品的销售，逐步拓展与产品相关的服务，为客户提供免费安装、专业维修等终身的保姆式服务。具体来说，华为在此阶段发展的服务项目主要包括以下三方面。第一，基础服务外的拓展服务。华为在为客户提供基础安装和保修期服务的基础上，拓展现有服务，增加设备后期运行及保修期外出现故障的维修检修服务等新服务环节，围绕产品整个生命周期提供系统支持服务。第二，远程的技术支持服务。华为为客户提供设备运行期间的远程技术支持服务，基于 TL9000 标准，将设备问题划分为三个等级，依此设立不同的响应时间和服务标准，将服务过程细化为多个服务环节并对服务环节进行考核，确保远程服务的质量和效率。第三，标准的专业技术服务。华为设置了一个 24 级的专业服务任职资格体系，编制了服务规范手册，并对服务人员进行精细化的专业培训，以提高服务员工的专业技术，确保所有服务人员的服务质量和服务风格保持一致，以此提升客户的服务感知质量。

随着市场同质化竞争的加剧，更多的同行业竞争者也意识到了服务的重要性，并开始通过完善其售后服务体系加入产品关联服务的竞争市场，与此同时，作为华为主要客户的运营商们也因自身能力的增长不再对支持产品的服务表现敏感。这段时期，华为又通过服务化战略的转移来实现对"客户需求"的进一步关注，开始引导并快速响应客户需求，实现企业由技术型向服务型的深入转变。此阶段中，华为主要发展的服务项目具体包括以下两方面。第一，整体性解决方案。2005 年，华为以"服务创造价值"为主题在中国国际通信技术展览会上展出了"数据集成服务、通信网络安全"等行业内当时最新的一体化专业服务解决方案，标志着华为新服务化战略的全面实施；此后，华为在 2007 年联合外国公司赛门铁克研发了存储安全解决方案，于 2009 年发布了 100G 解决方案，并覆盖全球设立了 3000 多个新能源供电解决方案站点。第二，金融、医疗、交通、电力、能源等新市场服务。华为在 2006 年时为上海地铁提供了一套智能化的轨道通信解决方案，在 2010 年为招商银行设计了远程服务解决方案等。

6.2.2.3　服务创新行为分析

对于在支持服务化战略实施的过程中，选择哪种行为方式深入客户企业内部为客户提供即时服务，进而与客户建立与保持长期紧密的关系，华为在不同战略转型阶段重点选择的行为模式有所差异。

华为在服务转型初期为其客户电信运营商提供基站及设备日常维护服务时，

通过在运营商基站点安装摄像头监控的方式来随时了解设备运行状况及变化趋势，远程监测基站点的运行故障，排查故障源并及时消除故障隐患，具体的做法主要包括以下三方面。第一，信息采集。运营商的基站通常大多设在田野郊外，存在防盗等安全问题，华为的远程监测加门禁可帮助运营商随时获取基站安全状态信息，同时可掌握反映基站设备运行状态的指标的实时参数。第二，数据分析。基站点的硬件设备若出现故障，其运行状态数据会通过网络设置远程传输到负责监测工作的计算机上，异常指标会通过计算机程序反馈给出故障告警提示，即发出故障告警，华为复杂维护服务的工作人员可通过告警浏览窗口，并根据告警日志提示的告警名称、定位信息、告警级别的告警信息，对该告警作出初步的确定及预处理。第三，数据应用。通过在运营商基站点植入监测系统实时掌握设备运行状态，通过时间积累在监测系统中预存故障告警的历史统计数据，华为利用这些历史数据找规律分析设备常出问题的地方，进而对产品设备进行改造升级；也可以应用历史数据得出运营商的一些业务时点特征，如根据即时信道占用情况的历史统计数据得出一天中话务比较多的时间段，帮助运营商在某些特殊时点调配其所需的资源占用等。

随着对客户个性化需求的深度关注，华为开始从产品研发设计之初就与客户深度互动，通过将本企业的研发设计人员植入到客户企业中，与客户实行联合开发来精确掌握与响应客户需求。同时，随着大数据时代的到来，在企业数字化转型的大势驱动下，华为也越来越重视通过将智能设备植入客户企业运营现场，应用远程监测技术来帮助客户实现其业务所需的一些场景功能等，为客户提供更优质的解决方案。具体来讲，华为在此服务转型阶段深入客户企业内部，为客户提供服务并与客户深入互动的行为表现主要有以下五个方面。第一，人际互动。华为派驻与客户员工一起进行联合开发的工作人员在客户企业中与客户员工朝夕相处，随时沟通交流并共同商讨产品设计方案。第二，知识交换。华为的产品研发人员与运营商或企业客户员工在联合开发产品的过程中就各自的知识背景出发提出相应的设计方案建议，双方工作人员因此自然地相互学习与吸收到对方的相关专业知识。第三，信息获取。华为入驻客户企业内部与客户企业共同进行联合并发的员工能够通过面对面的深入交流，准确获取客户当前或未来潜在的最真实的需求信息，这些信息可能是客户可以并且愿意直接表达的，也有些是客户无法显性表达的。第四，数据获取。华为在为银行等客户提供远程运维服务解决方案时，提供网络、计算、数据库、应用等全栈监控及 7×24 小时实时运行状态监控，掌握设备运行状态的即时数据。第五，数据分析。华为为客户提供的远程运维服务能通过数据解码达到问题秒级感知，通过故障告警分析、性能容量分析、信息变更分析、风险防范分析四个维度的数据解读，实现从监控、报告、分析、预测、预防的全方位业务价值体现。

6.2.2.4 实施服务创新后的企业绩效情况

服务创新战略成为华为在激烈的行业市场竞争中脱颖而出快速制胜的一件利器。完善的服务业务弥补了华为在产品竞争上的弱势，让华为取得了喜人的好成绩。1998 年时华为的业务范围就已覆盖国内主要城市，销售收入也快速提升，从 1993 年时的 4 亿元骤增到 2000 年时的 220 亿元。与国内主要竞争对手中兴相比，华为的市场份额是中兴的 2 倍有余。在销售收入增长的同时，华为还拥有专业的技术服务团队，专利数量也快速增长，并形成了覆盖国内各地区的三级服务体系。

2008 年前后，各行业受全球金融危机冲击，经营绩效普遍不佳，华为的竞争对手如爱立信公司等也纷纷陷入危机，有的利润下降，有的甚至出现亏损，而华为却在此时保持住了绩效上升的增长势头。根据华为年报，2008 年时华为年销售收入达 1192 亿元，同比增长 46%，净利润高达 98 亿元，同比增长 20%。2010 年时华为年销售收入达 1852 亿元，净利润 238 亿元，跻身行业全球第二。2015 年时华为的年销售收入已达 3900 亿元人民币，而在增长飞速的销售收入中，解决方案服务提供的利润贡献高达 40% 以上。此外，华为针对客户需求推出的解决方案，在提高华为服务质量的同时也提升了客户对华为服务的满意度。

6.2.2.5 案例小结

从以上分析可见，华为在服务转型的不同阶段对服务创新战略的选择也略有差异。 在服务转型初级阶段，华为在深入客户企业内部建立与维系与客户的长期合作关系时，主要通过在运营商基站点安装摄像头的方式来深入客户企业运营现场，随时了解设备运行状况及变化趋势，远程监测基站点的运行状态，以此简单的设备植入行为方式支持企业开展以产品为中心的服务，进而即时排查设备故障，节省了派驻工作人员去现场排查简单故障原因引发的人力成本，降低了员工差旅费用浪费，同时缩短了服务响应时间，提高了服务效率。

服务转型的第二阶段中，产品关联服务的市场竞争日益激烈，而作为华为主要客户的运营商们也因自身能力的增长不再对支持产品的服务表现敏感，此时，华为通过服务化战略的转移来实现对"客户需求"的进一步关注，开始引导并快速响应客户需求，实现企业由技术型向服务型的深入转变。华为围绕产品生命周期，遵照客户的个性化需求，开始将企业业务重点向微笑曲线两端同时转移。在产品售前的设计与研发服务中，华为派出工作人员进入客户企业内部与客户企业员工一起对客户需求的新产品进行联合开发；在产品售后的设备运维服务中，华为抓住数字化转型的新技术时代发展趋势，通过将智能设备植入客户企业运营现场，为客户提供远程运维服务解决方案。在应用不同组织植入方式为客户提供服务的过程中，华为实现了与客户之间的深入互动，在满足客户个性化需求的同时，增加了与客户的合作关系强度，拓宽了客户潜在需求信息的搜集来源，提高了企业应对外界环境变化的能力，驱动企业产生更多新的服务理念，进而提升企业在行业市场竞争中的竞争优势。

6.2.3　三一集团有限公司服务创新分析

6.2.3.1　企业概况介绍

三一创于 1989 年，是生产混凝土机械、挖掘机械、起重机械、桩工机械、筑路机械等工程机械的装备制造企业。在混凝土机械制造商中，三一是中国最大、全球第六的工程机械制造商。三一始终秉持"创建一流企业，造就一流人才，作出一流贡献"的企业愿景和宗旨，打造了知名的"三一"品牌。近年来，三一连续获评为中国企业 500 强、工程机械行业综合效益和竞争力最强企业、福布斯"中国顶尖企业"、中国最具成长力自主品牌、中国最具竞争力品牌、中国工程机械行业标志性品牌、亚洲品牌500强。秉承"品质改变世界"的使命，三一每年将销售收入的5%~7%用于研发，致力于将产品升级换代至世界一流水准。凭借着坚持创新的企业理念和持续创新的实力，三一先后多次荣获国家级工程机械行业最高荣誉，且截至2015年12月31日，三一已累计获得国家授权专利近7000件。此外，服务被三一定位为其核心竞争力。三一提出的"一生无忧服务承诺"，从服务效率、服务速度、维护成本、质量标准建立涵盖设备全生命周期的闭合矩阵，将客户购机前到设备购置中及设备运营后各服务行为整合成一条以客户需求为导向的价值链条，为客户提供高增值服务。三一在全球设有1700多个服务中心，有7000余名技术服务人员，可以实现365×24全时服务，2小时内到达现场，1天内排除故障。此外，三一还制定了企业特色的S520服务战略计划，拟将综合服务水平保持行业领先5年，将配件供应、服务技能两方面做到最优，通过信息化手段，实现与客户沟通和服务的0距离。此外，2015年获评《福布斯》"全球最具创新力的100家公司"。

6.2.3.2 服务创新战略描述

三一作为全球装备制造业领先企业之一，从创建之初就秉承着"品质改变世界"的使命，通过自营的机制、完善的网络、独特的理念，逐步将星级和超值服务贯穿于产品的售前、售中、售后全过程。三一的服务化战略实施也经历了两大阶段。

第一阶段，三一主要围绕产品为客户提供初级的产品售后服务。在这个阶段，三一的服务化战略主要致力于高效率地为客户提供高品质的专业化产品售后服务。具体的产品关联服务有以下三个方面。第一，保姆式服务。三一为每台设备都指派一个服务人员提供服务，并把医院的护理机制引用到工程机械行业，根据客户的不同情况分别提供特级护理、一级护理和二级护理等差异化服务，服务工程师长期在客户工作现场蹲守，指导客户的操作手学会使用产品设备施工为止。第二，快捷服务。三一设立有强大的快速反应服务队伍，应用自主研发的嵌入式芯片，将出售在外运行的设备连接，即时采集设备运行和状态参数，根据数据信息为客户快速诊断产品设备故障、快速预备所需配件、快速解决故障问题。第三，标准化服务。三一对产品设备故障开启事前预防服务，计划性地为客户购买的产品设备提供每月一次或者约定时间间隔的标准和内容统一服务，例如，对车辆、泵送系统、臂架、电控系统及液压系统等进行定期检查，并出具设备体检报告。

第二阶段，三一确立了"一切为了客户，创造客户价值"的核心服务理念，并将服务确定为其创造价值与维持竞争优势的核心能力之一，以"超越客户期望、超越行业标准"为服务追求，为客户提供"更快捷、更可靠、更满意"的优质服务。在此过程中，三一围绕客户需求，推出了一系列提供全面解决方案的产品服务系统，涵盖的具体服务有以下三个方面。第一，整套工程系统服务。三一根据不同客户的个性化需求，全方位为客户量身定制，从客户购买产品前的设备选型，到购买中的设备预检，再到购买后的维修维护等，为客户打造服务整体解决方案。第二，增值服务。三一为重要客户提供点对点的金牌管家"定点"服务，设置"零"距离特级服务小组，为客户员工进行技术升级，帮助客户培训设备主管等。第三，智慧管家式服务。三一运用互联网、物联网、大数据等信息技术，自主开发了信息系统——ECC企业控制中心，ECC企业控制中心由智能设备管理系统、服务管理系统、运营控制平台构成，运用了人工智能、GPS、GIS遥感技术、流媒体等最新技术，完成企业与设备终端的联系，开启物联网应用，充分调度企业资源，为客户创造最大价值。例如，为客户购买的产品设备提供运行过程可能需要的管理服务，包括对设备即时位置的跟踪和查询、设备运行信息的采集与异常信息报警、所需置换的配件位置和库存查询等。

6.2.3.3　服务创新行为分析

对于在支持服务化战略实施的过程中，应用哪种行为方式深入客户企业内部为客户提供即时服务，建立与保持和客户之间的跨组织关系，三一在不同服务化战略模式下选择的行为方式略有差异。

　　三一在售后服务部成立初期，确定通过发展服务业务获取竞争优势时，主要通过将一线服务员工派驻客户购买的产品设备运行现场，为客户提供保姆式服务来解决产品故障问题，在这种与客户零距离接触的服务行为模式中，代表三一的一线服务工程师主要的行为活动为人际交互。三一的一线服务工程师在客户购买三一的机械设备后，长期驻守客户的工程施工现场，指导客户的设备操作手如何更好地运行机械设备，协助客户工作并与客户员工频繁互动，但这个交互过程中，更多的是三一单方面向客户的专业知识输出，并未达到双方深入的知识交流。一线服务工程师在此时并未有太强的客户潜在需求挖掘意识，其注意力仍然只集中于产品设备的正常运行上，并不关心客户购买的产品机组之外的其他运行需求。此外，三一早在 2005 年开始就对工程机械的联网核心部件及相关技术开展研究，通过将自主研发的嵌入式芯片植入出售给客户的产品设备中，将在外运行的产品设备连接到企业内部数据平台上，来实现对产品设备的远程维护，具体实施的行为活动包括以下三个方面。第一，数据采集。三一自主研发的 SYMC 嵌入式芯片，通过传感器将运行中的产品设备状态参数传输到三一的数据存储层，三一可就此掌握在外产品设备的即时状态。第二，数据分析。三一对数据存储层的数据信息做诊断分析，对运行中产品设备的健康状态做预测，提前预知设备可能发生的故障并预备好可能需要更换的备品备件，为客户做预测性维护。第三，数据应用。三一根据数据存储层积累到的大数据，挖掘设备常出故障的问题点，进而从产品设计上改进产品属性，提高产品质量。

　　之后，三一对服务的追求更加极致，在为客户提供服务的过程中，更加注重与客户的深入接触及情感厚度。因此，在选择与客户亲密接触的行为方式时，亦表现得更加用心与完善，具体的行动措施表现有以下六个方面。第一，人际交互。三一的一线工程师除了在客户购买设备初期驻扎客户使用机械设备现场为客户操作手进行操作指导外，也积极履行一线服务工程师的其他职责，增强与客户的深入互动。例如，服务工程师会驻扎在客户运作现场附近，为客户随时提供紧急服务；此外，三一的客服人员在长期与客户操作手接触过程中，代表企业对客户操作手给予关怀，如冬天会提前送手套等保暖工具，夏天会送清凉油等。第二，知识交换。三一的一线服务工程师为每台客户运行的设备做定期检查，就客户对机械设备的使用习惯等彼此专业知识进行交流，与客户员工一起对机械设备使用中可改进的地方的技改方案进行讨论，并现场督促和帮助客户员工进行技术改进。第三，信息获取。三一的服务工程师与客户的操作手在频繁与长期的人际交互中建立的私人友谊，可以让代表三一与客户员工接触的代表们从客户员工处获取更多客户下一步可能实施的工程及可能需要的设备工具等信息，有助于三一提前做好应多准备，加大与客户再次合作的成功率。第四，数据采集。三一花费4000万元打造的行业唯一的 ECC 企业控制中心可根据 GPS 卫星定位设备位置，帮助客户监测产品设备的使用情况，了解设备的基本信息及最新的工况数据，只要设备在开机状态，系统就会每半小时回传一次底盘、泵送、电控的参数信息等。第五，数据分析。三一在控制中心工作的二线的技术专家可以通过分析智能设备采集到的数据信息进行远程故障诊断，若可远程操作解决则直接给出客户解决问题的方法，若必须现场操作则通知距离设备最近的一线服务工程师选择最近的行车路线到达客户现场处理故障。此外，若二线技术专家通过数据分析发现遇到了疑难故障，则可向三线技术支持部或研究院寻求技术支持，由资深专家为客户提供解决方案，在第一时间内实现对客户的快速响应。第六，数据应用。三一利用 ECC 企业控制中心收集与积累的来自施工设备的庞大数据可用于指导企业研发、制造及市场分析；掌握这些大数据，三一能为客户提供产品改善和设备管理的精准服务，还可以为公司提供经济形势、市场动态等一系列决策支持，甚至还可以为国家宏观调控提供支撑。

6.2.3.4　实施服务创新后的企业绩效情况

三一自从将服务定位为其核心能力之一后，服务品质有了质的飞跃，客户满意度也显著提升，营业收入也快速稳定增长。在 2007 年一项第三方公司开展的客户满意度调查评估项目中，三一客户对服务的总体满意度达到 86.5%，此外，三一在第三届全国商品售后服务评价活动中荣获"全国售后服务十佳单位"和"全国售后服务特殊贡献单位"两个服务最高奖项。2008 年推出的金牌管家点对点特级服务收到了来自客户的感谢信和锦旗。2011 年，中国质量协会公布的中国工程机械行业用户满意度测评报告对中国 14 大类工程机械的服务和质量进行排名，三一所涉 12 大领域，获得 8 个第一，4 个第二，全部做到"数一数二"。

相比于 20 世纪 90 年代初中国工程机械行业的那番景象：混凝土机械 95% 为进口产品、大吨位履带起重机械全部依赖进口、挖掘机近 100% 被国外企业垄断，如今三一的混凝土机械、挖掘机、履带起重机、旋挖钻机已成为国内第一品牌；混凝土输送泵车、混凝土输送泵和全液压压路机市场占有率居国内首位；泵车产量居世界首位，是全球最大的混凝土机械制造企业。三一不是赢在技术，就是赢在服务。2011 年三一销售业绩同比增长达到 50% 以上，其中混凝土设备继续保持全球第一的地位，销售突破 300 亿元；三一挖掘机实现全国销量第一，颠覆了外资品牌独大的格局；三一利润总额首次突破百亿大关。同时，三一荣登英国《金融时报》全球 500 强排行榜。2012 年三一并购了中国以外的全球混凝土机械制造行业第一品牌德国普茨迈斯特有限公司，迈开了三一拓展海外国际市场的关键一步。

此外，在客户满意度提升的同时，三一的营业收入也稳定增长。2016 年，三一集团有限公司以 750.5 亿元的营业收入，继续蝉联湖南民营企业 100 强榜首，同时位居中国民营企业 500 强第 30 位。

6.2.3.5 案例小结

从以上分析可见，三一在服务转型的不同阶段重点采纳的服务化战略和选择的组织植入行为方式有所差异。转型初期，三一仍然秉持制造企业的主要职能，在主抓产品制造的同时，围绕核心产品为客户提供与产品相关的基础服务。服务是产品的附属品，企业提供服务的目的在于促进产品的销售，且所涉及的服务基本是在被动应对客户的显性需求。三一选择在客户购买的产品设备出现问题时，由一线服务工程师进入客户的设备运行现场为客户提供检修服务，服务工程师仅履行恢复产品设备使用功能的职责，在维修产品设备的过程中与客户的员工即设备操作手进行短暂的沟通交流。通过增强产品的功能服务来提升产品的销售业绩,获取行业竞争优势。

在短暂的产品基础服务提供期后,三一提出"一切为了客户,创造客户价值"的核心服务理念,并将服务确定为其创造价值与维持竞争优势的核心能力之一,此时,服务不再是产品的附属品,而是为企业直接创造价值的独立存在。三一更加地专注于每一个客户的实际需求,重点着手加强服务工程师的对客户购买设备的全程无忧服务,会成立特级服务小组进驻重点客户的工程现场,对客户工程进行全方位跟踪,保障客户施工的顺利进行。同时,三一也积极地通过信息化武装其服务模式,率先在业内开启物联网应用,通过将智能设备植入客户购买的产品中,运用了人工智能、GPS、GIS遥感技术及流媒体等最新技术,在最短的时间内解决客户问题。

6.3 本章小结

鉴于本书的核心问题"分析制造业服务创新对企业绩效的影响机制"是基于现实背景抽象而来,具有较强的探索性,因此,在前文文献研究与实证分析的基础上,本章从管理实践的角度进行补充,通过案例分析,进一步探索服务创新与企业绩效之间的关系。

分析步骤及结论如下。

第一,基于"发展稳定性与行业代表性""服务转型实践特征"和"数据可获得性"等三个方面的案例研究设计原则,选取了陕鼓、华为与三一等三家代表性公司作为案例分析对象。

第二,分别从"企业概况介绍""服务创新战略描述""服务创新行为分析"及"实施服务创新后的企业绩效情况"等方面对三家代表性公司进行系统性梳理。

在此基础上,本章通过案例分析进一步论证了服务创新与企业绩效之间的关系,为最终研究结论的推导与建议的提出提供了管理实践的依据。

⑦ 研究结论与建议

7.1 研究结论

结合实证分析的结果可知，本书提出的研究假设都获得了验证。具体而言，本书得出的主要结论如下。

第一，服务创新对企业绩效具有正向影响作用。

依据上述实证检验结果，无论是从变量整体来看，还是从操作变量（服务流程创新、交互关系创新和服务传递创新）的影响结果来看，技术密集型企业服务创新对企业绩效的影响都显著。类似的，依据上述案例研究结果，从管理实践角度看，服务创新既是制造企业加深理解其客户显性需求与隐性需求的重要纽带，也是延长传统工业制造产品生命周期、拓宽深化产品传统价值链的有效途径，还是驱动制造企业综合绩效稳步提升的有力保障。

这表明技术密集型制造企业在服务流程、交互关系和服务传递等方面的创新越多，越有助于企业将服务与产品有机结合，创造新的价值，提升企业的财务指标与非财务指标。这结论与周等（Zhou et al.，2018）的研究结论相契合，服务创新可协同制造和服务之间的共享活动来创造价值，并提升制造企业的营业收入。同时，这也在一定程度上验证了塔杰迪尼等（Tajeddini et al.，2020）提出的结论，服务创新加强了应对动态环境的能力优势，为产业链创造价值，继而提升企业效益。

第二，竞争优势在服务创新与企业绩效之间起到部分的中介作用。

首先，技术密集型企业服务创新对竞争优势具有正向影响作用。依据上述实证检验结果，无论是从变量整体来看，还是从操作变量（服务流程创新、交互关系创

新和服务传递创新）的影响结果来看，服务创新对竞争优势的影响都是显著的。这
表明技术密集型制造企业在服务流程、交互关系和服务传递等方面的创新有助于激
发企业的差异化优势与成本领先优势，实现可持续发展。这结论与童俊（2018）的
研究结论相一致，服务与产品集成后的方案具有长期性、独特性，服务创新可延长
产品生命周期，抵御低成本竞争。同时，这也支持了叶等（Ye et al., 2020）提出的
结论，针对增量市场，服务创新能吸引新客户，扩大服务的差异化竞争优势。

其次，竞争优势对企业绩效具有正向影响作用。依据上述实证检验结果，无
论是从变量整体来看，还是从操作变量（差异化优势、成本领先优势）的影响结
果来看，竞争优势对企业绩效的影响都显著。这表明技术密集型制造企业的竞争
优势越强，企业绩效越高。这个结论与那等（Na et al., 2019）和杜等（Do et al.,
2020）的研究相契合，说明了差异化优势和成本领先优势都有利于企业提升市场
份额、客户满意度和复购率，进而促进企业绩效。

最后，竞争优势在技术密集型企业服务创新与企业绩效之间的部分中介作用
也获得了验证。依据上述实证检验结果，无论是从变量整体来看，还是从操作
变量（差异化优势、成本领先优势）的影响结果来看，竞争优势在技术密集型企
业服务创新与企业绩效之间的部分中介作用是显著的。同时，尽管竞争优势的操
作变量（差异化优势和成本领先优势）均表现出正向的中介作用，但中介效应的
大小不同；企业无论选择服务流程创新、交互关系创新还是服务传递创新中的哪
一种创新方式，差异化优势的中介效应都比成本领先优势的中介效应更强。因此，
为了令服务创新获取的企业绩效最大化，技术密集型制造企业更适合构建差异化
竞争优势。类似的，依据上述案例研究结果，从管理实践角度看，制造企业通过
基于信息技术的服务创新可以有效重构商业模式，实现全天候、全方位的实时信
息采集、高效互联互动、深度需求分析与及时沟通反馈，不但针对客户的多元化
需求交付了"千人千面"的差异化解决方案，而且有效降低了以"差旅费"为代
表的有形成本和以"沟通成本"为代表的无形成本，为制造企业的转型升级保驾
护航。以上结论表明技术密集型企业通过服务创新实现服务与产品的有机融合，
可以有效增强差异化优势与成本领先优势，并提升企业的财务与非财务绩效指标。

这与肖挺（2018）和王晓萍等（2019）的研究相吻合，服务创新增强了产品特色与价值，构建差异化优势，并提振绩效。同时，这也在一定程度上验证了钱学锋等（2020）提出的观点，中国制造业服务创新可降低成本，并促进企业绩效。

第三，环境动态性对服务创新与企业绩效之间起到正向调节作用。

依据上述实证检验结果，无论是从变量整体来看，还是从操作变量（技术动态性、市场动态性和政策动态性）的影响结果来看，环境动态性在技术密集型企业服务创新与企业绩效之间的调节作用都是显著的。同时，尽管环境动态性的操作变量均表现出正向的调节作用，但其调节效应的大小各不相同。其中，技术动态性对服务流程创新与企业绩效之间关系的调节效应高于对交互关系创新或服务传递创新与企业绩效之间关系的调节效应；市场动态性对服务传递创新与企业绩效之间关系的调节效应高于对服务流程创新或交互关系创新与企业绩效之间关系的调节效应；政策动态性对服务传递创新与企业绩效之间关系的调节效应高于对服务流程创新或交互关系创新与企业绩效之间关系的调节效应。因此，为了使服务创新获取的企业绩效最大化，技术密集型制造企业应将服务创新战略、战术与外部环境进行科学合理的匹配。

以上结论表明，在技术革新速度较快、市场波动较大及政策不确定性较高的环境中，技术密集型制造企业的服务创新有助于盘活企业的生产要素，将企业的战略、能力与外部环境特征相匹配，及时针对客观变化制定切实有效的行动策略，并促进企业绩效可持续提升。这个结论支持了王伟姣（2018）的观点：行业革新速度越快，环境动态性越强，制造业服务创新对企业利润率的正向影响效果越强。同时，这也在一定程度上验证了彭云峰等（2019）和黄薷丹（2020）提出的结论，在动态市场中，企业需通过持续创新以适应环境的变化，而创新将加速服务与产品的研发周期，并不断提升市场绩效。

7.2　研究建议

面对日新月异的动态市场与日益激烈的竞争环境，服务创新是企业获得竞争优势、实现持续性发展的重要动力来源。技术密集型制造企业亦是如此。为了实现差异化及降本增效，企业需要通过服务创新将产品与服务进行有机结合，寻找新的增长点。本书通过实证分析证明了技术密集型企业服务创新能够对企业绩效产生正向的影响作用，并且验证了环境动态性正向调节服务创新与企业绩效之间的关系。同时，还证明了竞争优势在服务创新对企业绩效的影响过程中起到了部分中介作用。针对上述实证研究结论，本书提出以下管理建议。

7.2.1　树立正确的服务创新观念，建立服务创新长效机制

第一，树立正确的服务创新观念与意识。

中国技术密集型制造企业应充分认识到，服务创新中的服务并不局限于有形产品的售前、售中及售后服务，还包括了设计、开发、技术支持、咨询、培训及综合解决方案等。同时，服务创新并非技术创新的对立面，而是基于技术创新的服务产品集成方案综合创新。此外，服务创新以客户为中心，只有获得客户认可的创新才具备真正的价值。

在服务转型的不同阶段重点实施的服务创新战略不同。在转型战略初期，应该以产品为中心，逐步拓展产品相关服务。例如，围绕核心产品，为客户提供专业化的维修检修、远程的设备状态管理及零库存的备用件租赁等一系列产品配套关联服务。通过发展现有产品的售后服务，延长产品生命周期与价值链，增强产品性能，提升有形产品的核心价值，进而促进产品销售，增强产品在市场中的竞争力。在转型战略中后期，伴随着服务经济的兴起，服务创新战略重心可以从初期的产品销量转变为客户需求。在此基础上，企业可通过"做减法"放弃低端、"做加法"强化服务、"做乘法"推进系统集成，渐进式地为客户提供生产运营所需的高附加值服务，如研发与设计类知识密集型服务、融资租赁类金融服务、工程总包等综合解决方案服务等。以新服务的引进为切入点，开拓服务市场，直接通过服务来创造价值，全力驱动组织战略的完全转型。

第二，建立服务创新长效机制。技术密集型制造企业服务创新是一个长期的战略转型过程。企业需要在组织架构、制度规范、业务流程、员工培训等许多方

面进行相应的调整。在组织架构方面，企业应设置独立的服务部门并配备专业的服务人员。在制度规范方面，企业应构建规范的控制体系、服务交付体系和服务质量考评体系。在业务流程方面，企业应通过信息管理系统和服务蓝图把控服务流程的各个节点，有效地为客户量身打造端到端服务，并设立标准化的流程进行新服务的开发与交付。在员工培养方面，企业应对员工进行的操作技能、管理技巧、行为规范及企业文化等方面的不定期培训，有针对性地激发员工的学习能力与创造性思维，进而使员工胜任当前岗位的要求，并与企业共同成长。

总之，技术密集型制造企业需要在战略层面重视服务创新，对观念、意识和长效机制都进行系统化的、科学合理的把控，最终实现可持续发展。

7.2.2 充分发挥基于竞争优势的中介传导效应

第一，贯彻以差异化优势为主、成本领先优势为辅的指导方针。本书发现，技术密集型制造企业无论选择服务流程创新、交互关系创新还是服务传递创新中哪一种创新方式，差异化优势的中介效应都比成本领先优势的中介效应更强。为了在研发、设计、品牌、市场拓展等核心环节获取差异化竞争优势，企业往往选择其自身最具优势的环节进行服务创新，并将其他环节外包出去。服务创新本质上是一种能力及过程的创新，它必然对企业现有的架构、流程、文化、制度等方面提出新的挑战。在这个转型过程中，企业需要重点关注技术密集型企业的两个特点——成本敏感和循序渐进。一方面，企业在对有形资源与无形资源进行调整和重构时，应尽可能减少伴随着存量资源调整而产生的协调成本，在一定程度上保障成本领先优势，维持规模效应。另一方面，企业应理性地评估行业及自身现状，选择适合自身发展阶段的服务创新形式，稳步推进转型。针对服务转型初期的技术密集型制造企业，应加强员工的服务意识及服务能力，保障售前咨询、售后的物流和质保等基础服务的质量，以提升客户满意度和忠诚度为主要目标；针对服务转型成熟期的技术密集型制造企业，在具备充足的基础服务经验并熟练掌握客户运营流程关键点的前提下，可以尝试为客户提供定制化的服务产品综合解决方案，进而实现综合绩效的提升。

第二，通过服务创新打造企业内外部关系网络，低成本地获取差异化的资源。与其他创新形式相比，实施服务创新的制造企业与客户及供货商等产业链网络成员绑定更深，关系更密切。在中国特色的商业环境中，关系是一种重要的社会资本。相较独立个体而言，关系网络能帮助企业以更低的成本和更高的效率获取关键信息及知识。企业应通过服务创新将企业内部员工与外部供需双方进行联动，构建独特的关系网络。一方面，通过关系网络建立关键信息传导、反馈机制，并促进信息在企业内部各组织间流动，降低沟通成本，减少信息不对称；另一方面，通过关系网络促进知识的交换，帮助企业整合内外部知识，并将获取的显性知识内化为自身的隐性知识，进而实现新的知识创造。通过知识传递、知识共享和知识应用的良性循环，反过来促进服务创新，并进一步增强差异化的竞争优势，最终实现综合绩效的可持续提升。

第三，以成本领先型服务助推产品销量，以差异化服务塑造品牌黏性，深度挖掘客户的潜在需求，进而实现产品矩阵生命周期的批量式延长与产业价值链的结构性延伸。在数字化、智能化时代，供给与需求都发生了剧烈的改变。供给端，互联网、物联网、智联网等信息化武装将各个传统交付环节化繁为简，极大地提高了便利性；需求端传统的产品型方案难以满足日益个性化、多元化的客户诉求，供需出现了新的结构性缺口。而服务创新正是实现新时代供需再平衡的重要路径。不仅如此，随着技术的进步与竞争的加剧，单纯的低成本策略的成长空间十分有限，服务创新应该在保持成本领先的前提下实现差异化。一方面，成本先行以筑基。制造企业可将智能设备植入客户购买的产品中，支持企业开展以产品为中心的服务，通过视频流媒体、GPS、GIS遥感技术和人工智能等技术，全天候、全方位实时远程监测设备运行状况及变化趋势，进而即时排查设备故障，节省派驻工作人员去现场排查简单故障原因引发的人力成本，降低员工差旅费用浪费，同时缩短服务响应时间，提高服务效率，还降低了客户因设备突发性停机而造成损失的风险。另一方面，差异化赋能以续航。随着产品关联服务的市场竞争日益激烈，客户也因自身能力的增长不再对支持产品的配套服务表现敏感。此时，企业应该开始引导并快速响应客户需求，实现由性价比型向差异型的深度转变。特别是，围绕产品生命周期，遵照客户的个性化需求，有序地将交付业务内容向微笑曲线两端转移。例如，在产品售前方面，制造企业以服务形式参与到客户的设计与研发环节，可以直接从内部入手，派驻工程师进驻客户企业，与客户企业员工联合开发新产品；也可以从外部提供配套支持，充分调动合作的第三方科研团队或发挥自身的供应链优势进行协助。又例如，在产品售后方面，制造企业不可过度依赖远程监控技术与线上交互功能，在数字化时代更要注重适当的面对面交流互动。针对特定客户、特定场景，可派驻专项小组长期驻扎在客户企业运营现场，为客户提供全方位的产品机组托管服务，不但负责监控、维修制造企业售出的产品，也连带维护客户从其他供应商处购置的关联机器组件，实现对客户生产运营的全方位跟踪与切实保障，而且通过专项小组和客户企业现场员工的面对面沟通交流，在高效率解决客户实际问题的同时，还实现相关专业知识的共享及客户精确需求信息的有效传递。此举既拓宽了客户潜在需求信息的搜集来源，又增加了与客户的合作关系强度，还满足了客户个性化需求，并反向驱动制造企业产生更多新的服务理念，进而提升制造企业的竞争优势与市场应变能力。因此，制造企业以"线上 + 线下"的综合解决方案为切入点，可有效重构商业模式，在成本领先与差异化的双轮驱动效应下，实现产品矩阵生命周期的批量式延长与产业价值链的结构性延伸。

总之，技术密集型制造企业既需要结合自身客观条件探索自主服务创新道路，又应该有效地整合外部信息与知识等关键资源，进而构建差异化优势与成本领先优势。

7.2.3 服务创新策略需要与客观环境动态相匹配

第一，应充分结合中国特色的市场环境，不能盲目学习发达国家。

本书通过实证分析发现，在政策动态性与市场动态性较强的环境中，中国技术密集型制造企业通过服务传递创新转型的效果优于服务流程创新及交互关系创新。这与中国独特的市场环境相契合。

一是中国制造业面临着发达国家和新兴经济体的双重冲击。一方面，发达国家大力推动以科技创新为核心的制造业回流和再工业化，另一方面，一些新兴经济体积极吸引制造业转移。特别是，从 2008 年国际金融危机开始，欧美发达国家的"再工业化"战略和东南亚新兴经济体工业化进程加快，国际引资日益激烈，各国相继减税以促进制造业发展，加速了国际资本流向和全球制造业的重新洗牌。英美两国近年来 FDI 净流入快速增加，而中国 FDI 净流入从 2014 年起已经呈现下降趋势。近年来，受人口红利消退、成本上升、资源与环境约束加大、中美贸易摩擦升级等多重因素叠加影响，中国制造业的外迁现象加剧，部分行业甚至发生了供应链集群式外迁，其中，中国东南沿海地区的电子信息、橡胶、纺织服装等"两头在外"的劳动密集型产业外迁趋势明显。

二是中国制造业内生发展动力不足。主要体现在自主可控的创新能力不强、品牌缺失、机制不活、缺乏工匠精神、信心不足等方面。受限于对知识产权保护不足，很多实体企业根本不愿意开展原创性研发，而倾向于依靠模仿维持生存；研发投入少、人才短缺，核心技术与高端装备受制于发达国家；企业经营与管理模式等方面的创新有待提高，缺乏新技术、新商业模式、新产业与新业态的推动。尤其是中国制造业中传统板块比重较大，技术创新能力相对薄弱，基础与共性关键技术"卡脖子"瓶颈制约突出，这导致中国产业发展对外资关键核心零部件和技术依赖严重，许多制造企业"轻产品设计、重生产制造""轻品牌建设、重价格竞争""出口低端品牌、贴标国际品牌"的市场形象与低水平恶性竞争的市场格局始终没有得到根本改变。此外，中国制造业发展环境也有待改善，尤其是在体制机制方面仍面临一些束缚，政府部分职能转变滞后、市场体系不够健全、许多行业领域存在过高准入壁垒等，都导致制造业发展受限。

由此不难看出，与发达国家成熟的市场经济不同，中国正处在中国特色社会主义市场经济转型的初级阶段，政策导向性、市场波动性都较发达国家更强，制造企业的客户忠诚度弱于发达国家，客户更换供货商的成本也较低。

因此，制造企业和相关政府部门应采取与国情、市场环境相匹配的服务创新策略。一方面，中国技术密集型制造企业应该充分发挥服务传递的核心纽带作用，加大服务传递创新力度，向市场输出差异化的品牌、超额的价值与独特的体验；同时，避免盲目跟风发达国家的明星企业，选择与市场环境相匹配的模式与策略，提升应对环境不确定性及抗风险的能力。另一方面，中国政府相关部门应该深化要素市场改革，切实降低以主流税率为代表的制造业综合成本负担；同时，要有效推进"互联网＋政务服务"，在投资审批、行政审批、职业资格管理、商事制度及扩大高校、科研院所自主权等方面积极推进简政放权，并加快人工智能、5G、数字经济等新基础设施建设，营造有益于制造业创新发展的社会氛围与良好外部环境。

第二，要客观地结合企业自身及其所处的行业环境，实现战略、战术与环境特点的动态匹配。

本书发现，技术动态性、市场动态性、政策动态性对服务创新与企业绩效关系的调节作用都显著，但调节效应不一致。因此，实施服务创新的制造企业需要敏锐地感知并识别这些环境要素，客观地解读要素对企业可能造成的影响，针对不同的环境特征类型投入不同的创新资源，使企业的创新战略、创新战术与环境特点能够动态匹配，进而实现企业与环境的良性协同。同时，要具备大局思维，充分认识到制造行业面临着成本上升和收入下降"两头挤压"、垄断环节和虚拟经济的"两头挤压"的现状，实事求是地采取相应的创新举措。对制造企业而言，要具备全局眼光，不因已经取得的成绩而故步自封，也不因陆续出台的行业支持性政策而闷头奋进，应充分认识到制造行业面临的"两头挤压"现状，既不盲目乐观也不过度悲观，有针对性地采取因时制宜、因地制宜的创新举措。类似的，对政府相关部门而言，要明确供给侧结构性改革的发展重点，突出新兴产业发展和传统优势产业升级相结合，并对东部、中部、西部地区分类施策；同时，瞄准痛点，加大产业政策精准扶持力度，积极实施国家重点产业技术升级计划、国家工业冠军建设计划、重点科技成果转化工程。

本书还发现，在技术动态性较强的环境中，中国技术密集型制造企业通过服务流程创新转型的效果优于服务传递创新及交互关系创新。因此，中国技术密集型制造企业应该针对服务流程创新制定长期性、系统化的战略规划及切实可行的实施计划，并在组织架构、制度规范、技术管理、企业文化、员工培训等方面给予全方位的支持。同时，通过信息管理系统把控服务流程的各个节点，打造涵盖服务开发、服务交付、服务反馈、服务评价的全周期闭环，实现服务的体系化、流程化。

因此，技术密集型制造企业在服务创新转型过程中，应该将转型策略与市场环境、行业环境及企业自身客观情况相匹配，实现因地制宜、因时制宜。

7.3 研究不足

本书针对技术密集型制造企业，构建以竞争优势为中介变量，环境动态性为调节变量，研究服务创新对企业绩效作用机制的理论模型。尽管本书秉承科学、严谨的原则进行文献梳理、理论推演与实证检验，但是，仍然存在一些不足，具体如下。

第一，样本量与样本代表性的局限性。

受到新型冠状病毒肺炎疫情与资源的限制，本书在问卷收集的过程中遇到了一定的困难。调查对象主要来自 G 公司在中国各大生产基地的员工，未能充分反映 G 公司国外生产基地的情况。因此，样本的代表性在一定程度上受到了影响。

第二，仅采用了横截面数据，缺乏纵向时间轴的数据。

无论是服务创新对企业绩效的影响，竞争优势对服务创新与企业绩效的中介影响，还是环境动态性对服务创新与企业绩效的调节效应，都是一个动态的、长期的过程。然而，本书的样本数据是横截面数据，无法严格地分析每个变量相互间的动态因果关系。因此，本书的实证分析结果可能存在一定程度上的偏差。

第三，量表的局限性。

本书采用的研究量表都是由国外学者开发，并由国内学者改进后的较为成熟的量表。尽管国内许多学者已将这些量表应用到中国本土的研究中，并进行了信度和效度的检验，但是，仍然可能存在一定程度上的偏差，包括语义表达偏差、理解偏差及不同文化背景的差异所导致的偏差。

7.4　研究展望

本书主要研究技术密集型企业服务创新、竞争优势、环境动态性与企业绩效之间的影响关系。结合本书的文献分析、实证检验、研究结论与局限，对未来的研究方向提出以下思考。

第一，优化数据收集的方法。

考虑到服务创新对企业绩效的影响、竞争优势对服务创新与企业绩效的中介影响、环境动态性对服务创新与企业绩效的调节效应都是一个动态的、长期的过程，因此，未来研究可以采用分时段的、长期跟踪的方法，进行数据收集的优化，更加客观、准确地获取被调查对象在不同时间节点的行为或态度的变化。

第二，继续深挖中介作用机制。

未来可以进一步探讨其他变量在技术密集型企业服务创新和企业绩效关系间的中介作用机制，以及服务创新与企业绩效间的非线性关系。从本书的文献分析可知，目前对技术密集型企业服务创新与企业绩效关系间的中介效应研究还处于初级阶段，而且大多数研究都是在理论分析和案例分析层面，实证研究较少。因此，未来可深入研究其他变量在技术密集型企业服务创新与企业绩效关系间的中介作用机制。此外，也可以深度剖析技术密集型企业服务创新与企业绩效的关系。本书只分析了变量间的线性关系，但已有不少国内外学者实证检验了制造业服务创新与企业绩效的非线性关系。因此，未来研究可以进一步探讨在技术密集型企业中，是否也存在这种非线性关系。

第三，继续深挖环境特征因子的调节效应。

未来研究可进一步探讨其他的环境特征因子对服务创新与企业绩效关系的调节效应。从本书的文献分析可知，环境特征因子在技术密集型企业服务创新背景下的调节效应研究才刚刚起步。未来研究可以将已经在制造业服务创新研究中检验过的环境特征因子引入技术密集型企业的服务创新研究中。

参 考 文 献

蔡学辉，2018. 专利视角下政府资助对企业绩效影响机制研究［D］. 武汉：华中科技大学.

曹菲，2008. 企业绩效评价系统的国内外发展历程及未来趋势［J］. 中国水运（理论版），6（1）：208-209.

陈国权，王晓辉，2012. 组织学习与组织绩效：环境动态性的调节作用［J］. 研究与发展管理，24（1）：52-59.

陈洁雄，2010. 制造业服务化与经营绩效的实证检验——基于中美上市公司的比较［J］. 商业经济与管理（4）：33-41.

陈柔霖，2019. 企业环境伦理对企业竞争优势的影响机制研究［D］. 长春：吉林大学.

陈阳阳，2018. 创业失败经历、创业能力与后续创业企业成长绩效关系研究［D］. 长春：吉林大学.

成丽红，2019. 服务中间投入、制度环境与企业绩效研究［D］. 长沙：湖南大学.

崔海潮，2009. 产业转移、世界制造中心变迁与中国制造业发展研究［D］. 西安：西北大学.

丁扬阳，郑健壮，2016. 日德两国 20 世纪 90 年代以来制造业发展的比较及对我国的启示［J］. 经济研究导刊（5）：53-56.

董保宝，李全喜，2013. 竞争优势研究脉络梳理与整合研究框架构建——基于资源与能力视角［J］. 外国经济与管理，35（3）：2-11.

董明芳，袁永科，2014. 基于直接分配系数的产业分类方法［J］. 统计与决策

（24）：37-39.

窦瑜彤，2019. 我国上市公司企业绩效影响因素综述［J］. 纳税，13（28）：189-
190.

冯丽霞，2004. 企业绩效及其决定因素研究［J］. 长沙理工大学学报（社会科学版）
（3）：65-67.

高可为，2010. 超经济学视角的企业竞争优势观［J］. 中国流通经济，24（9）：
44-48.

高孟立，范钧，2018. 外部创新氛围对服务创新绩效的影响机制研究［J］. 科研
管理（12）：103-112.

高孟立，吴俊杰，2013. 基于 AHP 法的知识密集型服务企业服务创新驱动力研究
［J］. 科技管理研究，33（11）：5-9.

葛宝山，陈小沐，2016.TMT 异质性及其替换率与创业型战略决策——环境不确
定性的权变效应研究［J］. 南方经济（09）：47-60.

谷盟，魏泽龙，2015. 中国转型背景下创新包容性、双元创新与市场绩效的关系
研究［J］. 研究与发展管理，27（6）：107-115.

郭昱兴，2018. 企业绩效管理因素影响实证分析［J］. 商场现代化（5）：82-84.

何地，2018. 企业创新生态系统战略对竞争优势的影响研究［D］. 沈阳：辽宁大学.

何霞，苏晓华，2016. 环境动态性下新创企业战略联盟与组织合法性研究——基
于组织学习视角［J］. 科研管理，37（2）：90-97.

和征，张志钊，李勃，2020. 企业创新网络研究述评与展望［J］. 商业经济研究
（3）：117-119.

侯宏，石涌江，2017. 生态型企业的非线性成长之道［J］. 清华管理评论（12）：
33-38.

胡查平，2018. 制造业服务化、服务网络联盟与企业绩效的关系［J］. 技术经济，
37（3）：131-138.

胡查平，汪涛，2016. 制造业服务化战略转型升级：演进路径的理论模型——基
于 3 家本土制造企业的案例研究［J］. 科研管理，37（11）：119-126.

胡查平，张莉娜，胡琴芳，2019. 制造业服务化、跨组织资源合作与企业绩效的关系 [J]. 企业经济（7）：96-104.

胡迟，2019. 以创新驱动打造我国制造业高质量成长——基于70年制造业发展回顾与现状的考察 [J]. 经济纵横（10）：53-63.

胡迟，2015. "十二五"时期制造业转型升级成效分析与对策 [J]. 经济纵横（6）：14-19.

胡迟，2012. 从"十一五"时期中国制造业500强企业特征看企业转型升级之路 [J]. 经济纵横（2）：86-88.

胡季英，冯英浚，2005. 企业绩效评价理论研究述评与展望 [J]. 现代管理科学（9）：29-31.

花磊，2018. 欧美国家再工业化战略对中国制造业发展的借鉴与启示 [J]. 沿海企业与科技（3）：8-11+19.

黄梦鸽，2013. 制造企业的服务导向对财务绩效的影响研究 [D]. 长沙：湖南大学.

黄蕣丹，2020. 环境动态性、创新能力与创新产品市场绩效 [J]. 财会通讯（8）：56-59.

黄鑫，2017. 当前我国制造企业服务收入占总收入比重不足10% [N]. 经济日报，3-31（1）.

嵇国平，阚云艳，吴武辉，2016. 企业社会责任对财务绩效的影响：一定是线性的吗？[J] 经济问题（10）：92-97.

姜铸，李宁，2015. 服务创新，制造业服务化对企业绩效的影响 [J]. 科研管理，36（5）：29-37.

焦豪，2011. 双元型组织竞争优势的构建路径：基于动态能力理论的实证研究 [J]. 管理世界（11）：76-91+188.

黎朝红，祝志勇，2020. 环境动态性对企业绩效的作用机制研究——基于技术导向的中介效应 [J]. 贵州财经大学学报（5）：73-79.

李春龙，倪渊，2017. 制造业企业社会资本对服务创新绩效的实证研究 [J]. 科技和产业，17（2）：145-152.

李从文，2019. PPP 投资，资源配置效率与企业绩效 ［D］. 武汉：武汉大学 .

李大元，2008. 不确定环境下的企业持续优势：基于战略调适能力的视角 ［D］.
杭州：浙江大学 .

李东红，李蕾，2003. 服务创新与制造业厂商可塑的核心能力 ［J］. 首都经济贸
易大学学报，5（3）：30-34.

李华山，2019. 制造企业服务化对企业绩效的影响及情境因素实证研究 ［D］. 哈
尔滨：哈尔滨工业大学 .

李江帆，2004. 新型工业化与第三产业的发展 ［J］. 经济学动态（1）：39-42+86.

李俊，2011. 企业网络与知识管理及新产品开发绩效关系研究 ［D］. 杭州：浙江
大学 .

李廉水，石喜爱，刘军，2019. 中国制造业 40 年：智能化进程与展望 ［J］. 中国
软科学（1）：1-9+30.

李吕，2017. 企业绩效的影响因素研究——基于制造业上市公司 ［J］. 商场现代
化（2）：91-92.

李敏，2018. 基于供应链的绿色创新及其对企业绩效和竞争优势的影响 ［D］. 广州：
华南理工大学 .

李倩，2018. 薪酬差距对企业绩效影响研究：一个被中介的调节效应模型 ［D］.
沈阳：辽宁大学 .

李强，2020. 中国装备制造企业高质量发展研究——基于政府与市场的影响分析
［D］. 长春：吉林大学 .

李强，原毅军，孙佳，2017. 制造企业服务化的研究述评 ［J］. 科技与管理，19（4）：
14-18+24.

李巍，2015. 中小企业创新均衡对竞争优势的影响机理研究——营销动态能力的
调节效应 ［J］. 研究与发展管理，27（6）：10-18.

李心，2019. 环境不确定性、吸收能力对通信企业技术标准化的影响研究 ［D］.
北京：对外经济贸易大学 .

梁光雁，2011. 现代制造业企业的服务创新研究 ［D］. 上海：东华大学 .

林琳，陈万明，2018. 互联网情境下创业企业创新绩效影响因素研究［J］. 经济经纬，35（3）：110-116.

蔺雷，吴贵生，2007. 我国制造企业服务增强差异化机制的实证研究［J］. 管理世界（6）：103-113.

蔺雷，吴贵生，2005. 服务创新：研究现状、概念界定及特征描述［J］. 科研管理，26（2）：1-6.

刘斌，魏倩，吕越，等，2016. 制造业服务化与价值链升级［J］. 经济研究，51（3）：151-162.

刘畅，马永军，2019. 制造业服务化、政府补贴与企业绩效［J］. 技术经济，38（12）：83-89.

刘刚，刘静，2013. 动态能力对企业绩效影响的实证研究——基于环境动态性的视角［J］. 经济理论与经济管理（3）：83-94.

刘巨钦，2007. 论资源与企业集群的竞争优势［J］. 管理世界（1）：164-165.

刘林青，雷昊，谭力文，2010. 从商品主导逻辑到服务主导逻辑——以苹果公司为例［J］. 中国工业经济（9）：57-66.

刘如月，2020. 信息技术与业务战略匹配对制造企业服务化的影响研究［D］. 济南：山东大学.

刘伟乐，张子山，2020. 创业战略、商业模式创新与企业绩效［J］. 市场周刊，33（8）：17-18.

刘芸，王涛，顾新，2020. 关系学习对新创企业竞争优势的影响研究——组织合法性的中介效应与环境动态性的调节效应［J］. 软科学，34（11）：90-94+100.

龙飞扬，殷凤，2019. 制造业投入服务化与出口产品质量升级——来自中国制造企业的微观证据［J］. 国际经贸探索，35（11）：19-35.

鲁琨，高强，2009. 创新、服务质量与绩效：B2C 电子商务业实证研究［J］. 科学学研究，27（7）：1110-1120.

鲁若愚，段小华，张鸿，2000. 制造业的服务创新与差别化战略［J］. 四川大学学报（哲学社会科学版）（6）：16-20.

陆亚东，孙金云，2014. 复合基础观的动因及其对竞争优势的影响研究［J］. 管理世界（7）：93-106+188.

罗伯特.K.殷，2012. 案例研究：设计与方法（4版）［M］. 周海涛，等译. 重庆：重庆大学出版社：8-12.

罗建强，马蕾，2013. 面向SOM的制造业服务创新模式研究——延迟策略实施的视角［J］. 中国科技论坛（2）：53-59.

罗军，2018. 服务化发展与制造业全球价值链地位——影响机制与门槛效应［J］. 当代财经，408（11）：100-110.

马蓝，杨红，茹东燕，等，2020. 创业经验与创业导向对企业竞争优势的影响研究——基于双元机会开发的视角［J］. 技术经济与管理研究（11）：38-44.

穆文奇，2017. 建筑企业动态能力对持续竞争优势的作用研究——基于战略路径演化的视角［D］. 北京：北京交通大学.

潘楚林，2017. 前瞻型环境战略对企业可持续竞争优势的影响研究［D］. 长春：吉林大学.

潘文卿，李子奈，刘强，2011. 中国产业间的技术溢出效应：基于35个工业部门的经验研究［J］. 经济研究，46（7）：18-29.

彭云峰，薛娇，孟晓华，2019. 创业导向对创新绩效的影响——环境动态性的调节作用［J］. 系统管理学报，28（6）：1014-1020.

钱学锋，王胜，何娟，2020. 制造业服务化与中国出口——步入服务红利时代［J］. 财经问题研究，438（5）：113-122.

荣泰生，2012.SPSS与研究方法［M］. 大连：东北财经大学出版社.

盛朝迅，2020. 中美比较视角下我国制造业发展存在的问题及对策［J］. 湖北大学学报（哲学社会科学版），47（3）：153-162.

石盛林，2010. 战略管理理论演变：基于企业理论视角的回顾［J］. 科技进步与对策，27（8）：156-160.

宋红霞，2020. 员工持股与企业绩效［J］. 经济师（7）：276-277.

宋凯，2020. 人力资源管理与企业绩效关系的探析［J］. 全国流通经济（18）：92-93.

宋洋，2018. 创新绩效影响因素研究——企业资源的视角［J］. 企业技术开发，37（1）：1-4.

孙林岩，高杰，朱春燕，等，2008. 服务型制造：新型的产品模式与制造范式［J］. 中国机械工程（21）：2600-2604+2608.

孙璐，2016. 企业信息交互能力对价值共创及竞争优势的影响研究［D］. 哈尔滨：哈尔滨工业大学.

孙耀吾，李丽波，2015. 服务创新管理研究前沿与热点知识图谱分析［J］. 科技进步与对策（23）：135-142.

唐雪莲，罗茜，2020. 中小微企业服务创新影响因素与发展路径［J］. 统计与决策，36（11）：166-169.

童俊，2018. 中国制造企业服务化对其竞争优势的影响研究［D］. 武汉：中南财经政法大学.

童有好，2015. "互联网＋制造业服务化"融合发展研究［J］. 经济纵横（10）：62-67.

万勇，黄健，2020. 美英两国制造业协同网络建设比较分析及其启示［J］. 世界科技研究与发展，42（6）：623-632.

王保利，杨欣，2020. 制造企业服务增强对技术创新及企业绩效的影响［J］. 科技进步与对策，37（18）：98-105.

王磊，2015. 企业信息化领导力形成机理及对竞争优势的影响研究［D］. 长春：吉林大学.

王琳，赵立龙，刘洋，2015. 制造企业知识密集服务嵌入的内涵、动因及对服务创新能力作用机制［J］. 外国经济与管理，37（6）：73-82.

王绒，2018. 制造企业服务化战略、组织植入对服务创新绩效的影响研究［D］. 西安：西安理工大学.

王铁男，张良，王者，2014. 资源与竞争优势对企业绩效影响的实证研究［J］.

华东经济管理（6）：90-96.

王伟姣，2018.制造企业服务化与企业绩效的关系：基于面板数据的实证研究
　　［D］.杭州：浙江大学.

王晓萍，任志敏，张月月，等，2019.基于服务化战略实施的制造业价值链优化
　　升级：价值增值的视角［J］.科技管理研究，39（5）：110-115.

王秀山，刘则渊，2004.区域技术创新集群的非线性问题研究［J］.科学学与科
　　学技术管理（12）：40-43.

王一，2017.TMT网络特征、双元创新与企业竞争优势的关系研究［D］.长春：
　　吉林大学.

魏江，王铜安，喻子达，2008.知识整合的实现途径研究——以海尔为例［J］.
　　科研管理，29（3）：22-27.

魏蒙，2017.融资结构对企业绩效影响机理研究——基于创新投入的中介效应
　　［D］.上海：上海社会科学院.

吴贵生，蔺雷，2011.我国制造企业"服务增强"的实证研究及政策建议［J］.
　　管理工程学报（4）：94-102.

夏新平，汪宜霞，余明桂，2003.中国股票市场财富效应的实证研究［J］.科技
　　进步与对策，20（5）：126-128.

肖玲诺，姜振寰，冯英浚，2005.知识经济下的管理有效性［J］.科学学研究（4）：
　　531-535.

肖秋迪，王永超，2019.基于四维度模型的互联网旅游企业服务创新研究——以
　　携程为例［J］.商场现代化（5）：98-99.

肖挺，2018.全球制造业服务化对各国国际贸易的影响——基于贸易引力模型的
　　经验研究［J］.中国流通经济，32（9）：98-107.

肖挺，聂群华，刘华，2014.制造业服务化对企业绩效的影响研究——基于我国
　　制造企业的经验证据［J］.科学学与科学技术管理，35（4）：154-162.

肖挺，孙苏伟，2020.制造业服务化战略实施的风险调节研究［J］.技术经济，
　　39（2）：87-98.

肖艳红，卢艳秋，叶英平，2018. 能力柔性与知识管理战略匹配对竞争优势的影响 [J]. 科技进步与对策，35（1）：142-148.

谢卫红，王永健，蓝海林，等，2014. 产品模块化对企业竞争优势的影响机理研究 [J]. 管理学报，11（4）：502-509.

熊胜绪，黄昊宇，2007. 企业伦理文化与企业管理 [J]. 经济管理（4）：4-12.

熊胜绪，李婷，2019. 组织柔性对企业创新绩效的影响 [J]. 中南财经政法大学学报（2）：138-146.

徐晨，2020. 研发投入与企业绩效：综述与展望 [J]. 江苏商论（7）：117-121+141.

徐建中，付静雯，2018. 中国制造 2025 视角：制造企业客户导向对服务创新绩效的影响 [J]. 中国科技论坛（2）：62-70.

许和连，成丽红，孙天阳，2017. 制造业投入服务化对企业出口国内增加值的提升效应——基于中国制造业微观企业的经验研究 [J]. 中国工业经济（10）：62-80.

许骞，2020. 创新开放度、知识吸收能力对企业创新绩效的影响机制研究——基于环境动态性视角 [J]. 预测，39（5）：9-15.

许振亮，2010. 国际技术创新研究前沿与学术群体可视化分析 [D]. 大连：大连理工大学.

阎婧，刘志迎，郑晓峰，2016. 环境动态性调节作用下的变革型领导、商业模式创新与企业绩效 [J]. 管理学报，13（8）：1208-1214.

杨波，张卫国，2009. 不确定性环境下的创业机会识别研究 [J]. 经济与管理，23（5）：21-25.

杨蕙馨，孙孟子，杨振一，2020. 中国制造业服务化转型升级路径研究与展望 [J]. 经济与管理评论，36（1）：58-68.

杨晶照，崔亚梅，甄美荣，2016. 基于文献计量的创新绩效影响因素及研究趋势的可视化分析 [J]. 现代情报，36（2）：171-177.

杨晋超，1999. 关于现行工业经济效益评价指标体系的思考 [J]. 统计与决策

（10）：10-11.

杨龙，王永贵，2002. 顾客价值及其驱动因素剖析 [J]. 管理世界（6）：146-147.

叶苗苗，2008. 中外企业业绩评价体系演进比较与启示 [J]. 商业时代（2）：46-47.

尹雪婷，2020. 商业模式创新与企业绩效关系的实证研究 [D]. 长春：吉林大学.

于晓宇，陶向明，2015. 创业失败经验与新产品开发绩效的倒 U 形关系：创业导向的多重中介作用 [J]. 管理科学，28（05）：1-14.

张彩霞，2018. 基于可持续发展模式下的企业绩效影响因素探究 [J]. 市场研究（5）：60-61.

张海军，2017. 跨界搜索，知识整合能力对制造业企业服务创新的影响机制研究 [D]. 天津：南开大学.

张徽燕，李端凤，姚秦，2012. 中国情境下高绩效工作系统与企业绩效关系的元分析 [J]. 南开管理评论，15（3）：139-149.

张瑾，陈丽珍，2015. 余额宝的服务创新模式研究——基于四维度模型的解释 [J]. 中国软科学（2）：57-64.

张睿君，陈菊红，吴迪，2020. 制造企业服务化战略与运维商业模式创新的匹配——基于多案例的研究 [J]. 管理评论，32（2）：308-326.

张晓彤，2016. 浅析我国企业绩效评价体系 [J]. 知识经济（08）：100-101.

张雅琪，李兆磊，陈菊红，2017. 供应网络关系嵌入性视角下制造企业服务化战略对转型绩效的影响 [J]. 科技进步与对策，34（24）：95-101.

张映红，2008. 动态环境对公司创业战略与绩效关系的调节效应研究 [J]. 中国工业经济（1）：105-113.

张营营，吕沙，2016. 企业技术创新绩效影响因素的研究述评与展望 [J]. 商场现代化（6）:103-104.

张宇，蔺雷，吴贵生，2005. 企业服务创新类型探析 [J]. 科技管理研究（9）：134-137.

张玉臣，吕宪鹏，2013.高新技术企业创新绩效影响因素研究［J］.科研管理，34（12）：58-65.

赵立龙，2013.制造企业服务创新战略对竞争优势的影响机制研究［D］.杭州：浙江大学.

赵晓煜，孙梦迪，2020.制造企业的多层次服务导向对服务创新和服务价值的影响［J］.技术经济，39（1）：43-51.

周爱君，李燕，2019.财务绩效的影响因素的研究热点与趋势分析［J］.商业经济（12）：143-144.

周恩德，刘国新，2018.我国新型研发机构创新绩效影响因素实证研究——以广东省为例［J］.科技进步与对策，35（9）：42-47.

周建，于伟，崔胜朝，2009.基于企业战略资源基础观的公司治理与企业竞争优势来源关系辨析［J］.外国经济与管理，31（7）：23-32.

周杰，薛有志，尚志文，2017.制造企业服务化，技术创新产出与企业经营绩效关系研究［J］.山西财经大学学报，39（9）：46-57.

周维富，2018.我国实体经济发展的结构性困境及转型升级对策［J］.经济纵横（3）：52-57.

周勇，王国顺，周湘，2006.要素角度的产业划分［J］.当代财经（3）：88-91.

周云，刘沃野，王建华，等,2012.西方绩效评价理论的发展综述［J］.价值工程，31（22）：315-317.

朱秀梅，孔祥茜，鲍明旭，2014.学习导向与新企业竞争优势：双元创业学习的中介作用研究［J］.研究与发展管理，26（2）：9-16.

诸雪峰，贺远琼，田志龙，2010.制造型企业服务战略与企业绩效的关系研究［J］.湖北经济学院学报，8（3）：101-105.

ABDELKADER B，ABED B，2016. The effect of information technology on competitive advantage of firm：The role of environmental uncertainty［J］. The International Journal of Management Science and Information Technology（IJMSIT）（22）：16-39.

ADNER R，ZEMSKY P，2006. A demand-based perspective on sustainable competitive advantage [J]. Strategic Management Journal, 27（3）: 215-239.

AFUAH A, 2002. Mapping technological capabilities into product markets and competitive advantage: the case of cholesterol drugs [J]. Strategic Management Journal, 23（2）: 171-179.

ALAM I, 2002. An exploratory investigation of user involvement in new service development [J]. Journal of the Academy of Marketing Science, 30（3）: 250-261.

AL-SHBOUL G, BARBER K D, GARZA-REYES J A, et al., 2017. The effect of supply chain management practices on supply chain and manufacturing firms' performance [J]. Journal of Manufacturing Technology Management, 28（5）: 577-609.

AMIT R, SCHOEMAKER P J, 1993. Strategic assets and organizational rent [J]. Strategic Management Journal, 14（1）: 33-46.

AMIT R, ZOTT C, 2001. Value creation in e-business [J]. Strategic Management Journal, 22（6-7）: 493-520.

ANDERSON E W, SULLIVAN G W, 1993. The antecedents and consequences of customer satisfaction for firms [J]. Marketing Science, 12（2）: 125-143.

ANDERSSON U, FORSGREN G, HOLM U, 2002. The strategic impact of external networks: subsidiary performance and competence development in the multinational corporation [J]. Strategic Management Journal, 23（11）: 979-996.

ANDREW L, MALIK A G A, 2016. Information Technology and Competitive Advantages Among Small and Medium Enterprises in Malaysian Tourism Industry [C] // Proceedings of the 1st AAGBS International Conference on Business Management 2014: 427-436.

ANDREWS K R, 1987. The Concept of Corporate Strategy（3rd ed）[M]. Homewood, IL: Irwin.

ANTIOCO G, MOENAERT R K, LINDGREEN A, et al., 2008. Organizational antecedents to and consequences of service business orientations in manufacturing companies [J]. Journal of the Academy of Marketing Science, 36（3）: 337-358.

ARK B V, BROERSMA L, HERTOG D P, 2003. Services Innovation, Performance and Policy: A review [J]. Strategy, Research, International Co-Operation Department (June): 1-95.

BAINES T, LIGHTFOOT H W, 2013. Servitization of the manufacturing firm: exploring the operations practices and technologies that deliver advanced services [J]. International Journal of Operations, Production Management, 34 (1): 2-35.

BAINES T, LIGHTFOOT H W, PEPPARD J, et al., 2009. Towards an operations strategy for product-centric servitization [J]. International Journal of Operations, Production Management, 29 (5): 494-519.

BAMBANG B S, MUKHTARUDDIN G, 2015. Intellectual capital, firm value and ownership structure as moderating variable: Empirical study on banking listed in Indonesia stock exchange period 2009—2012[J]. Asian Social Science, 11(16): 1-12.

BAMBENGER I, 1989. Developing competitive advantage in small and medium-size firms [J]. Long Range Planning, 22 (5): 80-88.

BARBU A, MILITARU G, 2019. The moderating effect of intellectual property rights on relationship between innovation and company performance in manufacturing sector [J]. Procedia Manufacturing (32): 1077-1084.

BARNEY J B, 1991. Firm resources and sustained competitive advantage [J]. Journal of Management, 17 (1): 99-120.

BARON R G, KENNY D A, 1986. The moderator-mediator variable distinction in social psychological research: conceptual, strategic, and statistical considerations [J]. Journal of personality and social psychology, 51 (6): 1173-1182.

BARRAS R, 1986. Towards a theory of innovation in services [J]. Research Policy, 15 (4): 161-173.

BAUM J R, WALLY S, 2003. Strategic decision speed and firm performance [J]. Strategic Management Journal, 24 (11): 1107-1129.

BENEDETTINI O, SWINK G, NEELY A, 2013. A. Firm's Characteristics and Servitization Performance: A Bankruptcy Perspective[R]. Cambridge Serv Alliance: 1–11.

BENNER G J, TUSHMAN G L, 2003. Exploitation, exploration, and process man-agement: The productivity dilemma revisited [J] . Academy of Management Review, 28 (2): 238–256.

BERGEN G, DUTTA S, WALKER Jr O C, 1992. Agency relationships in market-ing: a review of the implications and applications of agency and related theories [J] . Journal of Marketing, 56 (3): 1–24.

BERRY L L, SHANKAR V, PARISH J T, et al., 2006. Creating new markets through service innovation [J] . MIT Sloan Management Review, 47 (2): 56–63.

BETZ F, 1987. Managing technology: competing through new ventures, innovation, and corporate research [M] . Upper Saddle River, NJ: Prentice Hall.

BHATT G D, WANG Z, RODGER J A, 2017. Information systems capabilities and their effects on competitive advantages: a study of Chinese companies[J]. Information Resources Management Journal (IRMJ), 30 (3): 41–57.

BILDERBEEK R, HERTOG P D, 1998. Technology–based knowledge–intensive busi-ness services in the Netherlands: their significance as a driving force behind knowl-edge–driven innovation [J] . Vierteljahrshefte Zur Wirtschaftsforschung, 67 (2): 126–138.

BITNER G J, PATRICIO L, GUSTAFSSON A, 2015. Special issue on service design and innovation: developing new forms of value cocreation through service [J]. Journal of Service Research, 18 (1): 3–3.

BO S, 2014. Research on Enterprise Performance Indexes [C] //3rd International Con-ference on Science and Social Research: 642–647.

BOLTON R N, 1998. A dynamic model of the duration of the customer's relationship with a continuous service provider: The role of satisfaction [J] . Marketing science, 17 (1): 45–65.

BOLTON R N, GREWAL D, LEVY G, 2007. Six strategies for competing through service: an agenda for future research [J]. Journal of Retailing, 83（1）: 1–4.

BRITO R P D, BRITO L A L, 2012. Competitive advantage and performance: a value creation approach [J]. Revista De Administração Contemporânea, 16（3）: 360–380.

BUSTINZA O F, VENDRELL-HERRERO F, GOMES E, 2019. Unpacking the effect of strategic ambidexterity on performance: a cross-country comparison of MMNES developing product-service innovation [J]. International Business Review, 29（6）: 101569.

BUSTINZA O F, VENDRELL-HERRERO F, GOMES E, et al., 2018. Product-service innovation and performance: unveiling the complexities [J]. International Journal of Business Environment, 10（2）: 95–111.

CALANTONE R, GARCIA R, DRÖGE C, 2003. The effects of environmental turbulence on new product development strategy planning [J]. Journal of Product Innovation Management, 20（2）: 90–103.

CHAE B K, 2012. An evolutionary framework for service innovation: insights of complexity theory for service science [J]. International Journal of Production Economics, 135（2）: 813–822.

CHAKRABARTHY B, 1997. A new strategy framework for coping with turbulence [J]. Sloan Management Review, 38（2）: 69–82.

CHAMBERLIN E H, 1939. The Theory of Monopolistic Competition [M]. Cambridge, MA: Harvard University Press.

CHAN A T, NGAI E W, MOON K K, 2017. The effects of strategic and manufacturing flexibilities and supply chain agility on firm performance in the fashion industry [J]. European Journal of Operational Research, 259（2）: 486–499.

CHATAIN O, 2011. Value creation, competition, and performance in buyer-supplier relationships [J]. Strategic Management Journal, 32（1）: 76–102.

CHEN K H, WANG C H, HUANG S Z, et al., 2016. Service innovation and new product performance: the influence of market-linking capabilities and market turbulence [J] . International Journal of Production Economics (172): 54–64.

CHO H J, PUCIK V, 2005. Relationship between innovativeness, quality, growth, profitability, and market value [J] . Strategic Management Journal, 26 (6): 555–575.

CHRISTENSEN H K, MONTGOMERY C A, 1981. Corporate economic performance: diversification strategy versus market structure [J] . Strategic Management Journal, 2 (4): 327–343.

COFF R W, 1999. When competitive advantage doesn't lead to performance: The resource-based view and stakeholder bargaining power [J] . Organization science, 10 (2): 119–133.

CROOK T R, KETCHEN Jr D J, COMBS J G, et al., 2008. Strategic resources and performance: a meta-analysis [J] . Strategic Management Journal, 29 (11): 1141–1154.

CROZET G, MILET E, 2017. Should everybody be in services? the effect of servitization on manufacturing firm performance [J] . Journal of Economics, Management Strategy, 26 (4): 820–841.

DESARBO W S, JEDIDI K, SINHA I., 2001. Customer value analysis in a heterogeneous market [J] . Strategic Management Journal, 22 (9): 845–857.

DESS G G, BEARD D W, 1984. Dimensions of organizational task environments [J] . Administrative Science Quarterly, 29 (1): 52–73.

DO B, NGUYEN N, 2020. The links between proactive environmental strategy, competitive advantages and firm performance: an empirical study in vietnam[J]. Sustainability, 12 (12): 4962.

DRUCKER P F, 1973. Management: tasks, responsibilities, practices [M] . New York: Harper Business.

DUNCAN R B, 1972. Characteristics of organizational environments and perceived environmental uncertainty ［J］. Administrative Science Quarterly, 12（3）: 313–327.

EGGERT A, HOGREVE J, ULAGA W, et al., 2014. Revenue and profit implications of industrial service strategies ［J］. Journal of Service Research, 17（1）: 23–39.

EGGERT A, HOGREVE J, ULAGA W, et al., 2011. Industrial services, product innovations, and firm profitability: a multiple-group latent growth curve analysis ［J］. Industrial Marketing Management, 40（5）: 661–670.

EGGERT A, THIESBRUMMEL C, DEUTSCHER C, 2015. Heading for new shores: Do service and hybrid innovations outperform product innovations in industrial compa-nies?［J］. Industrial Marketing Management（45）: 173–183.

EISENHARDT K G, MARTIN J A, 2000. Dynamic capabilities: what are they?［J］. Strategic Management Journal, 21（10–11）: 1105–1121.

EISINGERICH A B, RUBERA G, SEIFERT G, 2009. Managing service innovation and interorganizational relationships for firm performance ［J］. Journal of Service Research, 11（4）: 344–356.

ELBELTAGI I, HAMAD H, MOIZER J, et al., 2016. Levels of business to business e-commerce adoption and competitive advantage in small and medium-sized en-terprises: a comparison study between Egypt and the United States ［J］. Journal of Global Information Technology Management, 19（1）: 6–25.

FAHEY L, NARAYANAN V K, 1986. Macroenvironmental Analysis for Strategic Management ［M］. Eagan, MN: West Publishing.

FANG E, PALMATIER R W, STEENKAMP J B E, 2008. Effect of service transition strategies on firm value ［J］. Journal of Marketing, 72（5）: 1–14.

FENG C, MA R, 2020. Identification of the factors that influence service innovation in manufacturing enterprises by using the fuzzy dematel method ［J］. Journal of Cleaner Production（253）: 120002.

FERREIRA J, COELHO A, MOUTINHO L, 2018. Dynamic capabilities, creativity and innovation capability and their impact on competitive advantage and firm performance: the moderating role of entrepreneurial orientation [J]. Technovation (92): 102061.

FITZSIMMONS J A, 2000. New Service Development: Creating Memorable Experiences [M]. Los Angeles, CA: Sage Publications.

FOOTE N W, GALBRAITH J R, HOPE Q, et al., 2001. Making solutions the answer [J]. The McKinsey Quarterly (3): 84-93.

FRY T D, STEELE D C, SALADIN B A, 1994. A service-oriented manufacturing strategy [J]. International Journal of Operations & Production Management, 14(10): 17-29.

GALLOUJ F, WEINSTEIN O, 1997. Innovation in services [J]. Research Policy (26): 537-556.

GALLOUJ F, 2002. Innovation in services and the attendant old and new myths [J]. Journal of Socio-Economics, 31 (2): 137-154.

GANN, SALTER, 2002. Towards a theory of innovation in services [J]. Researeh Policy (15): 161-173.

GEBAUER H, 2008. Identifying service strategies in product manufacturing companies by exploring environment-strategy configurations [J]. Industrial Marketing Management, 37 (3): 278-291.

GEBAUER H, FLEISCH E, FRIEDLI T, 2005. Overcoming the service paradox in manufacturing companies [J]. European Management Journal, 23 (1): 14-26.

GEBAUER H, GUSTAFSSON A, WITELL L, 2011. Competitive advantage through service differentiation by manufacturing companies [J]. Journal of Business Research, 64 (12): 1270-1280.

GIANNOPOULOU E, GRYSZKIEWICZ L, BARLATIER P J, 2014. Creativity for service innovation: a practice-based perspective [J]. Journal of Service Theory, Practice, 24 (1), 23-44.

GOEDKOOP G, VAN HALER C, TE RIELE H, et al., 1999. Product Service Systems, ecological and economic basics [J] . Report for Dutch Ministries of Environment and Economic Affairs: 1–118.

GRANT R G, 1991. The resource-based theory of competitive advantage: implications for strategy formulation [J] . California management review, 33（3）: 114–135.

GREGORY G J, 2007. Servitization in manufacturing companies: a conceptualization, critical review, and research agenda [J] . Journal of the Japan Welding Society, 66（12）: 151–155.

GRÖNROOS C, GUMMERUS J, 2014. The service revolution and its marketing implications: service logic vs service-dominant logic [J] . Managing Service Quality: An International Journal, 24（3）: 206–229.

GRÖNROOS C, OJASALO K, 2004. Service productivity: Towards a conceptualization of the transformation of inputs into economic results in services [J] . Journal of Business research, 57（4）: 414–423.

GRÖNROOS C, RAVALD A, 2009. Marketing and the logic of service: Value facilitation, value creation and co-creation, and their marketing implications [D] . Helsinki: Hanken School of Economics.

GUNDAY G, ULUSOY G, KILIC K, et al., 2011. Effects of innovation types on firm performance [J] . International Journal of production economics, 133（2）: 662–676.

HASEEB G, HUSSAIN H I, KOT S, et al., 2019. Role of social and technological challenges in achieving a sustainable competitive advantage and sustainable business performance [J] . Sustainability, 11（14）: 3811.

HERTOG P D, 2000. Knowledge-intensive business services as co-producers of innovation [J] . International Journal of Innovation Management, 4（4）: 491–528.

HERTOG P D, GALLOUJ F, SEGERS J, 2011. Measuring innovation in a "low-tech" service industry: the case of the Dutch hospitality industry [J] . Service Industries Journal, 31（9）: 1429–1449.

HESKETT J L, 2002. Beyond customer loyalty [J] . Managing Service Quality: An International Journal, 12 (6): 355–357.

HESTERLY W, BARNEY J, 2010. Strategic management and competitive advantage[M]. Upper Saddle River, NJ: Prentice Hall.

HINKIN T R, TRACEY J B, ENZ C A, 1997. Scale construction: developing reliable and valid measurement instruments [J] . Journal of Hospitality, Tourism Research, 21 (1): 100–120.

HOFER C W, 1975. Toward a contingency theory of business strategy [J] . Academy of Management Journal, 18 (4): 784–810.

HOMBURG C, HOYER W D, FASSNACHT G, 2002. Service orientation of a retailer's business strategy: Dimensions, antecedents, and performance outcomes [J] . Journal of marketing, 66 (4): 86–101.

HOMBURG C, WORKMAN J P, KROHMER H, 1999. Marketing's influence within the firm [J] . Journal of Marketing, 63 (2): 1–17.

HOPKINSON P J, BUTTLE F, NAUDÉ P, et al., 2000. Exploring relationship quality [C] .Biennial International Conference of the American Marketing Association.

HORNG J S, WANG C J, LIU C H, et al., 2016. The role of sustainable service innovation in crafting the vision of the hospitality industry [J] . Sustainability, 8 (3): 223.

HOSSAIN G, KIM G, 2018. Does Multidimensional Service Quality Generate Sustainable Use Intention for Facebook?[J] . Sustainability, 10 (7): 2283.

HSIEH J K, CHIU H C, WEI C P, et al., 2013. A practical perspective on the classification of service innovations [J] . Journal of Services Marketing, 27 (5): 371–384.

HSU W K K, 2013. Improving the service operations of container terminals [J] . International Journal of Logistics Management, 24 (1): 101–116.

JACOB F, ULAGA W, 2008. The transition from product to service in business markets: an agenda for academic inquiry [J]. Industrial Marketing Management, 37 (3): 247–253.

JANSEN J J P, VERA D, CROSSAN M, 2009. Strategic leadership for exploration and exploitation: the moderating role of environmental dynamism [J]. The Leadership Quarterly, 20 (1): 5–18.

JAWORSKI B J, KOHLI A K, 1993. Market orientation: antecedents and consequences [J]. Journal of Marketing, 57 (3): 53–70.

JAWORSKI B J, MACINNIS D J, KOHLI A K, 2002. Generating competitive intelligence in organizations [J]. Journal of Market–Focused Management, 5 (4): 279–307.

JONES T G, 1995. Instrumental stakeholder theory: A synthesis of ethics and economics [J]. Academy of management Review, 20 (2): 404–437.

KALMUK G, ACAR A Z, 2015. The mediating role of organizational learning capability on the relationship between innovation and firm's performance: a conceptual framework [J]. Procedia–Social and Behavioral Sciences (210): 164–169.

KANG K H, KANG J, 2014. Do external knowledge sourcing modes matter for service innovation? empirical evidence from South Korean service firms [J]. Journal of Product Innovation Management, 31 (1): 176–191.

KANG S, NA Y K, 2020. Effects of strategy characteristics for sustainable competitive advantage in sharing economy businesses on creating shared value and performance [J]. Sustainability, 12 (4): 1397.

KAPLAN R S, NORTON D P, 2007. Using the Balanced Scorecard as a Strategic Management System [J]. Harvard Business Review, 85 (7): 75–85.

KASTALLI I V, VAN LOOY B, 2013. Servitization: disentangling the impact of service business model innovation on manufacturing firm performance [J]. Journal of Operations Management, 31 (4): 169–180.

KEATS B W, HITT G, 1988. A causal model of linkages among environmental dimensions, macro organizational characteristics, and performance [J]. The Academy of Management Journal, 31 (3): 570–598.

KHARLAMOV A A, PARRY G, 2020. The impact of servitization and digitization on productivity and profitability of the firm: a systematic approach [J]. Production Planning, Control: 1–13.

KIM S, TOYA K, 2019. Leadership style required for the transition to servitization in Japan [J]. Journal of Manufacturing Technology Management, 30 (2): 335–352.

KIM W C, MAUBORGNE R, 1997. Value innovation: the strategic logic of high growth [J]. Harvard Business Review, 75 (1): 102–112.

KINDSTRÖM D, KOWALKOWSKI C, 2014. Service innovation in product-centric firms: a multidimensional business model perspective [J]. Journal of Business, Industrial Marketing, 29 (2): 96–111.

KIRBY J, 2005. Toward a theory of high performance [J]. Harvard Business Review, 83 (7): 30–9+190.

KLINE R B, 1998. Principles and Practices of Structural Equation Modeling [M].New York: Guilford Press.

KOHTAMAKI G, BAINES T, RABETINO R, et al., 2018. Practices and Tools for Servitization [M]. Berlin: Springer International Publishing.

KOHTAMAKI G, PARTANEN J, PARIDA V, et al., 2013. Non-linear relationship between industrial service offering and sales growth: the moderating role of network capabilities [J]. Industrial Marketing Management, 42 (8): 1374–1385.

KOSKELA-HUOTARI K, EDVARDSSON B, JONAS J G, et al., 2016. Innovation in service ecosystems—breaking, making, and maintaining institutionalized rules of resource integration [J]. Journal of Business Research, 69 (8): 2964–2971.

KOWALKOWSKI C, GEBAUER H, KAMP B, et al., 2017. Servitization and deservitization: Overview, concepts, and definitions [J]. Industrial Marketing Management (60): 4–10.

KOZLOWSKA J, 2020. What influences the servitization process the most? A perspective of polish machinery manufacturers [J] . Sustainability, 12（12）：5056.

KUMAR V, Jones E, VENKATESAN R, et al., 2011. Is market orientation a source of sustainable competitive advantage or simply the cost of competing [J] . Journal of Marketing, 75（1）：16–30.

KUO S Y, LIN P C, LU C S, 2017. The effects of dynamic capabilities, service capabilities, competitive advantage, and organizational performance in container shipping [J] . Transportation Research Part A Policy, Practice（95）：356–371.

LALONDE B J,ZINSZER P H,1976. Customer service：meaning and measurement [J] . National Counsil of Physical Distribution Management：1.

LAUDON K C, LAUDON J P, 2000. Management information systems [M] . New Jersey：Prentice Hall.

LAWRENCE P R, LORSCH J W, 1967. Differentation and integration in complex organizations [J] . Administrative Science Quarterly, 4（2）：1–47.

LEWIS B R, MCCANN P, 2004. Service failure and recovery：evidence from the hotel industry [J] . International Journal of Contemporary Hospitality Management,16（1）：6–17.

LI G, SIMERLY R L, 1998. The moderating effect of environmental dynamism on the ownership and performance relationship [J] . Strategic Management Journal,19（2）：169–479.

LI H, ATUAHENE–GIMA K, 2001. Product Innovation Strategy and the Performance of New Technology Ventures in China [J] . Academy of Management Journal,44（6）：1123–1134.

LI L, LI G, TSAI F S, et al., 2019. The effects of corporate social responsibility on service innovation performance：the role of dynamic capability for sustainability [J] . Sustainability, 11（10）：2739.

LIAO T S, RICE J, 2010. Innovation investments, market engagement and financial performance: a study among Australian manufacturing SMES [J]. Research Policy, 39 (1): 117-125.

LIAO Z, 2016. Temporal cognition, environmental innovation, and the competitive advantage of enterprises [J]. Journal of Cleaner Production, 135: 1045-1053.

LIN Y H, CHEN Y S, 2017. Determinants of green competitive advantage: the roles of green knowledge sharing, green dynamic capabilities, and green service innovation [J]. Quality and Quantity, 51 (4): 1663-1685.

LIN Y, LUO J, IEROMONACHOU P, et al., 2019. Strategic orientation of servitization in manufacturing firms and its impacts on firm performance [J]. Industrial Management, Data Systems, 119 (2): 292-316.

LIU F H, HUANG T L, 2018. The influence of collaborative competence and service innovation on manufacturers' competitive advantage [J]. Journal of Business, Industrial Marketing, 33 (4): 466-477.

LU C S, 2007. Evaluating key resources and capabilities for liner shipping services [J]. Transport Reviews, 27 (3): 285-310.

LUSCH R F, NAMBISAN S, 2015. Service innovation: a service-dominant logic perspective [J]. MIS Quarterly, 39 (1): 155-175.

MA H, 2000. Competitive advantage and firm performance [J]. Competitiveness Review: An International Business Journal, 10 (2): 15-32.

MAHONEY J T, PANDIAN J R, 1992. The resource - based view within the conversation of strategic management [J]. Strategic management journal, 13 (5): 363-380.

MARCEAU J, MARTINEZ C, 2002. Selling Solutions: Product-Service Packages as Links Between New and Old Economies [EB/OL]. (2014-05-15) [2021-11-17]. https://www.researchgate.net/profile/Jane-Marceau/publication/228548860_Selling_solutions_Product-service_packages_as_links_between_new_and_old_economies/links/02e7e51918d1e8060d000000/Selling-solutions-Product-service-packages-aslinks-between-new-and-old-economies.pdf.

MARKIDES C C, WILLIAMSON P J, 1996. Corporate diversification and organizational structure: A resource-based view [J]. Academy of Management Journal, 39 (2): 340-367.

MATHIEU V, 2001. Product services: from a service supporting the product to a service supporting the client [J]. Journal of Business, Industrial Marketing, 16 (1): 39-61.

MATTHEWS J, SHULMAN A D, 2005. Competitive advantage in public-sector organizations: explaining the public good/sustainable competitive advantage paradox [J]. Journal of Business Research, 58 (2): 232-240.

MCDERMOTT C M, PRAJOGO D I, 2012. Service innovation and performance in SMEs [J]. International Journal of Operations & Production Management, 32 (1-2): 216-237.

MILES I, 2001. Services innovation: a reconfiguration of innovation studies [R]. PREST Discussion Paper, University of Manchester.

MILES R E, SNOW C C, MEYER A D, et al., 1978. Organization strategy, structure and process [J]. Academy of Management Review, 3 (3): 546-562.

MILLER D, FRIESEN P H, 1982. Innovation in conservative and entrepreneurial firms: two models of strategic momentu [J]. Strategic Management Journal, 3 (1): 1-25.

MILLER D, 1993. The correlates of entrepreneurship in three types of firms [J]. Management Science, 29 (7): 770-791.

MILLER D, 1988. Relating porter's business strategies to environment and structure: analysis and performance implications [J]. Academy of Management Journal, 31 (2): 280-308.

MOORMAN C, MINER A S, 1997. The impact of organizational memory on new product performance and creativity [J]. Journal of Marketing Research, 34 (1): 91-

106.

MORGAN N A, KALEKA A, KATSIKEAS C S, 2004. Antecedents of export venture performance: A theoretical model and empirical assessment [J]. Journal of marketing, 68 (1): 90–108.

MUSA I, PUJAWAN I N, 2018. The relationship among the resiliency practices in supply chain, financial performance, and competitive advantage in manufacturing firms in Indonesia and Sierra Leone [J]. IOP Conference Series: Materials Science and Engineering, 337: 012029.

NA Y K, KANG S, JEONG H Y, 2019. The effect of market orientation on performance of sharing economy business: focusing on marketing innovation and sustainable competitive advantage [J]. Sustainability, 11 (3): 729.

NAIDOO V, 2010. Firm survival through a crisis: the influence of market orientation, marketing innovation and business strategy [J]. Industrial Marketing Management, 39 (8): 1311–1320.

NEELY A, 2008. Exploring the financial consequences of the servitization of manufacturing [J]. Operations Management Research, 1 (2): 103–118.

NEWBERT S L, 2008. Value, rareness, competitive advantage, and performance: a conceptual level empirical investigation of the resource based view of the firm [J]. Strategic Management Journal, 29 (7), 745–768.

NEWBERT S L, 2007. Empirical research on the resource based view of the firm: an assessment and suggestions for future research [J]. Strategic Management Journal, 28 (2): 121–146.

OLIVA R, KALLENBERG R, 2003. Managing the Transition From Products to Services [J]. Internatioanl Journal of Service Industry Management, 14 (2): 160–172.

OLIVA R, GEBAUER H, BRANN J G, 2012. Separate or integrate? Assessing the impact of separation between product and service business on service performance in product manufacturing firms [J]. Journal of Business–to–Business Marketing, 19(4): 309–334.

ORDANINI A, PARASURAMAN A, 2010. Service innovation viewed through a service–dominant logic lens: a conceptual framework and empirical analysis [J]. Journal of Service Research, 14 (1): 3–23.

OREJA–RODRÍGUEZ J R, YANES–ESTÉVEZ V, 2007. Perceived environmental uncertainty in tourism: a new approach using the rasch model [J]. Tourism Management, 28 (6): 1450–1463.

OSTROM A L, BITNER G J, BROWN S W, et al., 2010. Moving forward and making a difference: research priorities for the science of service [J]. Journal of Service Research, 13 (1): 4–36.

PETERAF G A, BARNEY J B, 2003. Unraveling the resource–based tangle [J]. Managerial and Decision Economics, 24 (4): 309–323.

PETERAF G A, 1993. The cornerstones of competitive advantage: a resource based view [J]. Strategic Management Journal, 14 (3): 179–191.

PFEFFER J, SALANCIK G R, 2003. The external control of organizations: a resource dependence perspective [J]. Social Science Electronic Publishing, 23 (2): 123–133.

PORTER G E, 2008. The five competitive forces that shape strategy [J]. Harvard Business Review, 86 (1): 78.

PORTER G E, 1985. Competitive advantage: creating and sustaining superior performance [M]. New York: The Free Press.

PORTER G E, 1980. Competitive strategy: techniques for analyzing Industries and competitors [M]. New York: The Free Press.

PRAKASH G, 2014. Qos in the internal supply chain: the next lever of competitive advantage and organisational performance [J]. Production Planning, Control, 25 (7): 572–591.

PREACHER K J, HAYES A F, 2008. Asymptotic and resampling strategies for assessing and comparing indirect effects in multiple mediator models [J]. Behavior Research Methods, 40 (3): 879–891.

PRIEM R L, 2007. A consumer perspective on value creation [J]. The Academy of Management Review, 32 (1): 219–235.

PRIEM R L, BUTLER J E, 2001. Is the resource–based "view" a useful perspective for strategic management research? [J]. Academy of Management Review, 26 (1): 22–40.

PRIEM R L, RASHEED A G A, KOTULIC A G, 1995. Rationality in strategic decision processes, environmental dynamism and firm performance [J]. Journal of Management, 21 (5): 913–929.

QUINN J B, 1993. Intelligent enterprise: a knowledge and service based paradigm for industry [J]. Research–Technology Management, 36 (3): 84–84.

QUINN J F, BURKHAUSER R V, MYERS D A, 1990. Passing the torch: The influence of economic incentives on work and retirement [M]. Boston, MA: Houghton Mifflin Harcourt, 1992.

RADDATS C, 2011. Aligning industrial services with strategies and sources of market differentiation [J]. Journal of Business, Industrial Marketing, 26 (5): 332–343.

REED R, DEFILLIPPI R J, 1990. Causal ambiguity, barriers to imitation, and sustainable competitive advantage [J]. Academy of Management Review, 15 (1): 88–102.

REISKIN E D, WHITE A L, JOHNSON J K, et al., 2010. Servicizing the chemical supply chain [J]. Journal of Industrial Ecology, 3 (2–3): 19–31.

RICHARD P J, DEVINNEY T G, YIP G S, et al., 2009. Measuring organizational performance: towards methodological best practice [J]. Journal of management, 35 (3): 718–804.

ROBERTS P W, 1999. Product innovation, product–market competition and persistent profitability in the US pharmaceutical industry [J] . Strategic Management Journal, 20 (7): 655–670.

ROBINSON T, CLARKE–HILL C G, CLARKSON R, 2002. Differentiation through service: a perspective from the commodity chemicals sector [J] . Service Industries Journal, 22 (6): 149–166.

ROSENBUSCH N, RAUCH A, BAUSCH A, 2013. The mediating role of entrepreneurial orientation in the task environment–performance relationship: a meta–analysis [J] . Journal of Management, 39 (3): 633–659.

SALONEN A, 2011. Service transition strategies of industrial manufacturers [J] . Industrial Marketing Management, 40 (5): 683–690.

SALUNKE S, WEERAWARDENA J, MCCOLL–KENNEDY J R, 2019. The central role of knowledge integration capability in service innovation–based competitive strategy [J] . Industrial marketing management, 76: 144–156.

SANDEEP, NEEMA, RINKU, et al., 2019. Building resource adaptive software systems [J] . IEEE Software, 2019, 36 (2): 103–109.

SANTAMARÍA L, NIETO G J, MILES I, 2012. Service innovation in manufacturing firms: evidence from Spain [J] . Technovation, 32 (2): 144–155.

SCHMENNER R W, 2009. Manufacturing, service, and their integration: some history and theory [J] . International Journal of Operations, Production Management, 29 (5): 431–443.

SCHULTE W D, 1999. The effect of international corporate strategies and information and communication technologies on competitive advantage and firm performance: An exploratory study of the International Engineering, Procurement and Construction (IEPC)industry [D] Washington: The George Washington University.

SHER P J, LEE V C, 2004. Information technology as a facilitator for enhancing dynamic capabilities through knowledge management [J] . Information, Management, 41 (8): 933–945.

SIRMON D G, HITT G A, IRELAND R D, 2007. Managing firm resources in dynamic environments to create value: looking inside the black box [J]. Academy of Management Review, 32 (1): 273–292.

SKALEN P, GUMMERUS J, VON KOSKULL C, 2015. Exploring value propositions and service innovation: a service–dominant logic study [J]. Journal of the Academy of Marketing Science, 43: 137–158.

SONG G, THIEME J, 2009. The role of suppliers in market intelligence gathering for radical and incremental innovation [J]. Journal of Product Innovation Management, 26 (1): 43–57.

STERN E, 2010. Why EVA Is the Best Measurement Tool for Creating Shareholder Value [EB/OL]. (2012–04–21) [2022–03–06]. https://www.docin.com/p–387982649.html.

STONEHOUSE G, SNOWDON B, 2014. Competitive advantage revisited: michael porter on strategy and competitiveness [J]. Journal of Management Inquiry, 16 (3): 256–273.

SUNDBO J, GALLOUJ F, 2000. Innovation as a loosely coupled system in services [J]. International Journal of Services Technology, Management, 1 (1): 15–36.

SUNDBO J, 1997. Management of innovation in services [J]. Service Industries Journal, 17 (3): 432–455.

TAJEDDINI K, MARTIN E, 2020. The importance of human–related factors on service innovation and performance [J]. International Journal of Hospitality Management, 85: 102431.

TALAJA A, 2012. Testing VRIN framework: resource value and rareness as sources of competitive advantage and above average performance [J]. Management–Journal of Contemporary Management Issues, 17 (2): 51–64.

TANG Y C, LIOU F G, 2010. Does firm performance reveal its own causes? the role of bayesian inference [J]. Strategic Management Journal, 31 (1): 39–57.

TEECE D, PISANO G, SHUEN A, 1997. Dynamic capabilities and strategic manage-
ment [J] . Strategic Management Journal, 18 (7): 509–533.

TETHER B, HOWELLS J, 2007. Changing understanding of innovation in services
[J] . Innovation in Services, 9 (9): 21–60.

THAMBUSAMY R, PALVIA P, 2020. US healthcare provider capabilities and perfor-
mance: The mediating roles of service innovation and quality [J] . Information Sys-
tems Frontiers, 22 (1): 91–111.

TOFFEL M W, 2008. Contracting for servicizing [J] . SSRN Electronic Journal, 8
(63): 5.

TSAI G C, WANG C, 2017. Linking service innovation to firm performance: the roles
of ambidextrous innovation and market orientation capability [J] . Chinese Manage-
ment Studies, 11 (4): 730–750.

TULI K R, KOHLI A K, BHARADWAJ S G, 2007. Rethinking customer solutions:
from product bundles to relational processes[J]. Journal of Marketing, 71(3): 1–17.

UPADHAYA B, MUNIR R, BLOUNT Y, 2014. Association between performance
measurement systems and organisational effectiveness [J] . International Journal of
Operations, Production Management, 47 (7): 853–875.

VAN DE VEN W P, VAN PRAAG B G, 1981. The demand for deductibles in private
health insurance: a probit model with sample selection [J] . Journal of econometrics,
17 (2): 229–252.

VAN H J C, 1988. Sustainable Growth Modeling [J] . Journal of Corporate Finance, 1:
19–25.

VANDERMERWE S, RADA J, 1988. Servitization of business: adding value by add-
ing services [J] . European Management Journal, 6 (4): 314–324.

VARGO S L, LUSCH R F, 2004. Evolving to a new dominant logic for marketing [J] .
Journal of Marketing, 68 (1): 1–17.

VISNJIC I, NEELY A, WIENGARTEN F, 2012. Another performance paradox?: A refined view on the performance impact of servitization［J］. SSRN Electronic Journal.

VOGEL G, 2005. Levering Information Technology Competecies and Capablities for Competitive Adantage. Unpublished Doctoral Dissertation［D］. Maryland :University of Maryland.

VOSS C A, 1992. Measurement of innovation and design performance in services［J］. Design Management Journal (Former Series), 3 (1): 40–46.

WALL T D, MICHIE J, PATTERSON G, et al., 2004. On the validity of subjective measures of company performance［J］. Personnel Psychology, 57 (1): 95–118.

WANG D H G, CHEN P H, YU T H K, et al., 2015. The effects of corporate social responsibility on brand equity and firm performance［J］. Journal of business research, 68 (11): 2232–2236.

WANG Q, ZHAO X, VOSS C, 2016. Customer orientation and innovation: a comparative study of manufacturing and service firms［J］. International Journal of Production Economics, 171 (1): 221–230.

WANG W, LAI K H, SHOU Y, 2018. The impact of servitization on firm performance: a meta–analysis［J］. International Journal of Operations, Production Management, 38 (7): 1562–1588.

WEISSENBERGER–EIBL G, BIEGE S, 2010. Design for industrial product–services combinations – a literature review［J］. Journal of Applied Management and Entrepreneurship, 15 (3): 34–49.

WERNERFELT B, 1984. A resource–based view of the firm［J］. Strategic Management Journal, 5 (2): 171–180.

WIRTZ J, LOVELOCK C, 2016. Services marketing: people, technology, strategy. Social Science Electronic Publishing［M］. Singapore: World Scientific Publishing Company.

WISE R, BAUMGARTNER P, 1999. Go downstream: the new profit imperative in manufacturing［J］. IEEE Engineering Management Review, 28 (1): 89–96.

WITELL L, GEBAUER H, JAAKKOLA E, et al., 2017. A bricolage perspective on service innovation [J] . Journal of Business Research, 79: 290-298.

WON J Y, RYU S L, 2016. The effect of firm life-cycle and competitive strategy on performance persistence [J] . Korean Journal of Accounting Research, 25: 33-65.

WU J, CHEN X, 2012. Leaders' social ties, knowledge acquisition capability and firm competitive advantage [J] . Asia Pacific Journal of Management, 29 (2): 331-350.

WU L Y, 2010. Applicability of the resource-based and dynamic-capability views under environmental volatility [J] . Journal of Business Research, 63 (1): 27-31.

WU L Y, 2006. Resources, dynamic capabilities and performance in a dynamic environment: perceptions in Taiwanese IT enterprises [J] . Information, Management, 43 (4): 447-454.

YAIMIN R, GUNASEKARAN A, MAVONDO F T, 1999. Relationship between Generie strategy, competitive advantage, and firm performanee: an empirical analysis[J]. Technovation, 19 (8): 507-518.

YAMIN S, GUNASEKARAN A, MAVONDO F T, 1999. Innovation index and its implications on organisational performance: a study of Australian manufacturing companies[J] . International Journal of Technology Management, 17 (5): 495-503.

YANG Y, LI Z, SU Y, 2018. The effectiveness of service innovation practices to reduce energy consumption based on adaptive theory [J] . Sustainability, 10 (9): 3317.

YE H J, KANKANHALLI A, 2020. Value cocreation for service innovation: examining the relationships between service innovativeness, customer participation, and mobile App performance [J] . Journal of the Association for Information Systems, 21 (2): 294-312.

ZAHRA S A, BOGNER W C, 2000. Technology strategy and new venture performance: a study of corporate-sponsored and independent biotechnology ventures [J] .

Journal of Business Venturing, 11（4）: 289-321.

ZHOU D, YAN T, ZHAO L, et al., 2020. Performance implications of servitization: does a manufacturer's service supply network matter?［J］. International Journal of Production Economics, 219: 31-42.

ZHOU Y W, GUO J, ZHOU W, 2018. Pricing/service strategies for a dual-channel supply chain with free riding and service-cost sharing［J］. International Journal of Production Economics, 196: 198-210.